조선군
진법 속
무예와
전술신호

최
형
국 崔炳國 Choi, hyeong guk

『무예도보통지』에 수록된 무예24기를 27년간 수련하고 공부했다. 중앙대학교 대학원 역사학과에서 한국사 전공으로 박사학위를 받았고, 경기대학교에서 Post-doc 연구원을 거쳐 문화사와 무예사를 연구해 왔다. 현재 수원시립공연단 무예24기시범단에서 상임연출로 활동하고 있으며, 한국전통무예연구소를 운영한다.

『친절한 조선사』(2007), 『조선무사』(2009), 『조선후기 기병전술과 마상무예』(2013), 『조선군 기병전술 변화와 동아시아』(2015), 『정조의 무예사상과 장용영』(2015), 『조선 무인은 어떻게 싸웠을까』(2016), 『무예인문학』(2017), 『병서, 조선을 말하다』(2018), 『조선후기 무예사 연구』(2019), 『제국의 몸, 식민의 무예』(2020), 『정역 무예도보통지』(2021) 등의 저서가 있다.

그리고 「《武藝圖譜通志》의 「銳刀」 자세 분석과 「本國劍」과의 연관성 연구」(2020), 「조선시대 활쏘기 중 철전(六兩弓) 사법의 특성과 그 실제」(2020), 「조선시대 야간군사훈련 '夜操(야조)'를 활용한 '불의 축제' 역사 문화콘텐츠」(2019), 「육군박물관 소장 《무예도보통지》 편찬의 특징과 그 활용」(2018), 「협도의 탄생」(2017), 「조선후기 권법의 군사무예 정착에 대한 문화사적 고찰」(2016), 「18세기 활쏘기(國弓) 수련방식과 그 실제」(2015), 「조선초기 군사 전술체계와 제주 전투마」(2014), 「조선전기 무과에서의 격구 도입배경과 그 실제」(2013), 「《무예도보통지》에 수록된 마상무예의 특성과 실제」(2012), 「조선후기 진법 원앙진의 군사무예 특성」(2011), 「조선 정조대 장용영 창설과 마상무예의 전술적 특성」(2010)등 30여 편의 무예사와 관련한 논문을 발표하였다.

연출한 작품으로는 2018-19 수원화성문화제 폐막연〈야조夜操〉, 넌버벌 타악극〈무사&굿〉, 무예 뮤지컬〈관무재觀武才 - 조선의 무예를 지켜보다〉와 무예24기 상설시범〈장용영壯勇營, 진군의 북을 울리다〉등이 있으며, 영화〈안시성〉, 넷플렉스〈킹덤〉등 영상 작품의 무예사 고증 자문을 담당하였다.

홈페이지 http://muye24ki.com(한국전통무예연구소)

조선군 진법 속 무예와 전술신호

초판1쇄 발행 2021년 4월 29일

지은이 최형국
펴낸이 홍종화

편집·디자인 오경희·조정화·오성현·신나래
　　　　　박선주·이효진·최지혜
관리 박정대·임재필

펴낸곳 민속원
창업 홍기원
출판등록 제1990-000045호
주소 서울 마포구 토정로 25길 41(대흥동 337-25)
전화 02) 804-3320, 805-3320, 806-3320(代)
팩스 02) 802-3346
이메일 minsok1@chollian.net, minsokwon@naver.com
홈페이지 www.minsokwon.com

ISBN 978-89-285-1600-1   93380

조선군
진법 속
무예와
전술신호

최형국

민속원

책머리에

인간이 전쟁이라는 집단적 폭력에 노출되면 엄청난 정신적 스트레스를 받게 된다. 특히 전장의 중심부에서 전우들과 매 순간 목숨을 나누는 군사들은 전통시대나 현대나 모두 극도의 긴장상태에 놓이게 된다. 그래서 이런 한계상황을 극복하기 위해 끊임없이 훈련에 훈련을 반복하는 것이다.

만약 반복훈련이 부족하면, 실제 전투상황이 발생시 긴장과 두려움에 몸이 얼어붙어 아무것도 하지 못하는 허수아비로 전락하는 것이다. 거기에 옆에 있던 전우가 갑작스럽게 총탄에 피격되거나 주변에 포탄이 터져 청력을 마비시킬 정도로 굉음이 연속으로 울린다면 훈련이 덜 된 사람들은 만사 뒤에 던져두고 그 순간, 그 자리를 도망치기 바쁠지도 모른다. 전투는 원래 그렇게 갑작스럽게 시작되는 것이고, 전쟁은 그 두려움의 시간이 짧게는 몇 달에서 몇 십년까지 이어지기에 그 충격과 공포는 그저 몇 번의 훈련을 통해서 극복될 문제가 아닌 것이다.

이러한 군사훈련 중 가장 중요한 것은 바로 명령체계에 따른 신속한 움직임이다. 작전 지휘관의 전장상황 판단에 따라 내려지는 일련의 전술행동들을 해당 군사들이 신속하게 따라야만 전투에서 승기를 잡을 수 있기 때문이다. 그러나 전투현장에서 일반적인 방식으로 의사소통을 하는 것은 거의 불가능에 가깝다. 여기저기 조총소리와 총통소리가 어우러지면 바로 근처 군사들에게도 특수한 신호를 이용해야만 명령을 전달할 수 있었다.

전통시대의 전쟁터 역시 상당히 광범위한 지역에서 적게는 몇천, 많게는 몇 만이 대열을 지어 전투를 치렀다. 따라서 이들을 효과적으로 통제하며 전술행동을 유지시키는 것이 전투의 핵심이기도 했다. 가장 대표적인 신호수단은 깃발이었다. 깃발은 그 크기와 색에 따라 방위를 상징해서 소속부대를 움직이는 데 사용하기도 했다.

구체적으로 깃발이 위아래로 움직이거나 좌우로 움직이는 것에 신호 의미를 담아 군사들의 행동을 통제했다. 심지어 새로 입대한 신참 군사들을 위해 깃발 움직임에 따라 어떻게 움직여야 하는지를 일종의 군가를 만들어 보급하기도 했을 정도였다. 만약 거리가 멀어 깃발의 신호가 보이지 않을 경우 진군할 때는 반드시 북소리에 맞춰 걸음을 걷게 했다.

그래서 북소리가 천천히 들리면 군대 행렬이 천천히 움직이고, 북소리가 빨라지면 군사들의 발걸음도 빨라지는 형태였다. 여기에도 보통 4단계로 구분해 군사들의 속도를 조절할 정도로 세분화됐다. 반대로 전술적으로 퇴각하거나 부대 교체를 명령할 때는 징을 비롯한 금속성 악기를 주로 활용했다.

그러나 전장에 조총이나 총통을 비롯한 화약무기가 대거 등장
하면서 군사용 악기신호체계는 그 설자리를 조금씩 잃게 됐다. 전
장 여기저기서 맹렬한 폭음이 울려 퍼지는 상황에서는 악기소리가
군사들 귀에 제대로 전달될 가능성이 적어졌기에 이때부터는 신호
용 포를 먼저 쏴 주위를 환기시키고 악기를 이용해 보조명령을 전
달할 수밖에 없었다.

예를 들면 적이 출몰한 곳의 방위를 알리는 방법으로 북·남·
동·서에 따라 각각 신호포를 한 개씩 더해 알리는 방식이었다. 그
리고 빠르게 현장을 지휘하기 위해 긴 나팔이나 태평소 등을 이용
해 군사들의 행동을 독려했다. 여기에 전통적인 깃발을 복합적으
로 사용했기에 눈과 귀를 쫑긋 세우고 전투를 해야만 했다. 만약
이 신호체계를 무시하거나 인지하지 못하는 경우 해당 지휘관은
군법에 따라 처리됐다.

이렇듯 군사들의 전술행동을 통제하기 위해 다양한 군사 신호
체계가 사용됐다. 특히 전장의 환경이 바뀔 때마다 신호체계는 끊
임없이 변화했다. 그런데 사극 드라마에서는 총지휘관급 장수가
명령을 내리면 부하 장수가 그저 목소리로 진군 명령을 내린다. 가
끔 북 치는 모습이 등장하기도 하지만, 그 정도로는 군사들의 세밀
한 움직임을 통제하는 것이 거의 불가능에 가깝다.

우리가 일상적으로 쓰는 단어 중 '휘하麾下'라는 말이 있다. 여
기서 '휘麾'는 군사용 신호체계 중 조선전기에 주로 썼던 긴 꼬리가
달린 특수깃발을 말한다. 그래서 휘가 움직이면 소속 하급 지휘관
들은 그 명령에 따르게 돼 있었다. 그리고 하급 지휘관들 역시 작
은 휘를 만들어 부대원들을 통제하기도 했다. 그런데 지금도 사용

하고 있는 단어인 '휘麾'를 드라마에서는 단 한 번도 본적이 없다.

전투는 철저히 계산된 전술적 행동의 연속이다. 만약 적과의 전투 중 미리 계산된 움직임이나 반응이 없을 경우 그 전투는 굉장히 힘든 상황에 직면하게 된다. 그래서 전투 시 발생하는 임기응변의 상황에 대처하기 위해 수천, 수만 명의 군사를 가능하면 분대 단위로 작게 나누고 철저하게 분업화한 무기를 복합적으로 사용하게 된다.

무기의 조합과 병종의 조합, 이것은 모든 시대를 초월해 전투의 기본이 되는 전술의 시작이다. 쉽게 말해 적이 주로 사용하는 무기나 병종의 특성, 그리고 병력의 수를 고려해 아군 쪽에서도 기본 전술설계가 이뤄진다. 제아무리 무적의 군사력을 보유했다 하더라도 적을 무시하고 일방적으로 병종과 무기를 선택한다면 종국에는 패배만이 존재할 뿐이다.

그래서 전통시대에도 적의 주력무기와 병종을 고려해 아군의 무기를 변화시키고 병종을 전문화해 구분하기도 했다. 이렇게 사용하는 무기가 달라지고 병종이 다양화되면서 군사훈련의 내용이나 전술체계도 점점 더 복잡하게 변화할 수밖에 없었다. 근대전에서 항공기로 인해 공중전이 시작되고, 잠수함으로 인해 수중전이 펼쳐지면서 이에 대항하기 위한 전술체제의 변화가 필수불가결하게 된 것이 대표적인 예가 될 것이다.

예를 들면, 전통시대에는 소규모 전투 때 방패수 몇 명, 창수 몇 명, 도검수 몇 명, 궁수 몇 명 등으로 나누고 최소 단위 지휘관의 통제를 따르는 것이다. 이때 가장 중요한 것이 오와 열이다. 만약 오와 열이 전투 중 무너지면 말 그대로 아비규환의 패배가 기다린다.

전통시대 군사로 선발되면 가장 먼저 하는 것이 오와 열을 맞춰 이동하는 것이다. 만약 이때 오와 열을 제대로 맞추지 못하면 다양한 진법 전개훈련에서도 큰 구멍이 생긴다. 보통 방패수들이 맨 앞에 열을 지어 전면을 방호하고, 뒤쪽으로 창수나 도검수 그리고 활을 쏘는 궁수가 배치되는 것이 일반적인 형태였다. 이러한 진법 훈련에서도 핵심은 오와 열이었다.

한쪽이 찌그러지는 순간 그곳이 집중적인 타격점이 돼 진형이 붕괴되고 말기 때문이다. 이는 기본 오행진이라고 해서 직진·방진·곡진·예진·원진의 기본 진형은 물론이고 학익진이건, 장사진이건 모든 진형에서 필수적으로 갖춰야 할 사항이었다. 따라서 일반 백성에서 군사로 전환되는 순간 본인이 군사임을 자각하는 첫 번째 과정이 바로 오와 열을 맞추는 것이라 볼 수 있다.

오와 열을 맞추고 훈련하는 것이 얼마나 무서운 능력을 발휘하는지 군사 지휘관들은 쉽게 이해할 수 있을 것이다. 각 개개인의 전투능력은 집단적이고 조직적인 환경이 뒷받침될 때 가장 뛰어나게 발현되기 때문이다. 이른바 '일당백'이라는 놀랄 만한 능력의 군사들도 혼자 전투를 수행하는 것은 거의 불가능에 가깝다. 우리의 머릿속에 전통시대 명장으로 기억되는 장수들도 휘하의 부하들이 철저하게 뒤를 받쳐 줬기 때문에 '전설'로 남는 것이 가능했다. 한때 영화 속에서 이름을 날렸던 '람보'는 군대를 경험해보지 못한 사람이라도 작은 조직생활을 익히고 나면 그것이 얼마나 황당한 이야기인지 쉽게 이해할 수 있을 것이다.

그런데 사극 속 전통시대 군사들의 전투장면은 말 그대로 난장판 그 자체다. 사극 속 장수들은 언제나 목이 터지도록 '공격하라'

만을 외칠 뿐이다. 그 흔한 북소리, 나발소리, 종소리, 방울소리를 비롯한 청각적 신호와 수많은 신호의미를 담고 있는 다양한 깃발을 비롯한 시각적 신호 등은 배경 소리 혹은 그저 장수의 위용을 드러나는 치장용 의물로 여기저기 어지럽게 배치되어 있을 뿐이다. 마치 등불에 달려드는 불나방처럼 정신없이 달려들어 적과 교전을 펼친다. 심지어 지휘관급 장수들도 전후좌우 사방에서 몰려드는 적들을 요리조리 피하면서 카메라의 현란한 움직임과 함께 그 난장의 대열에 합류한다.

여기에는 오와 열도 없으며, 무기의 조합도 없고, 손에 드는 무기가 무엇이든 무조건 서로 부딪치며 쓰러져 가는 모습이 연출된다. 분명히 멋진 출정 장면에서는 오와 열을 칼같이 맞췄던 군사들이 전투상황만 되면 저마다 정신을 놓은 듯 혈안이 돼 적에게 달려가 자신의 장기를 뽐낸다. 그 짧은 신호 소리와 깃발의 움직임에 따라 전군이 물밀 듯이 밀고 들어가 공격을 하거나 혹은 반대로 전군이 회피 방어 진법을 구축하여 적의 예봉을 막아내어야 하는데, 그것을 연출하기에 아직까지 우리나라의 사극상황에서는 그 중요성이나 가치를 거의 인식하지 못하고 있는 실정이어서 안타깝기 그지없다.

그러나 이렇게 연출된 전투장면은 지극히 비조직적인 집단의 움직임이다. 전통시대든, 현대든 군대의 전투행위는 철저한 계산속에 움직이는 것이 기본 원칙이다. 무전기도, 확성기도 없었던 시대의 전장에서 과학적이고 체계적인 군사들의 움직임은 전통시대 군사신호체계를 이해해야만 가능하다. 특히 군사들의 진법 속의 움직임을 잘 이해해야 만이, 무예 복원시 올바른 접근이 가능하다.

본 책에서 다룬 글은 대부분 논문을 통해서 학계에 공식적으로 발표된 글이다. 일단은 군사사나 무예사를 연구하는 연구자들과 함께 학회에서 다양한 의견을 수렴하였기에 최소한의 검증을 거친 내용이다.

먼저, 1장에서는 조선시대 군사 신호信號체계와 진법훈련에 대해서 살펴보았다. 전투환경의 변화에 따른 군사신호체제의 변화가 군사들에 어떤 영향을 끼쳤는지를 비롯하여 진법훈련 과정에서 어떠한 신호를 통해 진형이 변형되었는지 구체적으로 정리하였다. 특히 임진왜란을 깃점으로 전장에서 화약무기의 활용이 급격히 증가하면서 변화된 복합적 신호체계를 집중적으로 살펴보았다.

2장에서는 조선전기의 전술형태와 진법陣法의 구축에 대한 내용을 정리하였다. 조선의 개국과 함께 사병私兵체제에서 공병共兵체제로 군제전환을 이끌면서 보다 대규모 인원을 통제해야 하는 상황이 발생했기에 다양한 진법서의 편찬과 맞물린 전술형태의 변화를 살펴보았다. 특히 여진족과의 전투에서 얻은 경험과 기병 중심의 전술체제에서 집중적으로 훈련한 다양한 마상무예에 대해 보다 심도있게 접근하였다.

3장에서는 임진왜란기 일본군의 전술에 대항하기 위하여 조선군에 새롭게 보급된 원앙진鴛鴦陣과 그 진법 안에 사용된 다양한 특수무기의 활용법과 관계성에 대해 살펴보았다. 특히 기존의 기병 중심의 전술체제에서 화기火器를 바탕으로 한 보병체제의 전환의 의미성에 대해 무예사적 측면을 보다 집중적으로 언급하였다.

마지막으로 4장에서는 정조시대 『병학통兵學通』의 전술과 화성행행華城幸行 「반차도班次圖」의 시위군 배치 관계성에 대해 살펴보았다. 을묘년乙卯年, 즉 1795년 정조의 수원화성 행차는 단순한 국왕의 거둥행렬을 넘어 진법과 전술을 포함한 군사훈련적 속성을 내포하고 있다. 그와 관련한 기록 중 대중들에게 가장 자주 노출된 화성행행 「반차도」를 전술 전개적 측면으로 분석하여 그 군사적 의미성에 대해 보다 자세하게 정리하였다. 여기에는 군사신호체계는 물론이고 국왕행렬에 대한 유사시 침입사태에 방비하기 위해 『병학통』에 들어간 진법과 전술훈련을 기준으로 그 작전기동형태까지 함께 살펴보았다.

필자는 검객이며 인문학자를 추구한다. 칼을 잡고 휘두른지 27년의 세월이 흘렀다. 무예사나 군사사 공부를 시작한 계기도 무예를 익히며, 조선시대 군사들은 어떤 방식으로 훈련하고 싸웠는가? 라는 지극히 단순한 물음에 대한 답을 찾기 위해서였다. 그리고 뒤를 이어 무예사를 공부하는 누군가에게 징검다리의 작은 디딤돌 하나를 놓는 심정으로 글을 정리한 것이다.

그 과정에서 참으로 소중한 인연으로 여기까지 올 수 있었다. 중앙대의 은사님이신 박경하 교수님을 비롯하여 여러 교수님들, 포스트 닥터 과정에서 보살펴주신 경기대 조병로 교수님, 늘 귀한 글로 공부의 길을 비춰주신 한국체육대학교의 심승구 교수님과 국방대학교의 노영구 교수님, 그리고 한국학중앙연구원의 정해은 선생님께 항상 고마운 마음을 가지고 있다.

특히 수원에서 공부할 수 있도록 물심양면으로 응원해주신 한신대의 김준혁 교수님과 수원 화성박물관의 한동민 관장님을 비롯하여 화성연구회 회원분들의 관심이 있어서 지치지 않고 학업을 계속할 수 있었다. 그리고 지난해 고인이 되신 경당의 故 임동규 선생님의 가르침으로 그 모든 것을 시작할 수 있었기에 한없는 감사를 드린다. 그리고 인기 없는 연구서지만 한없는 애정을 가지고 출판해주시는 〈민속원〉 홍종화 대표님과 꼼꼼하게 오타와 마침표 하나까지도 살펴주신 편집자분들께 감사의 마음을 전한다.

혹여 이 책에서 오류가 발견된다면, 이 역시 모두 필자의 부족한 공부를 탓할 수밖에 없다. 늘 무예에만 빠져 처자식에게 쏟을 애정까지 가끔은 잊고 지냈기에 한참은 부덕한 가장일지도 모른다. 수원 화성 성곽 안에서 따스한 사람을 만나 가정을 이루고 예쁜 딸, 아들이 지켜봐주고 있기에 좀 더 힘을 내 이 길을 걷는다. 마지막으로 '무예24기'를 익히기 위해 땀 흘리는 여러 동지들, 수련생들에게 '수련은 배신하지 않는다!'라는 말을 전하며 글을 마친다.

내 인생 최고의 축복, 아내 바람돌이 혜원,

예쁜 딸 탱그리 윤서, 귀여운 아들 콩콩이 기환에게 보내는

아빠의 열두 번째 선물!

2021년 4월 29일, 수원 화성華城 장용외영壯勇外營의 뒷뜰

한국전통무예연구소에서

최형국 씀.

목차
Contents

조선의 군사 신호체계와
진법 훈련

1. 진법 속 군사신호체계

전통시대의 전투는 수천 아니 수만 명이 넘는 군사들이 동시 다발적으로 광범위한 영역에서 벌어졌다. 이때의 전투 상황은 먼지가 하늘을 가리고, 숨 한번 쉬는 짧은 시간에도 수 없는 변화가 생기기 마련이었다.[1] 따라서 이러한 상황에서는 호령 소리도 통하지 않고, 고함소리도 들리지 않아 조직적인 전투가 이뤄지기 힘들었다.

그래서 군사들의 움직임을 조직적으로 통제하기 위하여 등장한

---

1) 『陣法』「結陣」, 金鼓旗麾總讚.

것이 간단하면서도 쉽게 사용할 수 있는 금金과 고鼓 그리고 기旗와 휘麾를 비롯한 다양한 군사신호 도구들이었다. 이를 통하여 귀로는 북소리와 징소리를 듣고, 눈으로는 깃발을 비롯한 수신호를 보면서 전투상황에 따라 군사들은 체계적인 움직임을 갖출 수 있었다.

그런데 동양의 병법은 중국을 중심으로 발전해 왔고, 우리나라 또한 일찍부터 중국의 병법을 수입하여 독자적인 형태로 발전시켜 왔다.[2] 조선시대의 경우에도 중국의 병서인 『무경칠서武經七書』를 비롯한 다양한 병서들이 조선에 유입되었고 여기에 소개된 신호도 구인 금金과 고鼓 그리고 기치旗幟 등은 군사신호체계의 근간을 이 루게 되었다.

특히 『손자병법孫子兵法』에는 '형명形名'이라 하여 대규모 부대 를 지휘하는 방법에 대하여 자세히 다뤘는데, 전투 상황에서 언어 를 통한 신호가 전달되지 않을 경우는 금고金鼓를 이용한 방법을 소개하였고, 흙먼지나 폭우를 비롯한 시계視界를 어둡게 하는 상황 에서는 기치旗幟를 이용하는 신호체계의 원칙을 설명하기도 하였 다.[3] 이러한 기본적인 군사신호체계는 조선초기 병서兵書인 『진법陣 法』을 통해 정리되었고, 『계축진설癸丑陣說』을 비롯한 여러 병서를 통해 발전되게 되었다.

그러나 임진왜란을 거치면서 전장에 새로운 무기인 조총을 비 롯한 화약무기가 대거 등장하면서 군사신호체계 또한 변화를 겪어 야만 했다. 이는 화약무기의 등장으로 굉음을 동반하는 전투현장

2) 정진술, 「朝鮮水軍의 戰術信號 體系에 대한 硏究」, 『海洋硏究論叢』 제38집, 2007, 117쪽.
3) 임원빈, 「손자병법개론」, 해군사관학교, 1996, 167쪽.

三峯集卷之十三

奉化 鄭道傳 著

陣法

總述

治兵以信求勝以奇信不可易戰無常規可握則握
可施則施千變萬化敵莫能知

正陣

動則爲奇靜則爲陣陣則不盡分苦均燹
輪轅無競按兵前守後陳乃進且道傳按講武之道
有二焉以金鼓旗麾明進退坐作之節所以一衆心

三峯集

卷十三

也以槍劍弓矢習擊刺射御之便所以一衆力也衆
心不一無以整部伍衆力不一無以勝敵人故先王
每於四時之陳因田獵以講武事誠非得已也今見
行講武之法詳於金鼓旗麾進退坐作之節未及槍
劍弓矢擊刺射御之習非略之也教之有序也今後
當講武之時先作四表以金鼓旗麾習坐作進退之
節後復結五陳夏出迭入槍劍弓矢習擊刺射御之
優講武之道庶乎得矣

結陳什伍之圖

兩人相去之間空地可容三步

『삼봉집』의 진법

정도전이 집필한 병서인 『진법陣法』은 삼봉집에 함께 실려 있다. 『진법』에는 새롭게 창건한 조선군을 빠르게 통일화시키기 위하여 고대부터 이어진 가장 핵심적인 군사이론과 함께 단순하면서도 공격적인 전술전개 내용을 핵심으로 삼았다. 모든 사병私兵을 혁파하여 공병公兵으로 만들고, 지방군과 중앙군을 단일한 지휘체계로 풀어 단단한 조선군을 만들기 위한 단순 명쾌한 원칙을 이 병서에 담아 놓은 것이다. 가장 단순하면서도 실용적인 병서, 그것은 정도전이 『진법』에 풀어 놓은 조선군이 나아가야할 방향이었다. 그 중 「금고기휘총찬金鼓旗麾總讚」을 보면 전통시대 군사신호체계를 바탕으로 한 전투상황을 가장 잘 보여주고 있다. "양군이 엉클어져 싸우면 먼지가 하늘을 뒤덮는다. 숨 한번 쉬는 사이에도 수많은 변화가 생기는데, 전후좌우가 얽히고설켜 눈코 뜰 사이도 없다. 호령도 고함도 들리지 않는 상황에서 조금만 어긋나도 천지차이가 생기기에 무엇으로 정돈할 수 있겠는가. 오직 징과 북 그리고 기와 휘를 사용하여 전진할 때는 북을, 물러날 때에는 징을, 휘로써 지시하고 나팔로 경고하여 군사들을 한데 모을 수 있다. 진형 하나만 잘 지키면 싸우지 않고도 이기고, 대비가 튼실하면 패해도 망하지 않는다." (한국학중앙연구원 장서각 소장)

이 조성되어 기존의 금고金鼓를 비롯한 청각적 군사신호체계가 상당부분 효용성을 잃었기 때문이다. 물론 군사훈련 상황이나 소규모 부대이동에서는 여전히 금고金鼓를 비롯한 군사 신호용 악기가 여전히 사용되기는 하였다. 하지만 그보다 더 보편적으로 사용된 것이 화포火砲를 이용한 '신호포信號砲' 체제였다. 이렇듯 전장의 상황에 따라 군사신호체계 또한 변화를 겪게 되었으며 이러한 변화를 연구하는 것도 군사사 연구에 좋은 소재가 될 수 있을 것이다.

그럼에도 불구하고 현재까지 이러한 군사신호체제에 대한 연구는 극히 미비한 상황이다. 대표적으로 앞서 인용한 정진술의 「조선수군朝鮮水軍의 전술신호戰術信號 체계體系에 대한 연구研究」를 제외하고는 신호체계에 대한 연구는 전무하다시피 하다. 그런데 전개 논문의 경우는 조선군의 핵심 병종인 육군陸軍이 아닌 수군水軍에 핵심으로 두었고, 그중에서도 임진왜란 시기를 중심으로 조선수군朝鮮水軍의 함선艦船 신호체계를 연구하는 것이어서 지금까지 연구 중 가장 선도적이기는 하지만 전반적인 군사 신호체계의 연구를 담아내기에는 한계가 있다고 본다.

물론 수군水軍의 신호체계 또한 상당부분 육군陸軍의 체제와 비슷하지만, 바다라는 특수한 환경과 함선艦船이라는 대규모 부대의 동시이동이라는 제약성으로 인해 육군의 신호체계와는 사뭇 다른 양상을 띤다고 볼 수 있다. 그리고 조선후기 군사용 깃발과 운용에 관련해서는 노영구盧永九의 「조선후기 반차도班次圖에 보이는 군사용 깃발」[4]이 대표적인데, 이 논문의 경우는 주로 군사용 깃발의 종류와 역할에 대해서 개괄적으로 소개하고 있을 뿐이다.

이처럼 현재까지의 연구결과로는 여러 가지 신호체계와 함께 전투 현장에서의 실제 쓰임이나 복합적 신호체계와의 연관성을 찾기에는 다소 부족함이 있어 보인다. 물론 이 밖에도 의장이나 의물儀物에 대한 연구 중 군사 신호체계와 관련된 연구들이 있으나 앞서 언급했듯이 실제적인 쓰임이나 전투현장에서의 복합적 신호체계를 이해하기에는 한계가 있다.[5]

이 장에서는 조선후기 편찬된 병서인 『병학지남연의兵學指南演義』를 중심으로 조선전기의 신호체계와 비교하여 조선후기 당시 군사신호체계 중 청각적 신호체계와 시각적 신호체계로 구분해서 살펴보고 이것이 군사들의 훈련 현장인 조련장과 군사 의례儀禮에서 어떠한 방식으로 이뤄졌는지 알아보고자 한다.

특히 『병학지남연의』의 경우는 조선후기 군영軍營의 핵심 병서兵書로 활용한 『병학지남兵學指南』을 이해하기 쉽게 재 풀이한 책이기에 보다 쉽게 군사신호체계에 대한 분석이 가능하다.[6] 또한 이 병서兵書의 경우에는 단순히 『병학지남』만을 풀이하는 것을 넘어 이 책에 빠져 있는 병법 이론을 보완하기 위해 『무경칠서武經七書』를 비롯해 『제자백가서諸子百家書』 등 다양한 역사서歷史書와 병서兵書

<hr />

4) 盧永九, 「조선후기 班次圖에 보이는 군사용 깃발」, 『문헌과 해석』 22호, 문헌과 해석사, 2003.
5) 의장이나 의물에 대한 연구 중 군사신호용 도구에 대해 언급한 논문 및 저서는 다음과 같다. 白英子, 「旗幟」, 『朝鮮時代 宮中服飾』, 서울시 문화공보부 문화재관리국, 1981; 李京子, 「動駕노부의 복식연구」, 『韓國文化研究院論輯』, 이화여자대학교, 1882; 白英子·金貞振, 『朝鮮時代 嘉禮都監儀軌의 班次圖에 나타난 儀仗 研究』, 韓國放送通信大學, 1990; 白英子, 『조선시대의 어가행렬』, 한국방송대학교출판부, 1995; 김지영, 『조선후기 국왕 행차에 대한 연구 : 의궤반차도와 거동기록을 중심으로』, 서울대학교 박사학위논문, 2005; 이왕무, 「1802년 순조의 가례에 나타난 국왕의 행행 연구」, 『藏書閣』 제14집, 한국학중앙연구원, 2005.
6) 이 병서는 1798년(정조 22) 하급 무관이었던 李象鼎이 『兵學指南』이 너무 난삽하고 복잡하여 일반 무관들이 직접 읽고 이해하기 어려웠기 때문에 이를 보완하기 위해 만든 『兵學指南』의 보조이해서와 같은 성격을 띠고 있다. (정해은, 『한국전통병서의 이해』, 국방부 군사편찬연구소, 2004.)

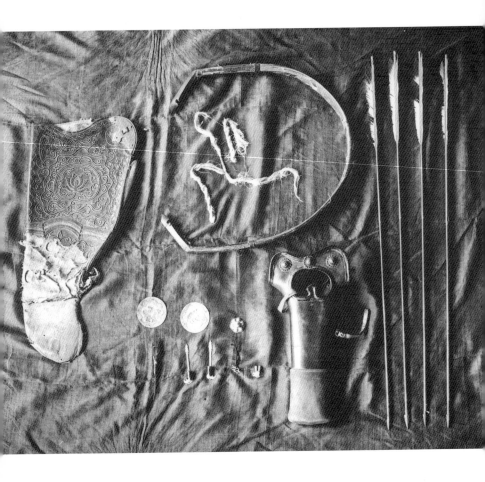

태조 동개

이성계가 사용한 활과 화살을 넣는 장비인 동개의 모습이다. 순우리말인 동개를 한자로 '통개简箇'로도
표기하였는데, 가죽을 이용하여 만들었다. 기병들이 활용하기 편하도록 허리춤에 묶어 사용하였다.
조선초기 진법은 북방의 여진족과의 대립 속에서 기병력을 강화하는 방식에 초점을 맞췄다. 특히
기병은 기사대騎射隊와 기창대騎槍隊로 구분하여 적의 요격 거리에 따라 근거리에서는 기창대가 근접
기마전투를 펼치고, 원거리에서는 기사대가 말을 달리며 활을 쏘아 적을 제압하는 방식이었다. 특히
각각의 기병부대는 소속 깃발의 신호에 따라 빠르게 공수를 전환하는 방식의 전술체제를 정립하였다.
(국립중앙박물관 소장 유리원판)

의 병법 이론을 담아냈기에 더욱 상세한 병서라 볼 수 있다.

본 장에서 담고자 한 조선후기 군사 신호체계 또한 이 병서에서 가장 쉽게 풀이 하였기에 이와 조선 전기와 비교함으로써 임진왜란을 기점으로 변화한 조선 전후기의 신호체계의 변화를 살펴보고 군사훈련시 사용했던 복합적인 신호체계의 방법을 확인하고자 한다.

2. 화포 및 악기 등 청각적 군사 신호체계

조선시대 군사신호체계에서 청각적 신호체계信號體系 중 그 시기별로 가장 두드러지게 변화한 것은 신호포信號砲를 이용한 방법이었다. 이는 당시 전장의 무기발달사와 밀접한 연관이 있는데, 임진왜란을 거치면서 전장에 개인 화약무기인 화승총을 비롯하여 호준포虎準砲나 불랑기佛狼機와 같은 대형 화약무기들이 대거 사용되면서 화약폭발음을 능가하는 소리를 내는 것이 없어 신호포를 이용한 방법이 가장 대표적으로 사용되었던 것이었다.

물론 그 이전시기에 사용되었던 나팔이나 북과 징도 함께 사용되었지만, 신호포를 먼저 쏘아 올려 주위를 집중시킨 후 이후 신호체계에 따라 나머지 청각적 신호체계들이 사용되었다.[7] 그런 이유로 인해 『병학지남연의兵學指南演義』의 가장 처음에 등장하는 것이

---

7) 『兵學指南演義』「旗鼓定法」明砲號 條.

기고정법旗鼓定法 형명刑名[8] 중 호포號砲로 신호하는 요령을 싣게 된 것이다.

당시 신호포信號砲로 사용된 포는 임진왜란 당시에는 척계광에 의해 도입된 삼안총三眼銃이었는데, 임란 이후에는 〈그림 1〉과 같이 삼혈포三穴砲로 바꿔 사용하였다. 이렇게 삼안三眼이나 삼혈三穴의 화약무기를 사용한 이유는 첫째 한 가지에 세 개의 구멍이 있어 모두 겸할 수 있는 것, 둘째 무게가 가벼워 휴대에 용이하다는 것, 셋째 장전하고 발사함이 신속했기 때문이다.

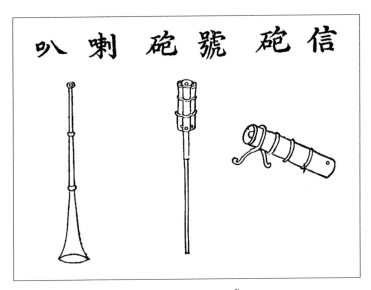

〈그림 1〉『續兵將圖說』에 실린 喇叭, 號砲, 信砲의 그림[9]

---

8) 刑名은 고대 신호체계에 눈으로 볼 수 있는 旗幟 따위를 形이라 하고 귀로 들을 수 있는 징이나 북 따위를 名이라 한다. (國防軍史硏究所, 『兵學指南演義』(1), 1995, 21쪽.)
9) 본 그림은 『續兵將圖說』에서 形名을 설명하는 부분 중 청각적 신호체계 중 대표적인 것을 모아 놓은 것이다.

그러나 삼안총三眼銃의 경우에는 종종 착오를 일으키고 도화선에 불을 잘못 붙이는 실수가 있어 삼혈식三穴式으로 바꾸게 된 것이다. 또한 포의 소리를 크게 할 경우에는 〈그림 1〉의 신포信砲처럼 호준포虎蹲砲 형태의 작은 포를 신호용으로 활용하기도 하였다.

호포號砲의 사용법에서 일반적인 사용으로는 승장포升帳砲, 승기포升旗砲, 숙정포肅靜砲 등 세 가지가 있는데, 승장포升帳砲는 대장大將이 군막에 나옴을 알리는 신호로 호포를 세 번 쏘아 올린 다음 바로 대취타大吹打을 울리는 방식이었다. 그리고 승기포升旗砲는 깃발을 올리라는 신호포로 포를 한번 쏘아 올린 다음 즉시 뇌고擂鼓를 치고 징을 울리며 깃발을 올리는 것이다.

마지막 숙정포肅靜砲는 군사들을 엄숙히 하고 조용히 하여 진을 치는 명령을 자세히 듣기 위하여 울리는 것으로 대장大將이 교장敎場에 들어가 발방發放한 뒤 호포를 세 번 쏘아 올리는 것을 말한다.

그리고 특수한 목적으로 사용되는 호포로는 납함포吶喊砲, 분합포分合砲, 폐영포閉營砲, 정경포定更砲, 변령포變令砲, 복로군伏路軍과 당보군塘報軍의 신호포信號砲 등이 있다. 이러한 특수목적 호포의 신호 방법 및 의미를 표로 정리하면 다음과 같다.

〈표 1〉 특수목적의 號砲 信號

구분\n내용	吶喊砲	分合砲	閉營砲	定更砲	變令砲	伏路軍과\n塘報軍의 信號砲
號砲횟수	평시 : 3회,\n적과 대치시\n: 징이\n울릴때까지	일정한\n횟수 없음\n(출동로의\n숫자만큼)	號砲 3회	號砲 1회	號砲 1회	1회 : 적이 적음\n2회 : 적이 많음\n*守成시에는\n - 북쪽 : 1회\n - 남쪽 : 2회\n - 동쪽 : 3회\n - 서쪽 : 4회
신호순서	號砲 – 喇叭\n– 납함(함성)	號砲	號砲 –\n大吹打	擂鼓 –\n號砲 – 喇叭	號砲	號砲
의미	용맹을\n북돋음	대형의\n분산과\n집합을\n알림	營門을\n닫는 것을\n알림	야간의\n시간을\n알림	명령을\n변경하기 전\n주위환기용	적의 숫자 및\n공격 방향을\n알림

    이러한 특수목적의 호포의 사용에서 호포의 사용횟수를 중심으로 구분해보면, 호령號令을 받을 적에는 한번 쏘는 것은 처음 명령을 발하는 것이고, 세 번 쏘면 장중場中에 오르는 것이고, 정숙하라든가 고함을 지르라든가 혹은 영문營門을 닫으라는 신호에는 일정한 수가 없음을 알 수 있다.

    또한 분산이라는 집합의 경보신호警報信號에서는 한번 쏘면 적의 수가 적은 것이고, 두 번 쏘면 적의 수가 많은 것을 확인할 수 있다. 마지막으로 성城을 지키는데 대하여는 북쪽은 한번, 남쪽은 두 번, 동쪽은 세 번, 서쪽은 네 번을 쏘아 적의 이동경로를 알리도록 하였음을 알 수 있다.[10)]

    다음으로 살펴 볼 청각적 신호체계는 호적號笛과 나팔喇叭인데, 〈그림 2〉의 첫 번째 그림처럼 호적은 쇄납(태평소)를 부는 것으로 각 진영의 장관將官과 기대총旗隊摠 등의 두목급을 모아 군무軍務를 지시하려 할 때 사용하는 것으로 각부대의 지휘관이 전원이 집합할 때까지 계속 불어 대는 것이 특징이다.[11] 호적은 일곱 구멍으로 된 피리로 그 소리가 높아 특히 발방發放의 신호를 나타내기도 하였다.[12]

그리고 나팔喇叭의 경우는 〈그림 1〉의 첫 번째 형태인데, 진영에 나간 군사들의 일상적인 움직임을 통제하는데 많이 사용되었는데, 첫 번째 부는 것을 두호頭號라 하여 일종의 군사들의 기상나팔에 해당하고 이후 자신의 짐을 꾸리고 정리한 후 밥을 지으라는 신호였다.

그리고 두 번째 부는 것은 이호二號라 하는데, 군사들이 밥을 먹고 행장을 수습하여 문을 나가 진을 칠 책임구역을 물어 집결하라는 신호였다. 마지막으로 세 번째 부는 것을 삼호三號라 하는데, 이는 주장主將이 일어나 아문으로부터 나가서 진을 칠 지역에 이르러 각각 지향하여야 할 곳을 임시로 정하는 것을 말한다.[13]

---

10) 『萬機要覽』,「軍政編」1, 形名制度, 號砲 條.
11) 『兵學指南演義』旗鼓定法 明笛號 條.
12) 『萬機要覽』, 軍政編 1, 形名制度, 胡笛 條.
13) 『兵學指南演義』, 旗鼓定法 明喇叭號 條.

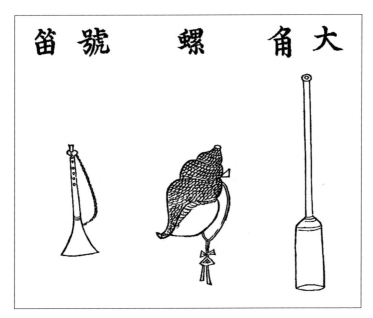

〈그림 2〉『續兵將圖說』에 실린 號笛, 螺, 大角의 그림

　특히 앞서 언급한 호포號砲와 함께 사용될 경우 매복을 나간 복로군伏路軍이나 선발대 성격의 당보군塘報軍 그리고 생활에 필요한 나무와 물을 긷는 군사들을 철수시키라는 신호로 사용되기도 하였다. 또한 전투시 나팔喇叭을 긴 소리로 부는 것을 천아성天鵝聲이라고 하였는데, 이는 각 군軍이 동시에 함성을 지르거나 혹은 총수銃手가 일제히 총을 발사하고, 궁수弓手가 일제히 화살을 발사하라는 신호로 전군 동시공격 신호로 사용되기도 하였다.

　그리고 진법陣法을 펼쳐 일정한 형태의 대형이 만들어 질 경우 북을 느리게 치며 파대오擺隊伍 소리로 부는 것은 전군이 일자一字로 진열하라는 신호였으며, 깃발과 함께 진형에서 사용될 경우는 신호포信號砲 소리와 함께 각 군의 깃발이 가리키는 곳을 함께 보아 모두 그 방향으로 몸을 돌리는 것을 의미하기도 하였다.

마지막으로 밤에 북을 치며 천아성天鵝聲을 부는 것은 해당 시각을 알리는 것이었다. 그런데 조선전기의 경우에는 호포號砲신호가 없었기에 각 부장, 유군장, 위장들에게 큰 나팔과 작은 나팔을 배급하는 등 나팔喇叭에 대한 운용이 훨씬 더 세분화 되었는데, 나팔의 크기와 상황에 따라 영각令角, 전각戰角, 촉각促角, 보각報角 등으로 구분되어 사용되기도 하였다.

세 번째로 살펴 볼 청각적 신호체계는 나螺(각角)와 리鑼인데, 나螺(나각)는 〈그림 2〉의 가운데 그림처럼 커다란 소라껍데기에 구멍을 내어 사용하는 것이며, 리鑼는 〈그림 3〉의 첫 번째 그림처럼 일종의 징을 연상하는 것이 이해하기 쉬울 것이다. 특히 이 두 가지 신호는 상호보완적인 신호를 이뤘는데, 구체적으로 나螺(나각)를 긴

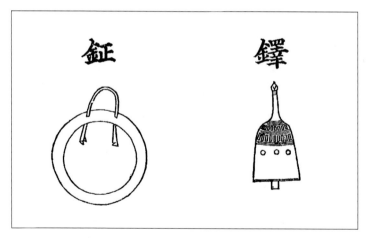

〈그림 3〉 『續兵將圖說』에 실린 鉦과 鐸의 그림

소리로 세 번 불면 병사들이 몸을 일으키고, 다시 한 번 불면 마병馬兵들이 말에 오르고 전차병戰車兵은 전차에 붙으며 보병은 무기를 잡고 대기하라는 신호였다.

반대로 징 모양의 라鑼를 울릴 경우에는 마병馬兵은 말에서 내리고 전차병은 전차에서 떨어지라는 신호이며, 두 번 울리는 것은 각 군이 앉아서 휴식을 하라는 신호로 사용되었다. 그리고 어떠한 신호체계도 없이 나螺(나각) 소리만 날 경우는 각 군의 지휘관만 출동하는 신호로 사용되어 행군 중 밤에 유숙할 집을 찾을 때에 부는 것은 초관哨官과 대장隊長만 출동하라는 신호로 사용되었다.

라鑼의 경우에는 앞서 살펴본 것처럼 휴식과 관련된 신호로 만약 진영이 갖춰진 상태에서나 유숙留宿할 때 이 소리가 들리면 각 군사들은 갑주甲冑를 풀고 편안히 휴식하는 의미로 사용되기도 하였다.

네 번째로 살펴볼 청각적 신호체계는 고鼓와 솔발摔鈸 그리고 금金이다. 이들 중 고鼓(북)와 금金은 고대부터 사용되었던 군사신호체계로 그 모양이 단순하고 소리가 일정하여 조선후기에도 널리 사용되었다. 조선전기의 경우 고鼓의 운용은 진고進鼓, 전고戰鼓, 서고徐鼓, 질고疾鼓 등으로 두드리는 속도에 따라 세분되었으며, 조선후기에도 이러한 방식은 그대로 유지되었다.[14] 특히 행군시에는 〈그림 4〉의 좌측 그림처럼 크기가 작은 북의 형태인 비鼙를 사용하

---

14) 조선 전기에는 북치는 속도와 상황에 따라 이를 구분하였는데, 進鼓는 지휘할 때 치는 북, 戰鼓는 戰角을 불면서 치는 북, 徐鼓는 장단을 천천히 치는 북, 疾鼓는 장단을 빠르게 치는 북으로 모두 전진을 의미하는 상황에서 북을 쳤다.

기창騎槍

조선전기 기병은 창을 다루는 기창대와 활을 다루는 기사대로 구분되었다. 이런 이유로 기창과 기사는 조선전기 무과시험의 핵심과목으로 인정받았다. 이후 기창은 조선후기에는 교전능력 향상을 위하여 서로 말을 달리며 창으로 싸우는 교전交戰방식으로 무과시험이 변경되었다. 사진은 필자의 기창騎槍 사진이다.

기도 했는데, 몸에 걸어 말을 타고 치는 작은 북 형태지만 역시 신호의 의미는 동일하였다.

조선후기의 경우에는 북을 천천히 치는 것을 점고點鼓라 하였는데, 이를 통해 행군을 시작하라는 신호로 사용되어 북 소리 한 번에 약 20보步를 움직였다. 그리고 점고點鼓보다 조금 더 빠르게 치는 것을 긴고緊鼓라 하여 빨리 가라는 신호로 북소리 한번에 1步씩 움직이는 신호였다.

마지막으로 뇌고擂鼓의 경우는 북을 빠르게 치는 것으로 적과 교전시 전투를 시작하라는 신호로 사용되었다. 이처럼 鼓의 경우에는 그 명칭 상에서만 차이가 있을 뿐 그 신호의미는 그대로 이어졌다고 볼 수 있다.

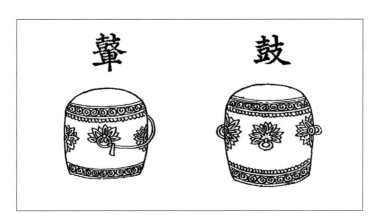

〈그림 4〉『續兵將圖說』에 실린 鼙와 鼓의 그림

그리고 금金 또한 고鼓와 함께 그 의미가 계속 이어졌는데, 조선전기의 경우 금金의 장단을 빠르게 치는 퇴금退金과 장단을 천천히 치는 지금止金이 있어 퇴각할 때 사용하는 신호체계로 사용되었다.

그런데 금金의 경우에는 조선후기에 새롭게 등장한 호포號砲의 신호와 함께 사용되어 더 세분화되기도 하였다. 예를 들면 명령을 바꾸라는 신호를 내릴 때에는 먼저 금金을 한번 울리고 이후 신호포信號砲를 한번 쏘아 즉시 새로 변경한 명령에 따라 시행하도록 하였다. 또한 금金을 두 번 연달아 울리는 것은 취타吹打를 시작하라는 의미였고, 세 번 울리면 취타吹打를 멈추라는 신호였다.

그리고 전투시에도 그 횟수에 따라 변화된 신호를 나타내기도 하였는데, 대전對戰을 마친 다음 금金을 세 번 울리면 군사들은 후퇴하라는 신호였으며, 이어서 금金을 두 번 울리면 후퇴하는 군사들이 몸을 돌려 서서 멈추라는 신호였다. 그리고 매복나간 복로군伏路軍과 정찰 나간 당보군塘報軍의 경우는 일반적인 군사신호와는 반대로 금金이 울리면 출동하라는 신호로 사용되었으며, 진영을 세운 뒤 기치旗幟를 정열할 때에는 오방기五方旗와 고초기高招旗를 진열하여 표문에 세우라는 신호로 사용되기도 하였다.

솔발摔鈸의 경우에도 금金과 유사한 퇴각 신호의미였으며, 그 형태가 방울을 닮아 영鈴이나 탁鐸과 함께 사용되기도 하였는데, 〈그림 3〉의 오른쪽 그림인 탁鐸처럼 휴대용 작은 종을 연상하면 이해가 빠를 것이다. 특히 솔발摔鈸의 경우는 대규모 부대가 아닌 소규모 대隊정도의 병력을 이동시킬 때 사용되었는데, 솔발을 한번 울리면 대隊의 병사들이 철수하고, 두 번 울리면 대대大隊를 이루고 기치旗幟를 뽑아 모두 중앙부대로 돌아오라는 신호로 사용되었다.

마지막으로 살펴볼 청각적 신호체계는 취타吹打와 종鐘인데, 취타吹打는 앞서 언급한 호적胡笛이나 나팔喇叭 등을 모두 한꺼번에 불고 금金과 고鼓 등의 두드리는 신호악기를 모두 함께 일으키는 것을 말한다. 특히 취타吹打의 경우는 큰 열병의식에서도 핵심적으로 사용되었는데, 주장主將이 장막에 오르거나 혹은 영문營門을 열고 닫을 때 취타吹打를 울리게 하였다.

이는 모두 주장主將의 위엄을 돋보이게 하기 위함으로 모든 군사조련이 끝난 후에도 취타吹打를 울려 상황종료를 알리는 신호로도 사용하기도 하였다. 그래서 만약 영문營門을 닫을 때 대취타大吹打가 울릴 경우는 모두 알 수 있는 명영明營을 치겠다는 의미였으며, 만약 영문營門을 닫을 때 대취타大吹打를 하지 않을 경우는 적진에 보이지 않는 암영暗營을 치겠다는 신호로 사용되었다. 그리고 소취타의 경우는 영문營門을 조금 연다는 신호이고, 주장主將이 후당後堂에 가서 군무軍務와 병사들의 뜻을 응수應酬한다는 신호로 사용되기도 하였다.

그리고 종鐘의 경우는 주로 수성전守城戰을 펼칠 때 호포號砲와 함께 그 타종打鐘 횟수로써 적의 공격방향을 알렸는데, 일단 성안에서 종鐘을 치는 것은 어느 방면이든 적이 출몰하여 공격해 온다는 신호였으며, 이후 호포號砲의 신호체계와 똑같이 북쪽이면 한번, 남쪽이면 두 번, 동쪽이면 세 번, 서쪽이면 네 번을 울려 신호하였다. 특히 호포號砲의 경우는 여러 방면에서 동시에 올 경우 신호하기가 어려운데, 이 때에는 종소리를 계속 울려 군사들의 사주경계四周警戒를 강화하는 신호로 사용되었다.

이렇듯 조선후기 군사신호 중 청각적 신호체계는 크게 세 가지로 구별되는데, 신호포를 이용한 호포號砲, 나팔喇叭이나 호접胡蝶 등 입으로 불어 그 길이나 횟수에 따라 신호하는 방법, 마지막으로 금金이나 고鼓처럼 두드려 그 속도에 따라 신호가 변경되는 방식으로 구분되어 사용되었다. 특히 앞서 언급한 것처럼 조선후기의 경우에는 호포號砲의 사용이 빈번하여 나머지의 청각적 신호체계의 경우는 주로 소규모 단위 부대 이동이나 상황을 알리는 것으로 축소되었다고 볼 수 있다.

3. 군기를 활용한 시각적 군사 신호체계

앞서 살펴보았듯이 조선후기의 군사신호 중 청각적 신호체계에 있어서 신호포信號砲의 역할은 거의 모든 신호의 핵심으로 사용되었다. 따라서 상대적으로 다른 청각적 신호체계들이 그 소리 문제로 제 역할을 수행하지 못하자 이에 대한 보완책으로 시각적 신호체계들이 조선전기에 비해 대폭 확대되어 사용되었다.

이러한 시각적 신호체계 중 조선후기 가장 보편적으로 사용되었던 군사 신호체계는 기치旗幟였다. 군영軍營에서 사용한 깃발은 군기軍旗라 하여 각 부대장의 소속과 지위를 구분하였는데, 이를 통하여 휘하 장수들에게 명령하고 혹은 상부의 지시에 복명復命을 표현할 때 사용한 것이다.

먼저 조선전기에 사용된 깃발의 종류로는 장수將帥를 상징하는 표기標旗와 휘하의 장수들에게 명령을 내릴 때 사용하는 영하기令

下旗 혹은 휘麾, 휘하 장수들을 소집할 때 사용하는 초요기招搖旗, 매복병埋伏兵에게 기밀하게 내리는 대사기大蛇旗, 척후병들이 사용하는 후기기候騎旗 등이 대표적이다. 기旗로 신호를 할 때에는 보통 응應-응답, 점點-깃발을 지면에 대지 않고 다시 일으켜 세움, 지指-깃발을 지면에 대었다가 다시 일으켜 세움, 휘揮-깃발을 크게 휘두름, 보報-보고 등의 신호를 나타낼 수 있었다.

특히 직접적인 공격이나 후퇴 명령기인 영하기令下旗는 휘麾라고도 불렸는데, 가장 큰 것을 대장용 휘麾, 그리고 작은 것들을 위장용 소휘小麾가 있었다. 그래서 만약 대장大將이 각 방위方位에 해당하는 오방五方 색깔 휘麾로 명령을 내리면 그에 따라 각각의 위장들은 소휘小麾를 가지고 해당 부대에 명령을 내리게 되는 것이다. 보통 깃발에는 가장자리에 불꽃모양의 깃술이 달려있고, 명령을 내릴 때 사용하는 영하기令下旗에는 깃폭 끝에 긴 꼬리가 달려 있어 다른 깃발들과 구분하였다.

이러한 깃발 신호체계가 진법 운용시에 가장 보편적으로 사용되었는데, 진법陣法을 펼칠 때 대장大將이 휘麾를 왼쪽으로 점點하면 직진直陣을 이루고, 오른쪽으로 점點하면 방진方陣을 이루고, 앞으로 점點하면 예진銳陣을 이루고, 뒤로 점點하면 곡진曲陣을 이루고, 사방四方으로 향해서 점點하면 원진圓陣을 이루고, 두 휘麾를 합쳐서 아울러 점點하면 2위衛가 이어서 1진陣을 이루는 방식이었다. 물론 이러한 신호체계는 다양한 깃발들의 응답應答과 보고報告를 통해서 순차적으로 이뤄졌다.

이러한 조선전기의 기旗와 휘麾의 신호방법을 도식화 시키면 〈표 2〉와 같다.

<표 2> 조선전기의 旗와 麾의 신호방법

신호\구분	旗	令下旗(麾)
應	응답	응답
點	旗를 지면에 대지 않고 다시 일으켜 세움	麾를 지면에 대지 않고 다시 일으켜 세움
指	旗를 지면에 대었다가 다시 일으켜 세움	麾를 지면에 대었다가 다시 일으켜 세움
報	보고	보고
揮	旗를 좌우로 휘두름	麾를 좌우로 휘두름
偃	–	麾를 앞으로 눕힘
擧	–	麾를 높이 쳐듦
立	–	招搖旗와 함께 세움

　　조선 후기에는 앞서 언급한 것처럼 전장에서 화포를 비롯한 화약무기 소리가 극대화됨에 따라 나머지 청각신호체계의 효용성이 떨어져 시각적 신호체계인 기치旗幟는 더욱 세분화 되어 사용되었다. 또한 전장에서 불랑기佛狼機 및 홍이포紅夷砲 등 대구경 화약무기의 조준력 및 파괴력이 높아지면서 조선 전기의 대부대 단위의 진법 운용보다는 소규모 부대 단위의 전술戰術이 보편화되면서 기치旗幟는 더욱 세분화 되어 사용되었다.[15]

　　조선후기의 군기 사용법은 깃발을 이용하여 군사신호를 보내는 방법을 살펴보면, 립立·언偃·점點·지指·마磨·휘麾·권捲·응應 등으로 구분할 수 있다. 먼저, '립立'은 평상시 깃발을 세워 놓은 것, '언偃'은 깃발을 눕히는 것, '점點'은 깃발을 해당방향에 기울이

---

15)　박대재 외 5인, 『전쟁의 기원에서 상흔까지』, 국사편찬위원회, 2006, 99쪽.

다가 지면에 닿기 전 다시 들어 올리는 것, '지指'는 깃발을 점하여 내렸다가 지면에 닿을 정도에서 계속 유지하는 것, '마磨'는 깃발을 왼쪽으로 휘두르는 것, '휘麾'는 깃발을 오른쪽으로 휘두르는 것,[16] '권捲'은 깃발을 말아 두는 것, '응應'은 상관의 깃발 신호를 받아 반복하는 것으로 다시 부관들에게 반복 전달하는 것이다.

후술하겠지만, 조선후기 군사신호에서 가장 중요한 깃발인 인기認旗의 경우는 '마磨'를 하면 부관들이 상관에게 달려가야 하며, '휘麾'할 경우에는 다시 흩어져 원위치를 하는 의미를 담고 있다.[17] 따라서 지휘관의 인기認旗 휘두름의 방향을 정확하게 살펴야 원활한 전술전개가 가능했다. 좀 더 구체적으로 살펴보면, 조선 후기 다양한 군기軍旗 중 가장 핵심이 되는 것은 인기認旗라 하여 전장의 주장主將에서부터 말단 병사兵士까지 모두 패용하고 있어 계급 및 소속을 나타내는 것은 물론이고 이를 바탕으로 핵심 신호체계가 이뤄지게 되었다.[18] 인기認旗의 제도制度는 각 계급마다 조금씩 달랐는데, 진영陣營 장관將官의 인기認旗는 중심에는 본방本方의 색깔을 앉히고 기폭의 가에는 깃발의 본색을 내는 색깔을 앉혔으며, 띠에는 덕德을 대응하게 하였다. 일반 군기와 가장 쉽게 구별되는 지

---

16) 『兵學指南演義』「明旗應」, '用旗之法 直日立 伏日偃 指日點 搖日磨.'; 「明認旗號」, '舊設左 揮爲磨 右揮爲麾'; 이러한 깃발의 수신호체계는 旗槍을 비롯한 무예에서도 그대로 자세명으로 활용되었다. 예를 들면, 기창의 '秦王魔旗勢'의 경우 '魔旗'를 하는 것이 핵심 자세이므로 기창의 창날을 왼쪽으로 휘두르는 자세를 설명한 것이다.

17) 『兵學指南演義』「旗鼓總訣」, '搖旗謂之磨是要將領赴 揮旗謂之麾是要散回.'

18) 認旗는 전술통제를 진행할 때 가장 중요한 깃발로 활용되었다. 이 깃발만 확인하면, 그 부대가 어디 소속임을 빨리 알 수 있으며 군사들도 이 깃발에 의해 전투 혹은 방어 동작을 취하게 된다. 즉 각각의 군사들은 자신이 속한 가장 작은 단위의 부대인 隊의 깃발을 보고, 隊長은 旗摠의 깃발을, 기총은 哨官의 인기를 보고 전술명령을 지휘할 수 있다. 이를 통해 보다 빠르게 기동작전이 가능하게 된 것이다.

점은 깃발과 꿩장목(雉尾) 사이에 얇은 띠처럼 긴 천이 더 추가되는 형태이다.

그리고 파총把摠의 인기認旗는 중심에 본방本方의 색깔을 앉히고 기폭의 가에는 영장營將을 대응하게 하며 띠는 동일하게 하였다.[20] 초관哨官의 인기認旗는 중심에 본방本方의 색을 앉히고 기록의 가에는 파총把摠에 대응하며 띠는 영장營將에 대응하게 하여 띠를 중심으로 부

〈그림 5〉『속병장도설續兵將圖說』에 실린 금군별장禁軍別將 인기認旗의 그림[19]

대의 동일성이 확인되게 하였다. 그리고 기총旗總과 대장隊將의 인기認旗에는 띠를 사용하지 않아 상위 계통의 명령체계와 구별되게 하였다.

인기認旗의 크기는 영장營將의 경우는 기폭이 사방 5척尺이고 깃대의 길이가 1장丈 8척尺이며, 파총把摠의 인기認旗는 기폭이 사방 3척尺이고 깃대의 길이가 1장丈 7척尺, 초관哨官의 인기認旗는 기

---

19) 『萬機要覽』에 보면, '금군별장인기는 대사마에 호응하는 것이며, 바탕·언저리·띠가 모두 누른 빛깔이며 언저리에 불꽃이 있다. 기는 사방이 5척이며, 깃대의 높이는 1장 8척이다. 영두·주락·치미가 있다'고 하였다.(『萬機要覽』軍政編 1, 形名制度, '禁軍別將認旗 應大司馬 質邊帶俱黃 有火焰 旗方五尺 捍高一丈八尺 纓頭珠絡雉尾'.)

20) 『兵學指南演義』, 旗鼓定法 明旗制 條.

폭이 사방 2척尺에 깃대 1장丈 6척尺, 기총旗摠은 사방 1척尺 5촌寸의 깃 폭에 깃대 1장丈 5척尺이며 마지막으로 대장隊長은 기폭이 사방 1척尺에 깃대 길이가 1장丈 5척尺으로 사용하였다.

이러한 깃발의 크기와 더불어 색깔 또한 구분점이 되었는데, 오색에 따라 황기黃旗는 중영中營이나 중군中軍이 사용하였고, 홍기紅旗는 전영前營, 남기藍旗(靑旗)는 좌영左營, 백기白旗는 우영右營, 흑기黑旗는 후영後營을 상징하여 진영陣營의 혼란을 막았다. 이렇게 크기와 색깔로 구분된 깃발을 가지고 대장이 신호를 할 경우 이에 응應하는 순서는 병사들을 시작으로 해서 대장隊長, 기총旗總, 초관哨官, 파총把摠, 영장營將에서 최종 신호자인 주장主將에게 돌아오는 방식으로 이뤄졌다.

특히 인기認旗는 조선전기의 휘麾의 역할을 담당하였는데, 주장主將 인기認旗의 움직임에 따라 휘하 장교들은 소집 및 해제의 신호로 받아 들였다. 예를 들면 주장主將이 인기認旗를 계속 휘두르면 파총把摠 이하 모든 간부들까지 모두 주장主將 앞으로 달려 나아가 집합하여야 했다. 반대로 인기認旗만을 사용하여 기대총旗隊摠을 모두 소집해서 명령을 하달한 후 인기認旗를 한번 휘두르면 각 부대의 지휘관들은 모두 흩어져서 원래의 대오로 돌아가게 되었다. 마찬가지로 파총把摠 이하의 지휘관들도 자신의 인기認旗를 이용하여 해당 명령을 전달하였다.

다음으로 살펴볼 군기軍旗는 오방기五方旗와 고초기高招旗인데, 이 둘은 서로 표리表裏가 되어 사용되었다. 먼저 오방기五方旗를 살펴보면 오방기는 크게 세 종류로 나뉘는데, 진영陣營의 출입문을 알리는 문기門旗와 함께 사용되었던 청룡靑龍, 백호白虎, 주작朱雀,

현무玄武, 등사騰蛇 등의 영물이 그려진 대오방기大五方旗, 전쟁과 관련된 신장神將[21]을 그리며 의장물로 사용된 중오방기中五方旗, 마지막으로 실제 신호체계로 사용되었던 아무 그림이 없는 소오방기小五方旗로 구분되었다.[22]

〈그림 6〉『속병장도설續兵將圖說』에 실린 五方旗 중 朱雀旗·靑龍旗·騰蛇旗·白虎旗·玄武旗의 그림[23]

---

21) 神旗에 그려진 그림은 중국의 소설 『三國志演義』의 명장들이 그려져 있는데, 그들의 용맹함을 군사들에게 불어 넣어주기 위해 그린 것이다. 홍신기에는 關羽-關元帥, 남신기에는 呂布-溫元帥, 황신기에는 王郞-王靈官, 백신기에는 馬超-馬元帥, 흑신기에는 방천화극의 명수 조자룡으로 이름난 趙雲-趙玄壇 등이다.

22) 『兵學指南演義』「旗鼓定法」明五方旗招號 條.

23) 『續兵將圖說』에 실린 五方旗 중 朱雀旗·靑龍旗·騰蛇旗·白虎旗·玄武旗인데, 크기는 모

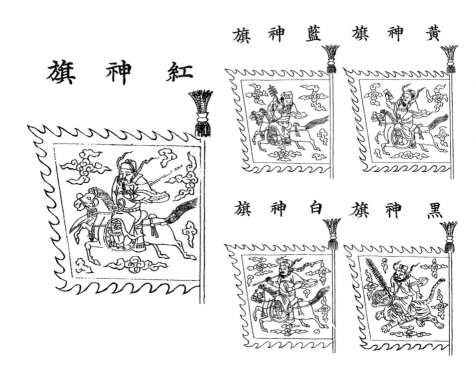

〈그림 7〉『續兵將圖說』에 실린 中五方旗 중 紅神旗 · 藍神旗 · 黃神旗 · 白神旗 · 黑神旗 그림

두 동일하다. 필자가 설명을 상세히 하기 위하여 주작기만 확대하여 배치한 것이다.

특히 앞서 언급한 색깔로 구분하는 부대명령 신호에서 오방기 五方旗는 인기認旗와 더불어 가장 빠른 신호로 사용되었는데, 소오 방기小五方旗의 경우는 진형陣形을 변경하거나 행군行軍 중에 길의 상태를 후미 부대에 알리는데 사용하였다. 예를 들면 행군하는 도 중 전면에 수목樹木이 앞을 가로막고 있을 때에는 청기靑旗를 펼치 고, 물이나 늪이 가로 막고 있을 때에는 흑기黑旗를 펼치며, 앞에 병마兵馬가 보일 때에는 백기白旗를 펼치며, 산이나 험한 곳이 막혀 있을 때에는 황기黃旗를 펼치며, 마지막으로 연기나 불과 같은 것 이 가로 막고 있을 때에는 홍기紅旗를 펼쳤다.

또한 진법 훈련 중 부대별로 나눠 조련할 때 남기藍旗, 홍기紅 旗, 백기白旗를 3면面에 세움은 1대隊를 변하여 삼재진三才陣를 만들 라는 신호이며, 남기藍旗·백기白旗를 2면面에 세움은 1대隊를 나누 어 양의진兩儀陣을 만들라는 신호이며, 황기黃旗를 1면面에 세움은 진영을 합하여 원앙진鴛鴦陣을 만들라는 신호였다.

끝으로 오방기五方旗의 크기는 사방 5척尺에 깃대 1장丈 5척尺 이며, 색깔은 각 부대의 방위에 따라 사용하고 깃대의 끝에 붉은색 실로 치미雉尾를 달았다. 오방기五方旗의 신호방법과 의미는 조선전 기의 신호체계와 유사한데, 이를 도식화하여 살펴보면 〈표 3〉과 같다.

구분 신호	신호방법	신호의미
立	기를 세운다	명령을 들으라
鳴金仆旗	징을 울리고 기를 눕힌다	명령에 따라 시행하라
點	기를 아래로 내렸다가 다시 일으킨다	가리키는 방향으로 가라
磨	기를(왼쪽으로) 흔든다	명령에 따라 시행하라
麾	기를(오른쪽으로) 흔든다	명령에 따라 시행하라
偃	기를 눕힌다	일체 기를 눕히라
舉	기를 들어 올린다	일체 기를 들어 올리라
倦	기를 말아둔다	유사시 다시 기를 펼치겠다

　　그리고 오방기五方旗와 짝이 되는 고초기高招旗의 경우도 〈그림 8〉과 같은 형태로 동일하게 오색五色을 사용하여 주장主將의 친위親衛 아병牙兵을 지휘하거나 유군遊軍의 기병騎兵을 통제하는데 사용되었다. 그런데 고초기의 경우는 앞서 언급한데로 오방기와 표리表裏가 되어 신호체계로 사용되었는데, 주장主將이 진영에서 신호를 보낼 때에는 오방기五方旗와 고초기高招旗를 함께 사용하였다. 특히 고초기高招旗의 경우는 밤에도 내리지 않고 꽂아 놓아 바람의 방향과 세기를 관측하여 다음날 전술에 활용하기도 하여 항상 내진內陣에 세워두었다.

　　또한 오방기五方旗의 경우는 행군 중 진로進路가 막힐 때 사용했다면 고초기高招旗는 길이 열렸음을 신호하였는데, 만약 길이 겨우

---

24)　정진술, 전게서, 2007, 28쪽 〈표 9〉 오방기의 신호방법과 의미 참조.

한 길로만 갈 수 있으면 고초기高招旗 1면面을 세우고, 두 길로 평평히 갈 수 있으면 2면面을 세우고, 세 길로 갈 수 있으면 3면面, 네 길로 갈 수 있으면 4면面, 병영을 모두 이 끌고 갈 수 있으면 5면面을 세웠다.[25] 그리고 후대後隊에 서는 구두로 차례로 전달하여 앞에 무슨 색깔의 깃발(오방기五方旗)과 무슨 고초기高招旗를 꽂았는가를 말해주어 후미에 전달하였다.

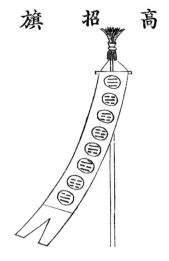

〈그림 8〉『續兵將圖說』에 실린 高招旗 그림

　특히 고초기高招旗는 대규모로 군사들의 무예武藝 실력을 비교할 때도 사용하였는데, 진중陣中에 남색藍色 고초高招를 세움은 사수射手를 선발하려는 것이고, 홍색紅色 고초高招를 세움은 총수銃手를 선발하려는 것이었다. 그리고 모든 화기火器를 집결하고 흑기黑旗를 세움은 패수牌手를 선발하려는 것이고, 백기白旗를 세움은 도파수刀鈀手, 홍기紅旗는 창수槍手, 남기藍旗는 낭선수狼筅手와 곤방수棍棒手를 선발한다는 신호로 사용되었다. 마지막으로 고초기高招旗의 크기는 길이가 12척尺이며, 깃대 16척尺, 제비꼬리처럼 갈라진

---

25)　『兵學指南演義』「旗鼓定法」明高招旗號 條.

부분이 2척尺이었다.[26]

세 번째로 살펴볼 군기軍旗는 문기門旗와 각기角旗인데, 두 가지 모두 군영軍營 내에 설치하여 군영의 위치를 신호하는데 사용하였다. 먼저 문기門旗는 사방 5척尺에 깃대 12척尺의 오방색으로 각각 2개씩 마련하여 군영의 네 방면의 문과 정중앙에 색깔별로 배치한다.[27]

특히 정중앙에 배치한 문기門旗에는 익호翼虎라하여 날개가 달린 범이 그려진 것을 사용하였다. 그리고 각기角旗는 군영軍營의 모서리를 나타내는 것으로 사방 4척尺에 깃대 12척을 사용하였다. 그런데 각기角旗의 경우는 해당 방위를 나타내는 색을 위 아래로 나눠서 대칭적으로 사용하였는데, 예를 들면 동남쪽에 배치한 각기角旗는 위가 청색靑色이고 아래가 홍색紅色인 것을 사용하였다.[28]

네 번째로 살펴볼 군기軍旗는 좌독기坐纛旗와 금고기金鼓旗이다. 좌독기坐纛旗는 〈그림 10〉의 왼쪽 깃발인데, 주장主將을 상징하는 것으로 검은 비단에 방위를 상징하는 띠를 달아 사방을 표시하였다. 특히 행군시에는 주장主將의 위치에 따라 뒤에 있고, 정지해 있을 때에는 왼쪽에 두었다. 그리고 깃발 안에는 태극太極과 팔괘八卦, 낙서洛書를 그렸고 오색의 다섯 끈을 매달아 28숙宿의 별자리를 상징하는 짐승을 그려 넣었다.

---

26) 『紀效新書』의 고초기는 주변을 밝게 비춰준다 하여 '高照旗'라고 부르며 그 형태의 그림에 깃발의 맨 윗부분인 꿩장목 아래쪽에 좌우로 등을 달아 밤에도 고초기의 색깔을 구별할 수 있도록 하였다. 이런 이유로 낮에는 '고초기', 밤에는 '고조기'로 부르기도 하였다.
27) 『兵學指南演義』「旗鼓定法」明門旗號 條.
28) 『兵學指南演義』「旗鼓定法」明角旗制 條.

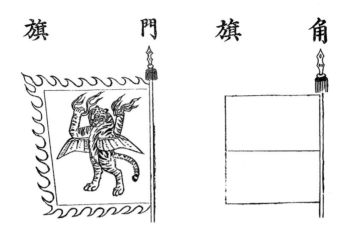

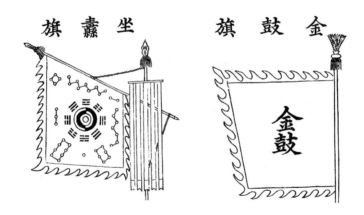

上 〈그림 9〉『續兵將圖說』에 실린 門旗와 角旗 그림
下 〈그림 10〉『續兵將圖說』에 실린 坐纛旗와 金鼓旗 그림

이처럼 화려한 형태의 좌독기坐纛旗는 군율 및 주장主將의 상징과 연관된 것으로 일반적인 군기軍旗신호체계에는 사용되지 않았다.[29] 금고기金鼓旗는 금金과 고鼓를 인도하는 것으로 모든 취타수吹打手들이 앉거나 일어나는 것, 전진하거나 멈추는 것을 신호하는 깃발이었다.[30]

다섯 번째로 살펴볼 군기軍旗는 청도기淸道旗와 표미기豹尾旗인데, 청도기淸道旗는 〈그림 11〉의 왼쪽 그림 형태로 행군시 군軍의 선두에 서서 행군을 막아서는 이들을 떨치고 부대를 인도하는 역할을 담당하였다. 특히 훈련 중에는 장호적掌號笛과 나란히 마로馬路에 잡고 간다. 크기는 사방 4척尺에 깃대 8척尺이며 중앙은 남색藍色이고 가장자리는 홍색紅色을 사용하였다.[31] 깃대에는 특이하게 호로葫蘆(호리병) 모양의 쇠 칼날을 달았다.

표미기豹尾旗는 〈그림 11〉의 우측 그림의 형태인데, 주장主將의 위엄을 알리는 깃발로 이 깃발이 선 곳에는 함부로 엿보거나 제멋대로 출입하지 못하게 하였다.[32] 그래서 만약 주장主將의 명령이나 영기令旗·영전令箭으로 부르지 않았는데, 이유 없이 군막軍幕으로 들어온 자는 지위 고하를 막론하고 군법軍法으로 저지하고 구속하였다. 그 제도制度는 비단을 잘라 만드는데 표범의 꼬리와 똑같이 만들며 모양은 두 번 접고 길이는 7척尺, 깃대의 길이는 9척尺이었다.

---

29) 만약 국왕이 행렬의 최우두머리일 경우에는 국왕의 뒤에 위치하며 거대한 龍旗와 짝을 맞췄다. 보통 좌독기 아래서 피의 맹세를 하였으며, 군율을 어긴 죄인의 목을 치기도 하였다.
30) 『兵學指南演義』「旗鼓定法」明金鼓旗號 條.
31) 『兵學指南演義』「旗鼓定法」明淸道旗號 條.
32) 『兵學指南演義』「旗鼓定法」明豹尾旗號 條.

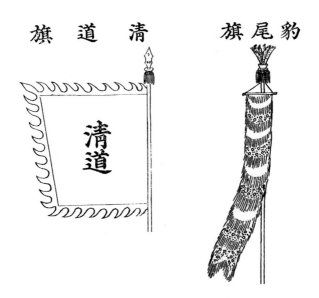

<그림 11> 『續兵將圖說』에 실린 淸道旗와 豹尾旗 그림

여섯 번째로 살펴 볼 군기軍旗는 당보기塘報旗로 척후병이 사용하는 깃발이었다. 당보기塘報旗의 신호체계는 일반 군기軍旗와는 조금 달랐는데, 적군이 맹렬히 공격해 오면 깃발을 계속 흔들며, 그렇지 않을 경우에는 기를 천천히 올렸다 내리는 방식이었다. 또한 적의 군세가 많고 강성하면 온몸을 돌려 깃발을 휘저으며, 무사하면 깃발을 세 번 휘두르고 세 번 거둔 다음 다시 펼치지 않았다. 그 크기는 사방 1척尺이고, 깃대의 높이는 9척尺이었으며 위에 날카로운 창을 달았다.

일곱 번째로 살펴 볼 군기軍旗는 영기令旗인데, 영기令旗는 영전令箭[33] 및 영표令票와 동일한 신표信標 혹은 영표令票 역할을 담당하였다. 특히 영기令旗를 비롯한 신표는 사람을 차임差任하여 명령을 전달할 때에 소지해야하며 영내營內에 출입할 때에는 반드시 이를 확인하였다.[34] 영기令旗는 사방 1척尺에 깃대 길이 4척尺으로 청색 바탕에 붉은 색으로 '영令'자를 쓰며 위에는 창날과 칼날을 달았다. 그리고 영전令箭은 1척尺 5촌寸으로 쇠로 '영令'자 모양의 화살촉을 만들어 사용하였으며, 각 영營에 기본적으로 40개씩 보유했다.

영표令票는 나무로 만드는 것으로 원형으로 다듬어 붉은 기름을 먹여 그 위에 '영令'이라는 글자를 새겨 각 영營에 10개씩 사용하였다.[35] 『만기요람萬機要覽』을 보면, 화살촉이 일반 화살에 비해 넓으며 한쪽에는 '모영대장某營大將'이라고 써서 소속군영을 알리고, 나머지 한쪽에는 '영令'자를 쓰도록 형태를 규정한 것을 확인할 수 있다. 조선후기 군영軍營마다 영전의 보유량은 조금씩 차이가 있는데, 금위영禁衛營은 23개, 어영청御營廳은 30개, 총융청摠戎廳은 20개를 보유하였다.

이 밖에도 깃발 안에 '순시巡視'라는 글자를 쓴 순시기巡視旗의 경우는 군중을 순행하면서 간악한 자들을 시찰하는 목적으로 만든 깃발로서 순시관원이 그 기수와 함께 군중을 돌아다니는데, 형태는 푸른색 바탕에 붉은 글씨로 '순시巡視'라고 쓰며 크기는 사방 1척 5촌이고 깃대의 길이는 5척인 깃발도 있다.[36]

---

33) 令箭은 짧은 화살의 형태로 화살 촉 부분에 '令'자가 새겨져 있다. 보통 '영전틀'이라는 영전 묶음 틀에 가지런하게 가로로 정렬시켜 5개를 令箭手가 깃발처럼 세워서 들고 움직인다. 군율을 담당하던 貫耳箭과 함께 짝을 짓는다.
34) 영전틀에 박혀 있는 令箭 하나를 뽑아서 활용하였으며, 국왕일 경우에는 '信箭'을 활용하였다.
35) 『兵學指南演義』「旗鼓定法」明令旗令箭令票號 條.
36) 이외에 '手旗'라고 하여 哨官급 이상의 지휘관이 손에 들고 다니는 작은 크기의 개인 깃발이 있는데, 국왕의 교외 거둥시 거소에 입시하거나 大駕를 호종할 경우에는 반드시 수기를 지참하도록 하였다. 보통은 허리전대부분에 끼워서 다녔으며, 군사들을 지휘할 때 손에 들고 움직

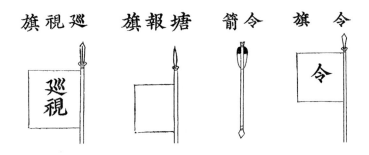

〈그림 12〉 『續兵將圖說』에 실린 巡視旗 · 塘報旗와 令箭 · 令旗 그림

　마지막으로 살펴 볼 깃발은 해당 부대를 담당하는 우두머리의 위상을 알리거나 부대 내에 명령을 전달하거나 알리는 일을 담당하는 깃발로서 〈그림 13〉의 좌측 그림처럼 깃발 안에 '모군사명某軍司命'이라는 글씨가 적혀있는 사명기司命旗가 있다.[37] 이 깃발은 길이는 2척이고 너비는 1척 5촌이며, 자루의 높이는 19척이고 꼬리 부분에는 오색으로 25개의 수술이 붙어 있는데 그 길이는 2척 5촌으로 깃대 끝에는 꿩장목(치미雉尾)을 단 깃발이다.

　이러한 다양한 군기軍旗는 주로 주간에 사용되었으며, 어둠이 내리는 밤이나 새벽녘에는 주로 등화燈火를 비롯한 불을 이용한 신호체계와 함께 이용되었다. 구체적으로 살펴보면, 각 대隊와 각 기대旗隊에는 각기 등 한 개를 깃발 위에 달고, 각 초哨에는 등 두 개

　였다. 깃발 가운데에 소속 군영의 이름을 명시하였는데, 각 군영마다 깃발의 색이 조금씩 달랐다.

37)　그리고 將臺에 우두머리 장수가 있음을 알리는 깃발인 '帥字旗'가 있는데, 사방 12폭으로 황색바탕에 황색 띠를 매달아 중간에 '帥'자를 크게 써놓은 깃발을 말한다. 장수의 권위를 상징하는 깃발이며, 만약 우두머리 장수가 국왕일 경우에는 수자기 대신 '大閱' 두 자를 써 넣은 깃발로 대체하였다.

를 인기認旗에 달며, 각 사司에는 등 세 개를 인기認旗 위에 달되 모두 연이어 내려가게 하고, 등의 색깔은 각각 방위의 색깔에 따라 사용하였다.

또한 각 영營에는 오색등 다섯 개를 좌독기坐纛旗 위에 달되 연이어 내려갈 수 있게 하여 주장主將의 명령신호를 나타내었다.[38] 그리고 등의 빛을 밖에 알리지 않게 하기 위해서 각각의 등에는 검정 유포油布로 만든 가리개를 만들어 배치하였다. 등불로 신호하는 요령은 주간에 군기軍旗의 신호체계와 동일하였으며, 주장主將이 있는 영營에서 대隊까지 순차적인 등불신호가 이뤄졌다.

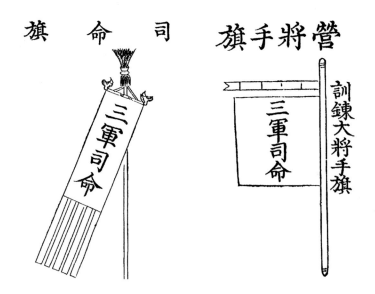

〈그림 13〉『續兵將圖說』에 실린 司命旗와 手旗 그림

---

38) 『兵學指南演義』「旗鼓定法」明燈火號 條.

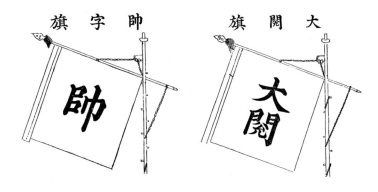

〈그림 14〉『續兵將圖說』에 실린 帥字旗와 大閱旗 그림

그런데 만약 적이 근거리에 있거나 소리나 빛을 이용해서 신호
할 수 없을 경우에는 암령暗令을 사용하였는데, 암령暗令은 단지 물
건을 전달하여 행군을 하거나 멈추게 하였다. 예를 들면 행군하다
가 멈추라고 할 때에는 초목草木의 가지를 전달하고, 앉으라고 할
때에는 돌덩이를 전달하고, 느리게 행군하라고 할 때에는 긴 곤방
을 전달하고, 급히 행군하라고 지시할 때에는 관이전貫耳箭을 전
달하는 방식이었다. 그리고 부대를 꾸려 전투에 대비하거나, 혹
은 적이 근거리에 있을 경우에는 긴 영전令箭을 전달하여 신호하
였다.[39]

---

39) 『兵學指南演義』「旗鼓定法」明暗令 條.

4. 복합적 신호체계의 진법훈련과 군사의례

조선후기 군사신호체제의 가장 확실한 모습은 실제 군사들이 조련장操鍊場에서 진법 훈련을 받는 규정과 격식 속에서 일관적으로 살펴 볼 수 있다. 특히 조선후기의 경우에는 대규모 군사훈련 軍事訓鍊을 펼치는 교련敎鍊의 경우 한강가의 노량진을 비롯한 넓은 모래사장에서 이뤄졌다.[40] 이는 군사들의 안전을 도모하기 위함인데, 교련敎鍊의 경우 실제로 아군과 적군의 모의전투를 비롯한 다양한 진법들을 훈련하였기에 이러한 장소의 선정은 무엇보다도 중요하였다.

이러한 장소 선정과 더불어 훈련날짜를 논의 한 후 조련일이 잡히면 조련 기일 하루 전에 호랑이 머리를 그린 조련패操鍊牌(조패操牌)을 달아 각 영에 조련을 알렸다. 이렇게 조련의 명령이 모두 전달되면 군사 조련장에서의 훈련이 시작되었다.

각 군영의 군사들이 모두 조련일임을 확인한 후 첫 번째 신호는 장일호掌─號라 하여 중군中軍이 신호나팔을 불어야 할 시간을 주장主將에게 품의 한 후 주장의 영문營門 앞에서 신호나팔을 불면, 이하 각 장관將官들은 이 신호를 받아 신호나팔을 불며 각 병사들

---

40) 조선후기 大閱儀와 같은 대규모 군사 훈련은 군사들의 안전을 위하여 모래사장이 넓은 鷺梁을 비롯한 한강가를 주로 이용하였다. 기록을 보면, 노량의 경우 사방 1,200步가 넘었다.(『漢京識略』) 또한 임란기에는 한강 동작동 근교의 모래사장에서 명군의 습진훈련이 자주 시행되기도 하였다. 城에서 공격과 방어를 훈련하는 城操의 경우에는 南漢山城에서 이뤄졌다. 또한 華城건설 이후에는 正祖와 純祖의 경우 華城에서 주간과 야간에 군사훈련을 하였다. 그리고 일반적으로 국왕이 직접 관람하는 소규모 군사훈련의 경우에는 慕華館이나 살곶이(箭串) 근처를 비롯한 궁궐 인근의 軍營 훈련장에서 진행하였다.

은 밥을 지어 먹게 된다. 이후 장이호掌二號라 하여 두 번째 나팔소리가 나면 장관들과 병사들은 장비를 갖추고 조련장으로 들어가서 대열을 편성하게 된다.

이때 대열의 순서는 기고관旗鼓官에 의해 중심이 잡혀지는데, 청도기淸道旗와 위의기威儀旗[41]를 주장主將의 문 앞에 진열하고 기다리게 된다. 이때의 전체적인 순서는 청도기淸道旗가 맨 앞에 서고 오방대기五方大旗와 오방고초기五方高招旗가 서로 엇갈리면서 가운데 줄이 되고, 문기門旗와 각기角旗는 서로 엇갈리면서 좌우의 줄을 맞추게 된다.

그리고 오방기五方旗의 위치를 중심으로 앞과 왼쪽에 해당하는 깃발은 좌열左列에 위치하고, 오른쪽과 뒤쪽에 해당하는 깃발은 우열右列에 위치하게 된다. 오방기 뒤로는 표미기豹尾旗, 금고기金鼓旗가 배치되면 금고기 뒤로 취타수吹打手들이 먼저 서게 된다. 이 뒤쪽으로 순시기巡視旗[42]와 영기令旗 및 군뢰軍牢[43]가 좌마座馬의 앞에 위치하며, 좌독기坐纛旗는 좌마의 뒤에 위치하고 친위병親衛兵과 교사敎師와 당보기塘報旗는 그 뒤에 위치한다. 마지막으로 병기兵器는 기치旗幟의 좌우 행렬 사이에 위치하게 된다.[44]

이때에 조련장으로 나가서는 군사들에게 정숙靜肅을 알리는 숙

---

41) 主將의 위엄을 알리는 깃발로 坐纛旗나 高招旗 등을 말한다.
42) 巡視旗의 경우에는 일반적인 군사신호체제에 해당하는 깃발은 아니지만, 軍中에서 군율을 어긴 군사들을 처벌하는 巡軍들이 드는 깃발이다. 청색깃발 안에는 '巡視'라는 글자가 쓰여 있다.
43) 軍牢의 경우는 단병무기 중 月刀와 유사한 형태의 모습인데, 군율을 어긴 자를 참수하는데 사용하였다. 이때에는 보통 貫耳箭이라는 화살로 해당군사의 귀를 걸어 조리를 돌리며 군율의 지엄함을 알렸다.
44) 『兵學指南演義』「場操程式」掌二號第三 條.

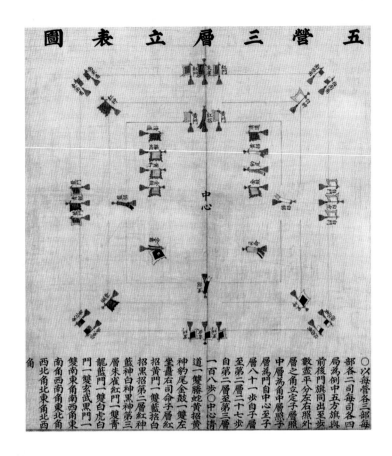

영진총도營陣摠圖 병풍 중 오영삼층입표도五營三層立表圖

조선후기 편찬된 진법서인 『병학지남』의 진법 중 하나인 '오영삼층입표도'를 병풍에 그린 것이다. 이 그림은 <영진총도營陣摠圖>를 그림으로 설명한 것으로 2폭 병풍 중 일부분이다. 전체 병력인 다섯 개의 영營으로 사각형의 방진을 설치할 경우 3층으로 주장主將을 보호하는 방식을 설명하고 있다. 그림 아래의 설명을 보면, 방진이 차지하는 공간은 가장 안쪽의 자층自層은 중심부분에서 81보步, 자층에서 제 2층까지는 27보步, 마지막으로 제 2층에서 3층까지는 108보를 띄워 배치하도록 한다고 하였다. 그림의 내용을 보면 맨 바깥층 동서남북의 각 방향에서 따라 동−백호, 서−청룡, 남−현무, 북−주작 깃발을 각각 세우고, 좌우로 해당 방면의 문기門旗를 설치하여 군사들의 진퇴로進退路를 만든 모습을 확인할 수 있다. 또한 맨 바깥층 네 개의 모서리에는 방위를 상징하는 각기角旗를 배치하고, 2층의 모서리에는 각 방향의 신기神旗를 설치하여 경계를 표시하였다. 그리고 맨 안쪽 자벽에는 북쪽으로만 황문黃門을 만들어 출입을 통제하고 있다. 또한 각 방향에 따라 고초기高招旗를 세우고 주장主將의 왼편에 는 좌독기坐纛旗, 오른편에는 사명기司命旗를 달아 군령의 지엄함을 나타내고 있는 그림이다. 조선전기에 도 방진方陣은 가장 보편적인 진형이었으며, 이와 유사한 방식으로 진을 설치하였다.(국립고궁박물관 소장)

정포肅靜砲를 쏘았는데, 만약 해당 조련시각보다 늦게 도착한 자와 도착하지 않는 자는 열거하여 죄를 다스렸다. 이후 주장主將이 일어나 문밖으로 나오면 포砲를 세 번 쏘고 금金의 아랫부분을 두 번 울리고 대취타大吹打를 연주하게 된다.

　　다음으로 주장主將이 조련장에 들어올 무렵 징의 아랫부분을 세 번 울리고 취타를 멈추면서 신호포를 한번 쏘고 천아성天鵝聲을 불면 각 병사들은 깃발을 흔들며 함성소리를 세 번 하게 된다. 이렇게 군사들의 사기를 진작시키고 나면 징을 한 번 울리고 나팔을 멈추면서 징을 울려 대취타大吹打의 신호로 사용하였다. 대취타大吹打를 연주하면 중군中軍의 천총千總, 파총把總, 초관哨官이 자기 위치에서 무릎을 꿇고 주장主將을 맞이하고, 주장이 통과하면 일어서 그 뒤를 따라간다.

　　주장主將이 훈련을 지휘하는 장대將臺에 이르면 징과 취타를 멈추면서 나각螺角을 불어 모든 기치旗幟를 좌우로 나눠 정렬시킨다. 이후 징과 나각螺角이 멈추면 천총千總 이하 지휘관들은 모두 군문軍門 밖에서 대기하게 된다. 이렇게 주장主將이 장대將臺에 올라 군사훈련을 지휘할 준비가 되면 영문을 조금 열어 중군中軍과 기고旗鼓, 기패旗牌를 담당하는 관원들이 주장主將을 만나 얼굴을 알리고, 이후 군뢰軍牢와 순시수巡視手 등의 군율 담당관들과 취수吹手, 고수鼓手 등이 인사를 하게 된다.

그리고 주장主將이 장막에 오르는 승장升帳 이후에 깃발을 올리는 승기升旗를 행하고 관기官旗를 부르게 된다. 지휘관급 장교인 관기官旗가 모두 장대 앞으로 모이면 청발방聽發放이라 하여 명령을 듣는 의식이 행해지고, 그 중 조련장의 군율을 담당하는 순시관巡視官의 명령을 마지막으로 모든 관기官旗가 제자리로 물러간다.

이렇게 진영이 정비되면 영문營門을 열어 행군하는 것을 가장 먼저 하는데, 신호포信號砲를 세 번 울리고 중군中軍이 장일호掌一號를 울리면 당보군塘報軍이 척후를 하기 위하여 10개의 장소에 두 명이 10보步 간격으로 서게 된다. 이후 신호포를 쏘고 나각螺角을 불면 각 병사들이 일어서고, 나각螺角을 멈추고 또 한 번 신호포를 쏜 후 홍방기紅方旗를 장대 위에 세우면 전영前營이 이를 들고 오른쪽을 향해 깃발을 흔든다.

그러면 모든 지휘관들이 차례로 자신의 깃발을 흔들고 이후 징 소리와 함께 오방기五方旗와 고초기高招旗를 세우게 된다. 이렇게 전군이 움직일 준비가 되면 신호포를 쏘고 북을 치며 오방기와 고초기를 흔들어 각 영이 이에 화답하게 한다. 행군의 순서는 전영前營이 장대 앞의 동쪽에서 서쪽을 향하여 지나면 이후 좌영左營이 뒤를 이어 가서 오른쪽 줄의 뒤에 이르러 남쪽을 향해 내려가고, 중군中軍과 기고旗鼓 등은 앞으로 좌영의 후미를 잇고 뒤로 중영中營의 선두를 잇게 된다. 그리고 오른쪽 줄의 각 영은 중영中營의 후미가 다하기를 기다려 서로 이어서 가되 꺾어지는 곳에서 기총旗總·대총隊總 이상이 깃발을 흔들어 신호한다.

그리고 행군 중 길을 나누는 분로分路는 길의 숫자에 따라 신호포 횟수를 정하며 그 횟수에 따라 고초기를 세우게 된다. 예를 들면 네 길로 나눌 경우에는 신호포를 네 번 쏘고 고초기를 4면面에 세우며 좌영左營은 전영前營의 오른쪽으로 들어가고 후영後營은 우영右營의 왼쪽으로 들어가며 중군中軍과 중영中營은 네 길의 뒤의 중앙에 위치하게 된다.[45]

이렇게 분로分路훈련을 마치고 나면 바로 진을 나열하는 열진列陣훈련을 하는데, 가장 먼저 당보군塘報軍의 경보 신호에 따라 움직이게 된다. 상황이 전달되면 먼저 신호포를 쏘고 바라를 불며 오방기五方旗와 고초기高招旗를 모두 세우는 신호에 따라 병사들은 모두 일어서며 방향전환을 알리는 나팔소리에 따라 각 병사는 즉시 몸을 돌린다. 다시 북을 급히 치고 파대오擺隊伍 나팔을 불면 각 병사들이 달려가 일자一字로 진열하는데 기대旗隊마다 한곳에 모여 기본적으로 움직일 수 있는 3장丈의 공간을 남겨두며 조총수鳥銃手, 살수殺手의 순서로 선다.

이때 전영前營은 왼쪽의 전층前層이 되어 방어하고 우영右營은 오른쪽의 전층前層이 되어 후미 부대를 보호하게 된다. 그리고 좌영左營은 왼쪽의 후층後層이 되고 후영後營은 오른쪽의 후층後層이 되는데 전층前層은 안에서부터 밖으로, 후층後層은 밖으로부터 안으로의 순서로 진열하게 된다.[46] 그리고 전층前層과 후층後層의 사이는 20보步 간격을 유지하며 그 사이에 중군中軍과 기수旗手·고수鼓手 등이 서게 된다.

다시 대열의 재편성을 알리는 나팔소리가 나면 살수殺手는 원

[45] 『兵學指南演義』「場操程式」分路 條.
[46] 『兵學指南演義』「場操程式」列陣 條.

앙대鴛鴦隊[47]의 법식에 따라 각각 1장丈씩 떨어지며 총수銃手는 모두 병사들 앞으로 5보步를 나가 한 줄로 진열한다. 이후 징과 나팔을 멈추고 신호포를 쏘며 라鑼를 울리면 병사들은 그 자리에 앉아서 쉬게 된다.

그런데 만약 적이 백보百步 안까지 접근해 왔을 경우에는 총과 화살을 쏘며 나가서 세 차례의 교전을 펼치고 적이 패주敗走하면 모두 원위치로 돌아오게 된다. 이때의 신호체계는 먼저 적이 백보百步 안으로 들어 왔음을 알리는 신호포를 쏘고 바라를 불며 병사들은 전투준비에 들어가게 된다.

이후 징과 바라를 멈추고 신호포를 쏘면서 천아성天鵝聲을 불면 먼저 조총수가 일제히 발사한다. 조총수의 사격 후에는 즉시 대오를 거두고 기화起火 한 가지를 쏘아 올리면 전층前層의 화전수火箭手와 궁전수弓箭手 및 기대총旗隊摠이 조총수가 있는 곳까지 나아가 진열하게 된다. 이때 천아성天鵝聲을 불면 화전火箭과 궁전弓箭을 일제히 발사하게 된다.

이렇게 전층前層의 공격이 마무리되면 조총수鳥銃手와 사수射手의 재장전을 위하여 후층後層이 나아가 싸우는데, 신호포 소리와 함께 점고點鼓신호가 울리면 후층後層이 앞으로 나아가게 된다. 대열이 갖춰지면 바로 북을 빠르게 치고 천아성天鵝聲 소리가 울리면

---

47) 鴛鴦隊는 壬辰倭亂을 거치면서 조선에 도입된 소규모 대대단위의 조직을 말한다. 대장 1명, 등패수 2명, 낭선수 2명, 장창수 4명, 당파수 2명, 화병 1병 등 도합 13명이 한 隊로 움직이며 단병접전을 펼쳤다. 鴛鴦陣의 특징은 소규모 부대로 긴무기와 짧은 무기를 조화롭게 배치하여 적의 근거리 공격에 대한 방어 및 공격을 지원하였다. 특히 이 진법은 임진왜란 당시 평양성 탈환전투에서 진가를 발휘하여 조선에 도입되게 되었다. 원앙진에 대한 연구는 최형국, 「朝鮮後期 陣法 鴛鴦陣의 軍士武藝 特性」, 『軍史』 78호, 군사편찬연구소, 2011이 자세하다.

병사들은 병기를 잡고 앞을 향하여 함성을 지르며 작전을 펼치게 된다. 이때 징과 북을 멈추면 한 면面의 기대旗隊 또는 일대一隊를 좌우에 남겨두어 복병伏兵으로 삼게 된다.

이 과정을 반복하다가 적이 패퇴하면 징과 북치기를 멈추고 솔발摔鈸[48]을 울리면 각기 대오를 정돈하고 다시 솔발이 울리면 각기 원대原隊를 나누며, 징의 아랫부분을 세 번 울리면 병기는 앞을 향하고 몸과 머리는 뒤를 향해 후퇴하여 돌아온다. 그런데 만약 20~30보步정도 왔을 때 연달아 징을 두 번 울리면 이는 적이 추격해 온다는 신호이니, 각 병사들은 즉시 몸을 돌리고 호성虎聲을 지르며 서 있는다. 이후 거짓으로 호령에 따라 적을 유인해서 앞의 매복해 있는 지점까지 적이 당도하면 복병이 함성을 지르고, 즉시 징을 두 번 울리면 퇴각하던 병사들이 몸을 둘려 호성虎聲을 지른다.

그리고 살수殺手들이 퇴각을 거듭하면 나팔을 불어 매복한 병사들을 거두고 세 차례 후퇴하여 조총대鳥銃隊의 앞에 이르렀을 때 징을 두 번 울리면 호성虎聲을 내며 일어선다. 이러한 열진列陣훈련 이후 이어지는 공격과 퇴각훈련을 도식화하여 신호체계와 함께 살펴보면 〈표 4〉와 같다.

---

48) 솔발 대신 '鐸'을 활용하기도 하였다. 〈그림 3〉을 참고한다.

〈표 4〉 列陣 후 공격 훈련 신호체계 (적이 百步 안으로 진입할 경우)

신호 구분	신호순서	신호의미
1	信號砲-바라	전투준비
2	징-바라-信號砲-天鵝聲	鳥銃手 사격
3	起火	火箭手, 弓箭手 준비
4	天鵝聲	火箭, 弓箭 발사
5	信號砲-點鼓	後層 진출
6	疾鼓-天鵝聲	함성과 함께 공격
7	징-북-摔鈸	대오 정돈
8	퇴각	퇴각

그런데 만약 또 다시 적이 공격해 오는 상황이 발생하면 조총수鳥銃手가 빠르게 이동하여 한 층의 앞으로 돌아오며, 신호포信號砲 신호 이후 천아성天鵝聲을 불면 일제히 조총을 발사한다. 이후 사격을 마친 조총수는 기화起火 한 가지를 쏘아 올리면 후퇴하여 한 층의 안으로 돌아오고 후층後層의 화전수火箭手와 궁전수弓箭手가 다시 나가 공격한다.

이렇게 전층前層과 후층後層이 교대로 공격과 방어를 하고, 두 층이 함께 나가 공격과 방어하기를 거듭하다가 적이 패퇴할 때에는 꽃잎 모양으로 중첩하여 후퇴하게 된다. 이후 적의 패퇴가 확실해 지면 방영方營을 설치하는데, 신호포를 쏘고 징의 가장자리를 울리면 오방기五方旗와 고초기高招旗가 중군中軍의 중앙에서 네 직각으로 깃발을 세워 기준으로 삼는다.

그리고 바로 각기수角旗手가 대기大旗를 잡은 자와 함께 나가서 정문正門에 문기門旗가 꽂혀 있는 아래로부터 나란히 좌우로 걸어

나가 해당 보수步數가 되면 그곳에 깃발을 세워 사각四角의 기준으로 삼는다. 이렇게 깃발로 먼저 방영方營을 칠 위치를 정하고 나면 신호포, 바라 소리에 병사들이 일어나고 파대오擺隊伍 나팔 소리와 함께 표기表旗의 움직임에 따라 각 병사들은 개미떼처럼 붙어서 나누어 바깥층의 자층子層이 된다.

이때 중군中軍은 자벽子壁의 중앙에 위치하고 각 영장營將은 바깥 보루의 사각의 안에 위치하며, 대열의 재편을 알리는 나팔을 불면 각 병사들이 소규모 대隊로 벌려 나열한다. 이후 징과 나팔을 멈추면 즉시 적의 접근을 막을 수 있는 장애물인 거마색拒馬索과 질려蒺藜를 준비하고 천막을 설치하게 된다.[49]

방영方營을 설치하고 나서는 매복하는 병사인 복로군伏路軍과 적의 동태를 살피는 척후임무를 담당한 당보군塘報軍을 주변으로 보내게 된다. 이때의 신호체계를 살펴보면, 먼저 신호포를 쏘고 징을 두 번 울리면 미리 선발된 복로군伏路軍과 당보군塘報軍이 각각 조총鳥銃과 궁시弓矢를 비롯한 개인 무기를 휴대하고 중군中軍과 함께 달려가서 암호暗號와 영전令箭을 수령하고 영문營門을 나와 배치되게 된다. 이렇게 모두 배치가 완료되면 중군中軍의 담당관원이 나가서 인원수를 확인하고 신호포를 울리고 라鑼를 불어 병사들의 휴식을 알린다.

이때 각 병사들은 막사들에 들어가 휴식을 취하되 대隊마다 교대로 두 명을 보내어 거마색拒馬索을 지키게 한다. 휴식의 신호체계

---

49) 적의 진입을 차단하기 위해 나무로된 목책형 구조물인 거마목을 세우거나, 땅바닥에 뾰족한 마름쇠 형태의 질려를 뿌려 적이 밟고 더 이상 움직이지 못하게 하는 것이다.

에서 깃발의 움직임은 중군中軍의 황대기黃大旗와 황고초기黃高招旗 및 중오방기中五方旗를 모두 눕히고 이 신호를 받아 모든 군영의 깃발이 눕게 되는데, 이때에도 표기表旗인 사방을 알리는 문각기門角旗와 고초기高招旗는 세워 둔다. 이렇게 진영陣營에 휴식을 알리게 되면 병사를 내보내어 나무를 하고 물을 길러와 밥을 짓는 훈련을 하고 병사들이 밥을 먹고 난 후에 다시 사면四面의 조련이 이어진다.

마지막으로 사면四面의 조련을 마치고 나면 영營을 거두는 훈련을 하는데, 먼저 중군中軍이 신호포를 쏘아 올리면서 바라를 불고 대기大旗를 세우면 병사들은 자리에서 일어나 영을 거둘 준비를 한다. 이후 첫 번째 솔발捧鈸이 울리면 거마색拒馬索과 영막營幕을 거두고 각각 가장 작은 소대 단위로 모여 있다가 다시 두 번째 솔발이 울리면 대대大隊로 편성하여 중군中軍의 깃발을 모두 회수하게 된다.

그리고 점고點鼓 신고가 나면 방영方營을 처음 위치인 두 층으로 나눠 서게 된다. 이렇게 두 층을 구분하고 나면 천아성天鵝聲을 불고 신호포를 쏘며 오방기와 고초기를 모두 뒤를 향하여 가리키면(지指) 각 병사들이 즉시 몸을 돌려 뒤를 향하며 두 번째 점고點鼓 신호와 함께 뒤로 20여 보步를 물러가게 된다. 그러다가 징과 북을 멈추고 다시 천아성天鵝聲을 불면 오방기五方旗와 고초기高招旗의 방향을 바꿔 모든 병사들이 몸을 돌리게 신호한다. 이후 징을 울리고 대취타大吹打를 연주하면 전체 진영의 군사들이 걸어서 원위치로 돌아오게 된다.

이렇게 조련을 시작할 때의 원 위치로 모든 병사들이 돌아오면 주장主將이 조련 마침을 알리고 조련을 해산하게 된다. 그리고 맨 마지막으로는 깃발을 내리는 낙기落旗를 행하는데, 주장主將의 명령에 따라 신호포를 쏘고, 라鑼와 고鼓를 세 번 울려 깃발을 내리며 첫 번째 신호인 장일호掌一號를 하고 징을 치면 기치旗幟를 나눠 세 줄로 세우게 된다. 이후 두 번째 신호인 장이호掌二號를 하면 주장 主將이 일어나 말에 오르며 징을 울리고 대취타大吹打를 연주하며 조련장에서의 모든 조련을 마치게 된다.

이러한 장조場操 이외에 야간에 군사를 조련하는 야조夜操, 성곽 전투를 훈련하는 성조城操, 수군水軍의 전투 훈련인 수조水操 등 다양한 훈련이 있었지만 대부분 장조場操에 준하는 신호체계를 활용하였다. 특히 다양한 군사훈련 중 야조夜操의 경우는 야간에 진행되기에 시각적 신호체계에서 불을 이용한 신호가 많았는데, 야조 夜操 중 일반적인 교련장이 아닌 성城에서 진행된 야조夜操를 살펴보면 성조城操를 함께 이해할 수 있기에 이를 간단히 도식화 하여 살펴보면 〈표 5〉와 같다.

〈표 5〉 乙卯年 華城 夜操 중 군사신호와 명령체계[50]

명령 / 내용		신호체계	국왕을 중심으로 한 명령체계	비고
1-1	起操	나팔	兵曹判書 - 國王 - 宣傳官	조련시작
1-2	發伏路	징의 가장자리를 침 - 나팔 - 發放 - 나팔	兵曹判書 - 國王 - 宣傳官	매복출발
2-1	閉城門	징 2회 - 大吹打 - 징	兵曹判書 - 國王 - 宣傳官	성문닫기
2-2	吶喊	信砲 1회 - 天鵝聲 - 징	宣傳官 - 國王 - (宣傳官) - 敎鍊官	함성지르기
3-1	演炬	信砲 3회 - 가지3개에 불	兵曹判書 - 國王 - 宣傳官 - 國王 - (宣傳官) - 敎鍊官	섶불울리기

3-2	點 炬	信砲 1회-天鵝聲-함성 3차	宣傳官-國王-(宣傳官)-敎鍊官	섶불점검
3-3	仆 炬	信砲 3회(각 면에서 응포)	宣傳官-國王-(宣傳官)-敎鍊官	섶불소화
4	落 旗	信砲 1회-북, 꽹가리 3차	兵曹判書-國王-宣傳官-國王-(宣傳官)-敎鍊官	깃발내림
5-1	懸 燈	信砲 3회-가지3개에 불-북, 꽹가리 3차-징	兵曹判書-國王-宣傳官-國王-(宣傳官)-敎鍊官	등불걸기
5-2	休 息	信砲 1회, 꽹가리(각 면에서 응포와 꽹가리)-징	宣傳官-國王-(宣傳官)-敎鍊官	휴 식
6-1	傳 更	종-信砲 1회-天鵝聲-鼓 1회-梆(시간에 따라 반복)	兵曹判書-國王-宣傳官-國王-(宣傳官)-敎鍊官	시각알림
6-2	走 火	信砲 1회-가지 1개에 불(시작) 信砲 1회-天鵝聲-함성 3차-징(끝)	宣傳官-國王-(宣傳官)-敎鍊官(2회)	훈련점검
7	落 燈	信砲 1회-鼓, 꽹가리 3차-징(각 면에서 징)	兵曹判書-國王-宣傳官-國王-(宣傳官)-敎鍊官	등내리기
8	開城門	信砲 3회-징 2회-大吹打-징	兵曹判書-國王-宣傳官-國王-(宣傳官)-敎鍊官	성문닫기
9	收伏路	信砲 3회-나팔(각 면에서 응포 및 나팔)-징	兵曹判書-國王-宣傳官-國王-(宣傳官)-敎鍊官	매복풀기
10	下 城	信砲 3회-징 2회-大吹打(각 면에서 응포 및 취타)-징	兵曹判書-國王-宣傳官-國王-(宣傳官)-敎鍊官	성내려옴

50) 위의 도표는 『兵學指南演義』를 기본으로 하여 『園幸乙卯整理儀軌』에 실제로 진행된 야조에 관한 기록을 축약하여 필자가 도표화한 것이다. 당시 야조의 훈련형태는 모두 『兵學通』을 기준으로 진행되었다. 명령 체제는 병조판서가 먼저 무릎을 꿇고 국왕에게 순서를 아뢴 후 국왕의 명에 따라 선전관 역시 무릎을 꿇고 호령하기를 아뢰는 방식이다. 그리고 핵심적인 명령은 국왕이 선전관을 통해서 하달되고 이를 재확인한 후 교련관이 군사들에게 알리는 형태였다. (최형국, 「TV 역사물의 考證 한계와 그 대안-KBS 다큐멘터리 〈의궤 8일간의 축제〉의 무예사·군사사 고증을 중심으로」, 『사학연구』 114호, 한국사학회, 2014.)

특히 앞서 살펴 본 화성華城에서 진행된 야조夜操의 경우 국왕이 직접 군사훈련을 지휘했기에 지휘체계나 군사신호체계에 있어서 국왕의 명령체계를 확인할 수 있는 중요한 군사의례이자 군사훈련이었다고 볼 수 있다.

또한 대열의大閱儀나 강무의講武儀를 비롯한 군사 의례시에도 국왕이 직접 군복인 융복이나 갑옷을 착용하고 군사조련장에서의 신호체계를 그대로 의례에 활용하였기에 그 신호전달 방식은 동일하였다. 의례 하루 전에 국왕이 머무를 수 있는 임시 거소 공간을 교련장 근처에 설치하거나,[51] 군사용 깃발의 경우에도 국왕을 상징하는 용기龍旗의 추가 등을 제외하고는, 그 군사운용 절차상의 구별은 크게 차이나지 않았다.

이는 바로 국왕이 군대의 최고 우두머리인 장수將帥의 역할을 수행하는 군사훈련이자 의례이기 때문이었다. 이러한 이유로 왕조의 토대를 군사적으로 다지기 위한 조선전기에 비해 조선후기에는 전반적으로 오례의五禮儀 중 군례軍禮의 약화 현상이 두드러지게 나타난 것이다. 다만 숙종대肅宗代 관묘關廟에 전배하는 의례의 확대나 영조대英祖代의 대사례의 복원과 선노포의宣露布儀 및 헌괵례獻馘禮의 설행은 이인좌의 난의 진압을 비롯한 정치적 혼란을 군례軍禮를 통해 극복하고자 했던 특정한 정치적인 목적의 사례로 볼 수 있을 것이다.[52]

---

51) 노영구, 「조선후기 漢城에서의 閱武 시행과 그 의미 - 大閱 사례를 중심으로」, 『서울학연구』 32, 서울시립대학교 서울학연구소, 2008.
52) 조선시대 정치 변화에 따른 일련의 군사적 변화흐름에 대해서는 최형국, 『병서, 조선을 말하다』, 2018이 자세하다.

그리고 군례軍禮 중 의례적 속성이 강한 대사례大射禮나 구일식 의救日食儀 및 계동대나의季冬大儺儀 경우는 군사를 직접 지휘하는 것이 아닌 의례의 일환으로 진행했기에 각각의 의식 절차에 따라 의례를 진행하였다.

5. 진법은 군사신호체계부터 시작

전장에서 군사신호체계는 곧 전쟁의 승패를 좌우할 정도로 가장 영향력 있는 부분이었다. 전장에서는 수 만 명이 승리라는 동일한 목표를 가지고 동시에 전투를 수행하게 되지만, 각각의 병사들은 자신들만의 임무가 있기 마련이다. 따라서 이 거대한 유기체인 군사조직을 조화롭게 이끌어 내는 것이야 말로 곧 전쟁의 모든 것이라 할 수 있었다.

여기서 가장 중요한 요소가 바로 군사신호체계였다. 대표적으로 사용된 군사신호체계는 신호포信號砲 및 북이나 징 그리고 나팔 등 다양한 군사신호용 악기를 중심으로 한 청각적 신호체제와 기치旗幟나 횃불로 대표되는 시각적 신호체계가 활용되었다. 특히 조선후기의 경우 화약무기라는 신개념의 무기가 급속도로 전장에 보급되면서 군사신호체계 또한 이러한 변화를 수용해야만 했다.

이러한 변화는 거의 모든 군사신호체계에 신호포信號砲라는 화포의 사용으로 나타났다. 그러나 이러한 화약신호음은 그 굉음으로 인해 상대적으로 작은 소리를 냈던 기존의 북이나 징 그리고 나팔 등이 담당했던 영역은 상당부분 축소시켰다. 물론 이러한 변화는 임란王亂 이후 화약무기의 사용이 빈번해지면서 대규모의 부대 움직임 보다는 소규모 병력을 빠르게 이동시키는 경향으로 전술이 변화한 것과 무관치 않은데, 소규모 부대의 움직임에서는 전통적으로 내려오는 군사신호체제들이 여전히 사용되었음을 확인할 수 있었다.

앞서 언급하였듯이 이 장에서는 조선후기 편찬된 병서인 『병학지남연의兵學指南演義』를 중심으로 조선전기의 신호체계와 비교하여 조선후기 당시 군사신호체계 중 청각적 신호체계와 시각적 신호체계로 구분해서 살펴보고 이것이 군사들의 훈련 현장인 조련장이나 군사의례에서 어떠한 방식으로 이뤄졌는지 알아보고자 하였다.

이를 통해 조선후기 군사신호체계의 특징을 몇 가지로 요약하여 살펴보면 다음과 같다.

첫째, 가장 먼저 신호를 알리는 신호포를 쏘아 주위를 환기 시키고 이후 다양한 시각적·청각적 도구를 사용하여 신호를 했음을 알 수 있다.

둘째, 청각적 군사신호체제인 화포의 소리가 극대화됨에 따라 나머지 청각적 신호체제의 활용이 줄어들었고, 이를 보완하는 형태로 기치旗幟의 종류가 다양해지고 그 사용 또한 세분화되었음을 알 수 있었다.

셋째, 대규모 군사들을 동시에 조련하는 조련장에서의 신호체제의 경우 신무기인 조총의 등장으로 인해 살수殺手와 교대로 움직이며 적을 타격하는 방식이 완성되었음을 알 수 있었다.

넷째, 야간에 훈련하는 야조夜操의 경우에도 횃불과 신호포를 이용하여 보다 정확하고 폭 넓은 신호체계가 병사들에게 전달되었음을 확인 할 수 있었다.

끝으로 이 책에서는 아직까지 군사신호체계에 대한 연구가 거의 없는 상황이므로 가능하면 기본적인 형태의 군사신호체계를 정리하여 이후 연구에 도움이 되는 것을 목적으로 삼았기에 미시적인 부분까지도 다루려 했다. 이는 실제 군사들이 어떠한 신호체계를 통해 전투를 수행했는가에 대한 고민에서 출발한 것이다.

다만 아직까지 이에 대한 선행연구가 빈약하다는 문제와 필자의 공부가 부족해서 처음 의도했던 바와는 다르게 작은 신호 순서나 그 의미의 해석에서 문제가 있을 수도 있다. 앞으로 관련 연구자들의 많은 질책과 관심을 통해 이러한 군사사軍事史 분야의 연구가 계속 이어져 새로운 연구 성과물들이 나오길 기대한다.

2장

조선전기 전술과
진법의 운용

1. 조선군 방호전략과 진법

전통시대의 국가 단위의 전투는 대규모 인원이 참여하였다. 단순히 소수의 병력을 가지고 막싸움을 진행하는 것이 아니라, 철저한 전략과 전술을 바탕으로 수천 혹은 수 만명이 동원되어 전쟁을 한 것이다. 또한 불과 몇 일만에 끝나는 전투도 있었지만, 길게는 수십년 동안을 연장하며 국가의 모든 동력을 활용하여 전쟁을 치른 경우도 많았다.

이때 가장 중요한 것이 전술戰術과 진법陣法이었다. 실제로 적을 맞아 어떠한 방식으로 공격과 방어작전을 펼칠 것이냐에 대한 고민을 통해 전술이 구체화되는 것이다. 조선 개국과 동시 태조대 태조대太祖代에는 정도전이 구축한 『진법陣法』을 바탕으로 전술체제에 대한 고민이 구체화되었다.[1] 이 병서에 실린 전술은 이전 고려의 사병私兵체제와는 다른 조선의 공병共兵체제를 구상하며 만들어진 것이다.

그리고 조선초기 주적으로 인식된 여진족과의 잦은 분쟁은 조선군의 전술체제에도 상당한 영향을 끼쳤다. 압록강과 두만강이 얼어붙는 겨울철이면 국경을 넘어 말을 타고 얼어붙은 강을 도강하여 빠르게 조선 땅을 유린하고 사라져 버렸기에 그 피해는 해마다 반복되는 연례행사처럼 굳어진 상태였다. 이를 방어하기 위하여 세종대에는 중앙군의 강화와 함께 『진도법陣圖法(진도지법陣圖之法)』으로 전술을 발전시켜 여진족과의 전투에 효과적인 작전 전개가 가능하도록 전투방식을 보완하였다.[2]

또한 여진족과의 전투에서 실질적인 전투경험을 전술에 보완시켜 『계축진설癸丑陣說』이 만들어지기도 하였는데, 여기에는 여진족의 전술운용 방식을 흡수한 내용이 조선군 훈련에 들어가 있을 정도로 전술의 변화는 당대의 전투환경을 가장 잘 반영하였다. 특히 이러한 전투단위의 분석을 통한 전술변화를 국가 전체의 방위시스템으로 확대하여 적용한 문종대文宗代의 『오위진법五衛陣法』의 전술은 임진왜란 이전까지 조선군 방호전략의 핵심이었다.[3]

이와 같은 진법의 운용을 비롯한 전술의 형태는 군사들의 철저한 훈련이 있어야만 가능했다. 군사개개인의 무예실력 강화는 기본

---

[1]   하차대, 「조선초기 진법서의 성격」, 서울대학교 석사학위논문, 2006.
[2]   최형국, 『조선군 기병전술과 동아시아』, 민속원, 2015.
[3]   최형국, 『병서, 조선을 말하다』, 인물과 사상사, 2018.

『세종실록』의 「진도지법陣圖之法」

군사업무를 담당하던 병조兵曹에서 공식적으로 발간한 최초의 병서가 『진도지법』이다. 『세종실록』 세종3년 7월 기사조에 실렸으며, 조선군 전투훈련의 기본을 담았다. 『진도지법』의 분량은 그리 많지 않다. 짧은 서론에 이어 군대가 단체로 이동하는 행진行陣, 전투배치 형태인 결진結陣, 적과 대적하여 싸우는 형태인 응적應敵, 마지막으로 군사조련장에서의 훈련형태인 교장敎場 등 모두 네 가지로 응축되어 있다. 이 중 첫 번째로 배치된 행진의 의미를 살펴보면, 민간인은 군사훈련소에 입소함과 동시에 자신의 정체성이 '개인의 몸'에서 '국가의 몸'의 변화된다. 자신의 자유의지에 따라 살던 삶의 방식에서 철저한 규율 속에서 통제화된 군사조직의 일부로 거듭나게 된다. 이때 개인의 몸에서 국가의 몸으로 전환될 때 개인의 의식구조를 가장 확실하게 변화시킬 수 있는 것이 제식훈련의 시작인 '행진'인 것이다. 동일한 복장을 입고 단 하나의 명령에 따라 똑같은 규격과 속도의 걸음걸이 속에서 행진은 이뤄진다. 아니 철저하게 규격화되어 만들어진다. 특히 단순한 이름으로 불러지는 것이 아니라 소속부대와 개인번호 및 계급을 통해 상하 위계 및 소속감을 자신의 입으로 외친다. 동시에 다시 자신의 귀로 이를 확인하는 단계를 반복적으로 진행하며 소위 말하는 '참 군인'으로 거듭나게 되는 것이다.

이고, 대단위의 병력을 효과적으로 전술전개가 가능하도록 훈련시키는 것이 당시 지휘관의 가장 큰 관심사였다. 군사들이 아무렇게나 흩어져 있는 것이 아니라, 전투시 가장 효과적으로 반응할 수 있도록 일정한 틀을 만들어 군사들의 배치가 이뤄졌는데, 이것이 바로 진법陣法이었다. 따라서 진법을 통한 군사훈련이 장수의 지휘능력을 평가하는데 가장 현실적인 방식이었다.

특히 군사신호체계 부분에서 다루겠지만, 조선초기 국왕의 군사지휘권 강화를 위하여 만들어진 군례軍禮의 일종인 강무講武나 대열의大閱儀을 비롯한 군사훈련 의례는 '국왕國王을 장수將帥'로 상정하여 실질적인 군사력 강화에 도움이 되는 진법훈련이기도 했다. 강무의 경우는 일종의 군사사냥 훈련으로 기병전술에 상당한 영향을 끼쳤으며, 대열의의 경우는 보병 진법의 안정화에 많은 도움을 준 군사의례였다.

따라서 본 장에서는 조선전기 여진족과의 대치 속에 구축된 조선군의 기병전술 변화와 진법의 형태를 집중적으로 살펴보고자한다. 또한 이를 위하여 당시 군사들이 익혔던 다양한 마상무예의 의미와 훈련방식까지 보다 구체적으로 확인하여 조선전기 전술의 특성을 밝히고자 한다.

2. 조선전기 전술과 기병 중심 진법

조선전기 조선군 전술 운용의 핵심은 기병이었다. 이는 고려대高麗代에 거란과의 삼차전쟁 이후 몽골과 장기간의 전쟁을 치르며 북방 유목 민족과의 대립 속에서 기병전법을 흡수·발전시켰기 때문이었다. 특히 보병들이 집단으로 성곽에서 활을 쏘거나 기병들이 야전에서 말을 타고 달리며 펼쳤던 기사법騎射法을 중심으로 한 마상무예는 고대 사회로부터 내려오는 조선의 대표적인 핵심 전법이었다.[4] 따라서 조선 전기의 기병운용을 활용한 진법 체계는 이러한 고대로부터의 전통이 북방유목민과의 전쟁으로 비롯된 빈번한 교류를 통하여 더욱 체계적으로 집약되면서 나타나는 군사적 특징을 갖는다고 볼 수 있다.

특히 고려高麗는 1세기 동안 원간섭기를 거치며 상당부분 원나라의 군사편제를 받아들이기도 하였으며, 고려 말에도 말갈족이라고 부르던 여진족女眞族이 고려와 요의 통제력 약화를 틈타 두만강유역과 요동일대로 남하하면서 국경지역에서 끊임없는 분쟁이 발생하였다. 이후 14세기 후반 원·명 교체와 더불어 조선왕조가 개국되는 등 급변하는 동북아정세 속에서 여진족은 건주여진, 해서여진, 야인여진으로 독자적인 세력을 구축하고 있었다.[5]

이 중 야인여진의 경우에는 압록강 동쪽의 서북지역과 두만강유역까지 진출하여 조선인들과 자주 충돌하는 등 당시 사회문제로 대두되기도 하였다.[6] 이러한 상황에서 추진된 조선의 기병강화 노력은 국방력 강화 부분에서 최우선 과제로 추진되고 있었다. 조선을 건국한 태조太祖 이성계李成桂의 출신은 이들과 깊은 연관이 있었다.

---

4) 沈勝求, 「朝鮮時代의 武藝史 研究-毛毬를 중심으로-」, 『軍史』 38호, 1999, 126~127쪽.
5) 李弘斗, 「朝鮮初期 野人征伐과 騎馬戰」, 『軍史』 41호, 2000, 219~222쪽.
6) 柳在城, 『國土開拓史』, 國防軍史研究所, 1999, 2~5쪽.

이성계는 북방의 여진족을 비롯한 여러 이민족과의 전투를 통해 많은 전과戰果를 얻었으며, 이 과정 속에서 얻은 군사세력을 바탕으로 조선을 건국하게 된 것이다. 그러나 조선이 건국된 후에도 북방 이민족의 위협은 끊이지 않았고, 조선초기의 주적主敵은 당연히 이들로 설정되었다. 따라서 이들에 대한 방어 및 공격을 중심으로 조선군의 편제가 이루어졌다.[7]

조선전기 북방 이민족인 여진족女眞族의 군사편성과 핵심 무예를 구체적으로 살펴보면 이에 대한 조선군의 대응전술을 이해할 수 있다.

처음 女眞(女直)에는 步兵(步卒)이 없었고, 1천여 명의 騎兵만이 있었는데, 작은 木牌를 새겨 사람과 말에 달아 호령으로 삼았다. 50명을 1隊로 만들어 선두의 20명은 중무장한 갑옷(重甲)에 창(矛戈)을 쥐고, 뒤에 30명은 가벼운 갑옷(輕甲)에 활과 화살을 잡게 한다. 적을 만나면 반드시 2명은 말을 타고 달려 나가 적진의 虛實을 살펴서 사방으로 대오를 결성하고 두 방면에서 달려 들어가 공격하며, 1백보 밖에서는 일제히 활을 쏘아 맞추지 않는 것이 없었다. 이렇게 병력의 分散·集合·出入을 하면서 변화에 따라 싸우니 병사들은 스스로 전법을 가져 항상 승리를 거두었다.[8]

7) 河且大, 「朝鮮初期 軍事政策과 兵法書의 發展」, 『軍史』 19호, 國防部 戰史編纂委員會, 1989, 101쪽.
8) 『兵將說』「論將篇」, "初女直 無步卒 惟騎兵千餘 刻小木牌 係人馬爲號 五十人爲一隊 前二十人 重甲持矛戈 後三十人 輕甲操弓矢 每遇敵 必二人躍馬而出 觀陳之虛實 四面結隊 二馳擊 百步之外 弓矢齊發 無不中者 其分合出入 應變周旋 人自爲戰 所以恒勝."

위의 사료는 『병장설兵將說』에 등장하는 내용으로, 이 병서兵書
는 군사 방면에 관심이 많았던 세조世祖가 직접 지은 것으로 당시
여진족의 기병운용 전법을 자세히 설명하고 있다.[9] 세조世祖는 군
무軍務에 열정을 보였던 군왕으로 자신이 직접 실전적인 전법을 창
안하여 '삼갑전법三甲戰法'[10]이라는 이름을 붙이기도 하였다.[11] 이
기록을 통해 확인할 수 있는 당시 여진족 전법의 핵심은 기창병의
근접전과 기사병의 원거리 궁시집중 사격을 바탕으로 각 병사의
독자적인 마상무예를 활용하는 방식이었다.

여진족의 기병위주 전술에 대항하기 위해 조선전기에 만들어진
병서兵書인 『진도지법陣圖之法』과 『계축진설癸丑陣說』에는 50명을
기본 전투 단위로 편성하고 다수의 예비 병력인 유군遊軍을 두어
적의 임기응변에 대처하도록 하였다. 이렇게 구분된 기본 전투 단
위에서 전체의 약 40% 이상의 병력은 기병으로 편성하여 여진족의
속도전에 대응하게 되어 있었다.[12] 조선전기 조선군 편제를 조금
더 구체적으로 살펴보면, 기병과 보병의 편성 숫자를 5 : 5 정도로
동일한 인원으로 배치하고 있다.[13]

9) 정해은, 『한국전통병서의 이해』, 국방부 군사편찬연구소, 2002, 134~140쪽.
10) 이 戰法은 27인을 3隊로 나누어 甲·乙·丙으로 하고 1隊에는 각각 3統이 있고, 1統에는 각
각 將帥 1인, 卒兵 2인을 배치하는 방식이었다. 구체적인 방식은 3隊가 각각 한 모서리에 주
둔하면서 작은 방패와 창을 소지하고, 창끝에 붉은 물감을 발라 싸울 때에는 상대방의 등을
찔렀다. 싸움이 끝나면 등에 찍힌 붉은 점을 계산해 승패를 결정지었다. 이와 같은 다양한
騎兵戰法에 대한 연구는 다음의 연구를 참고하였다. 沈勝求, 「朝鮮時代의 武藝史 硏究 - 毛
毬를 중심으로-」, 『軍史』 38호, 1999, 114~118쪽.
11) 『世祖實錄』 卷33, 世祖 10年 7月 癸酉, "三甲戰法以二十七人分三隊爲甲乙丙 隊各有三統 統
各有一將二卒 三隊各屯一隅 人持小楯及小槍 槍端濡朱 戰則相逐以槍刺其背 戰罷 考其背朱
點 驗其不勝云."
12) 盧永九, 「朝鮮後期 兵書와 戰法의 연구」, 서울대학교 박사학위논문, 2002, 15~16쪽.
13) 『陣法』 「分數」, "每部 各有四統 (共一百統 騎兵二統 一爲戰 一爲駐 步兵二統 一爲戰 一爲

그러나 이것은 단순히 숫자상으로 볼 때 동일한 편성 인원이며 보통 기병 1인당 보병 5~7명을 상대할 수 있으므로, 전투력을 바탕으로 비교해 본다면 조선군은 보병에 비해 몇 배 이상의 비중으로 기병 전력을 편성하고 있었다는 것을 알 수 있다.[14]

조선전기 진법 훈련 상황을 살펴보면, 세종世宗 3년年에 편찬된 『진도법陣圖法』은 병조兵曹가 직접 관할하여 지은 병서兵書로 지방군地方軍의 결진법結陣法 강화 및 전법戰法의 표준화를 목적으로 편찬되었다.[15] 다음의 사료를 보면 당시 진법훈련의 상황과 『진도법陣圖法』 편찬의 의미를 확인할 수 있다.

지방의 군사들이 전혀 陣法을 익히지 않고 있으니, 실로 불가한 일이다. 그러므로 이제 앞으로는 각 도의 節制使들에게 명하여, 언제나 농한기를 맞으면 侍衛의 別牌와 그리고 營과 陣에 소속된 守城軍들을 각각 가까운 지역에 집결시키고, 陣法에 밝고 능숙한 지방 장관을 差使員으로 삼고, 품계가 있는 벼슬아치 중에서 선발하여 訓導官으로 삼아 진법을 미리 연습하게 하며, 節制使가 巡行하면서 大閱을 검찰하도록 한다.[16]

駐 兵小而一統 人數 雖不滿隊 四統之名 不可闕)."

14) 일반적으로 기병과 보병의 전투력의 차이는 보통 기병1 대 보병 5~7명을 상대하는 것으로 전투력을 비교한다. 특히 宣祖實錄을 보면 騎兵과 步兵의 전투력의 차이를 1 : 10정도로도 기병의 전투력을 우세하게 평가하기도 하였다.(『宣祖實錄』卷114, 宣祖 32年 6月 己亥條.)

15) 『陣圖法』을 비롯한 世宗代 편찬된 兵書는 현재 단행권으로 발견되지 않고 있으며, 『世宗實錄』에 그 내용이 적시되어 있다. 『陣圖法』은 兵曹에서 책 편찬에 대한 머리말을 시작으로 하여 行陣, 結陣, 應敵, 敎場의 순서로 구성되어 있다.

16) 『世宗實錄』卷12, 世宗 3年 7月, 己巳條, "外方軍士 專不習陣 實爲未便 今後令各道節制使 每當農隙 別牌及侍衛 營鎭屬 守城軍等 各以附近聚會 以守令之明習陣法者爲差使員 選品官 爲訓導官 預習陣法 節制使巡行檢察 大閱時所閱軍士內 如有犯令者 都節制使及差使員 訓導

위의 사료에서 볼 수 있듯이, 지방군의 경우 세종대世宗代 이전 까지는 동일한 형태의 진법훈련이 이뤄지지 않고 있었음을 확인할 수 있다. 특히 세종대世宗代에 북방北方 여진女眞과의 긴장관계가 심 각해지자 지방군의 통제가 군사력의 중요한 변수였기에 중앙에서 파견된 각 도道의 절제사節制使를 통해 표준화된 군사훈련체제를 확립하고자 하였음을 알 수 있다. 그리고 다음의 사료를 보면 당시 핵심 전술이 무엇이었는지 확인할 수 있다.

> 모든 진의 각 面에는 隊伍를 지어 연하여 늘어서고(곧 지금의 방패(防牌)이다.) 다음은 槍·長劍, 그 다음은 火㷁·弓弩, 그 다 음은 騎槍, 그 다음은 騎射가 陣 안에 布列되고, 안과 밖이 모두 그렇게 합니다.[17]

위의 사료는 『진도법陣圖法』에서의 결진법結陣法으로 직사각형 의 패牌를 두른 방패수가 전면을 보호하고 후에 창槍·검수劍手, 화 통火㷁·궁노수弓弩手의 보병이 진陣의 형태를 유지하고 그 뒤로 기 창병騎槍兵과 기사병騎射兵이 배치되었음을 확인할 수 있다. 그리고 결진 후에 일어나는 공방에서는 주로 보병이 진을 구축하며 방어 태세를 유지하고 후미의 기창과 기사병이 좌우로 돌아나가 핵심된 공격을 펼치는 것으로 되어있다.[18] 특히 적의 패주시에는 유군遊軍

等 並從律文科罪."
17) 上同條, "凡陣各面住隊連排【卽今防牌】次槍長劍 次火㷁弓弩 次騎槍 次騎射 陣內布列 內外皆然"
18) 공격시에는 步兵이 10步까지 쫓아 나아가 흩어져 서며, 騎馬兵도 역시 50步까지 나아가 정지 하고서 싸운다.

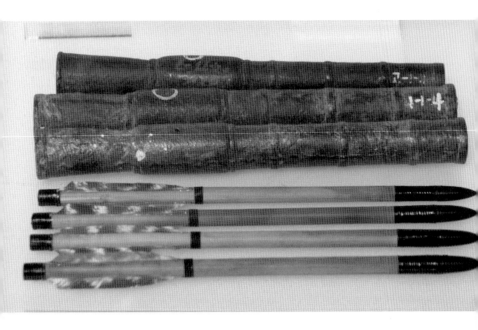

세총통細銃筒

태종대부터 이미 조선에는 개인 화약병기가 전술에 운용되었다. 『진도지법』에서는 '화통火㷁'이라고
하여, 개인 화약병기수가 궁수보다 먼저 발사하여 적을 원거리에서 제압하도록 하였다. 화약을 이용하
여 아주 짧은 화살을 발사한다. 개인용 권총처럼 사용하며, 미리 작약 후 몇 개를 몸에 휴대하고
겸자처럼 생긴 집게가위로 세총통 본체를 잡고 조준 발사하는 방식이다.(육군박물관 소장)

과 보병步兵이 넓게 대오를 벌여 기병騎兵을 지원하고, 기병이 단독으로 적에게 돌격하는 형태를 취하였다.[19]

또한『진도법陣圖法』에서는 소규모의 부대편제 방식을 운용하며 빠른 공방에 주력을 가한 것을 확인할 수 있다. 특히 보병과 보병의 거리를 6척尺 간격(약 2m 내외)이고 기병대 기병은 12척(약 4m 내외)로 아주 조밀한 진형을 구축한 것을 확인할 수 있다.[20] 이는 앞서 살펴본 것처럼 여진기병女眞騎兵의 기본 전술이 50명 단위의 소규모 돌격병으로 구성되었기에 조선군 보병은 조밀하게 진형을 이루고, 기병이 빠르게 반격하기 위해 편성한 전술로 판단된다.

이후 세종世宗 15년年에는 여진女眞과의 분쟁이 심각해져 파저강 토벌을 비롯한 직접적인 군사적 대응이 발생하면서 전술에도 많은 영향을 끼쳤다. 대표적으로 여진女眞에 대한 직접적인 전투경험을 바탕으로 만들어진『계축진설癸丑陣說』은 앞서 만들어진『진도법陣圖法』보다 실전을 상정하여 다양한 군사 움직임에 활용할 수 있도록 내용이 풍부해지고 세분화된 것이 특징이었다.[21]

이는『계축진설癸丑陣說』을 편찬한 사람들 중 하경복河敬復과 정초鄭招가 실제 북방 방어에 종사한 장수출신이었기에 가능한 일이었다.[22] 세종世宗 초기에 편찬된『진도법陣圖法』과『계축진설癸丑陣

---

19) 적 패주시 遊軍과 步卒은 사면으로 포열하여 기마병을 지원한 다음, 대오를 정돈하고 제 위치로 돌아와 진형을 유지하는 것이 陣圖法에서 제시한 대적방법이다.

20) 후술하겠지만, 世宗 15년에 편찬된『癸丑陣說』에서는 步兵과 步兵의 거리가 5步로 약 6m에 가깝게 넓게 3배 이상 확대되었음을 확인할 수 있다. ("五衛各有五所 凡一卒隔六尺 馬倍之")

21) 노영구, 「조선시대 병서의 분류와 간행추이」,『역사와 현실』30, 한국역사연구회, 1998, 286~287쪽.

22) 『癸丑陣說』도 현재 단행권으로는 발견되지 않고 있으며,『世宗實錄』에 원문을 삽입한 형태로 남아있다. 이 병서의 편찬자는 하경복・정흠지・정초・황보인 등인데, 이들은 世宗초기부터

說』의 가장 큰 차이는 실전경험을 바탕으로 진법의 구성 및 응적 방법이 보다 구체적이고 전문화된 것이 특징이다.[23] 또한 구성순서 부분의 경우 행진行陣, 결진結陣, 교장敎場, 군령軍令, 응적應敵의 순 으로 군령부분을 단독절로 독립하여 군사통제부분을 명확하게 제 시한 것이 특징적이다.

그리고 병력배치에 있어서도 보병과 보병의 거리를 5보(약 6m) 로 확대하고 기병의 경우는 이의 두 배를 둬서 기병 운용의 폭을 넓힌 것으로 추측된다. 구체적으로 적을 만나 전투하는 방식을 의 미하는 결진結陣과 응적應敵을 보면『진도법陣圖法』에서는 개략적인 전투상황을 상정하여 전통적인 오행진五行陣을 중심으로 유군遊 軍·마병馬兵·보병步兵의 움직임을 설정하였는데,『계축진설癸丑陣 說』에서는 기병奇兵과 정병正兵으로 구분한 후 조운진鳥雲陣이라는 새로운 형태의 진형을 언급하면서 각 병종兵種에 따른 움직임과 대 치상태를 확립하였다.[24]

이를 조선전기 야인정벌 추이와 연관 지어 좀 더 자세하게 살 펴보면 조선군의 대북방전술對北方戰術에 대해 이해하기가 쉬울 것 이다.

북방개척을 주도하며 여진과의 분쟁에 군사적 대응을 담당하였다. (河且大,「朝鮮初期 軍事 政策과 兵法書의 發展」,『軍史』19호, 國防部 戰史編纂委員會, 1989, 124~130쪽.)

23)『陣圖法』과『癸丑陣說』의 구성상의 차이는 윤훈표,「朝鮮 世宗代 陣法書 編纂과 訓練體系의 改編」,『軍史』81호, 國防部 軍史編纂研究所, 2011, 94~105쪽에서 상세히 정리되었다.

24)『陣圖法』에서는 이러한 應敵시 병종배치는 생략되어 있다.

2. 여진족의 군사적 도발과 전술 진법의 변화

북방 야인들 중 여진女眞은 고려시대부터 복종과 배반을 수시로 거듭하면서 군사분쟁의 중심에 있었다. 조선초기 여진女眞과 발생한 군사적 분쟁은 태종대太宗代 여진에 대한 1차 정벌의 연장선상에서 취해진 후속조치로 볼 수 있다.[25]

태종대太宗代에 발생한 1차 여진정벌에서는 비교적 소규모의 병력인 기병騎兵 1,150명의 정벌군을 운용하여 군사적으로 큰 승리를 거두었지만, 포로를 즉각 석방하고 여진 지휘관에게 약간의 물품을 하사하는 등 회유책을 사용하여 마무리를 지었다.[26]

반면 조선의 회유책에도 불구하고 여진女眞의 군사적 도발이 계속되었다. 이에 조선은 여진과 직접적으로 맞닿아 있는 함길도咸吉道와 평안도平安道에 도관찰사都觀察使와 병마도절제사兵馬都節制使를 새롭게 설치하였으며, 남방의 방어체계와 동일한 방식으로 군통수편제를 확립함으로써 보다 신속한 군사적 대응이 용이하도록 준비하였다.[27]

이후 세종世宗 6년에 평안도를 군익도軍翼道 체제로 변화시키고 압록강 유역의 방어선을 대폭 강화하였다.[28] 당시 이러한 방어적인 전략의 핵심에는 조선이 여진과의 분쟁에 군사적으로 개입할 경우 명나라와 국경선이 인접해 있어 추격을 비롯한 작전활동이 어려울

---

25) 太宗代 발생한 野人女眞과의 戰鬪史的 연구는 李弘斗, 앞의 논문, 2000, 219~223쪽 참조.
26) 『太宗實錄』卷19, 太宗 10年 3月, 乙亥條; 『太宗實錄』卷19, 太宗 10年 3月, 壬午條.
27) 『太宗實錄』卷34, 太宗 17年 10月, 丁酉條.
28) 『世宗實錄』卷24, 世宗 6年 6月, 丙辰條.

『왜구도권倭寇圖卷』에 실린 명군과 왜구의 전투도

14~16세기 한반도나 중국 대륙 연안을 습격한 일본의 해적 집단을 '왜구'라 한다. 명과 조선이 왜구의 약탈에 대비해 관방시설을 정비하는 등 해안방어력을 강화하자 점차 규모가 늘어나고 및 전술을 다변화하였다. 마치 생선에 달라붙는 파리 떼처럼 쫓으면 금방 어디선가 다시 달려들어 조선의 백성들을 괴롭혔다. 특히 고려말기부터는 왜구의 규모가 20~30척의 선단을 조직할 정도로 커지고 그 피해가 해안가를 넘어 내륙까지 확대되자 이에 대한 대책을 수립할 수밖에 없었다. 조선의 경우 수군을 대폭 강화하고 화포를 발전시켜 바다에서 왜구를 요격하는 것을 주력으로 삼았지만, 가끔씩 왜구는 내륙 깊숙이 침범하기도 하였기에 조선군은 기병을 동원하여 토벌하였다.

여기에는 단순히 왜구에 대한 방비책 뿐만 아니라 북방의 여진족까지 함께 방어하기 위한 전술적
고려에서 이뤄진 것이었다. 또한 바닷가의 경우는 해안이나 가까운 섬지역을 중심으로 작은 방호진지
형태인 진보鎭堡 뿐만 아니라, 완벽하게 외형을 갖춘 연해읍성沿海邑城방식의 성들이 왜구 방어를 위해
집중적으로 건설되기 시작하였다. 대표적으로 세종대 경상도의 연일延日·곤남昆南·합포蛤浦와 전라
도의 임피臨陂·무안務安·순천順天과 충청도의 비인庇仁·보령保寧 등 8곳에 집중적으로 쌓은 연해읍성
의 경우 모두 왜구를 방어하기 위해 만든 것으로 볼 수 있다. 이러한 하삼도下三道의 연해를 중심으로
만들어진 읍성들이 문종대에는 강원도까지 확대하여 축성하기도 하였다.(국립중앙도서관 소장)

뿐더러 향후 명나라와의 외교적 마찰을 불러 올 가능성이 있었기에 그들에게 겨울을 날 식량을 지원하는 등 회유책을 주로 구사할 수밖에 없었다.[29]

그러나 세종世宗 15년年에 발생한 건주위도사建州衛都司 이만주李滿住의 여연閭延침공을 계기로 여진과의 관계가 급속도로 악화되자 이듬해 4월 12일부터 19일 까지 제1차 파저강婆猪江[30] 야인정벌이 전개되었다.[31] 당시 전투에 대한 보고내용을 보면 다음과 같다.

> 平安道 都節制使 崔閏德이 朴好問을 시켜 치계하기를, 본도의
> 馬兵·步兵의 正軍 1만을 발하고, 겸하여 황해도 軍馬 5천을 거
> 느리고 4월 초10일에 일제히 강계부에 모여서 군사를 나누었는
> 데, 중군 절제사 이순몽은 군사 2천 5백 15명을 거느리고 賊魁
> 이만주의 성책으로 향하고, 좌군 절제사 최해산은 2천 70명을 거
> 느리고 車餘 등지로 향하고, 우군 절제사 이각은 1천 7백 70명을
> 거느리고 馬遷 등지로 향하고, 조전 절제사 이징석은 군사 3천
> 10명을 거느리고 올라 등지로 향하고, 김효성은 군사 1천 8백 88
> 명을 거느리고 임합라 부모의 성채로 향하고, 홍사석은 군사 1천
> 1백 10명을 거느리고 八里水 등지로 향하고, 신은 군사 2천 5백

---

29) 『世宗實錄』卷26, 世宗 6年 12月, 庚申條.
30) 婆猪江은 현재 중국 랴오닝성(遼寧省) 환런현(桓仁縣)을 흐르는 강으로 현재는 둥자강(佟佳
江)으로 불린다. 고대에는 沸流水로 불리기도 하였다.
31) 당시 이만주는 이 사건에 대하여 자신들과는 무관한 올적합이 일으켰다고 강변하고 자신이
잡혀가는 조선인을 구출하여 조선에 보내줬다고 주장하기도 하였다. 그러나 조선은 이를 믿지
않고 이만주의 소행임을 다시한번 확인한 후 정벌에 나서게 되었다. 강성문, 「世宗朝 婆猪野
人의 征伐研究」, 『육사논문집』 30, 1986, 156~158쪽.

99명을 거느리고 正賊 임합라의 성채로 향하여, 본월 19일에 여러 장수들이 몰래 군사를 거느리고 가서 토벌을 마쳤습니다.[32]

당시 전투편성 상황을 보면 전체 병력은 1만萬 5천千으로 이중 5천을 기병騎兵으로 구성한 대규모 정벌군을 편성했음을 확인할 수 있다. 그런데 단순한 수치상의 비교는 기보騎步 대비 1 : 3의 수치지만, 전투력을 비교할 경우 기병騎兵에 더 많은 비중을 둔 전술戰術을 구사할 수밖에 없었다.[33]

또한 정벌을 마친 후 야인들의 보복공격에 대응하기 위해 조정朝廷에 올린 보고내용에는 "보병步兵과 기병騎兵의 적절한 배치를 통해 야인들의 장기長技를 막고, 이후 적의 기습상황이나 패퇴상황에서 조선군 기병을 전진 배치하여 야인들을 몰아 낼 수 있다."[34] 라는 당시 기병전술에 대한 인식이 잘 나타나 있다.

당시 명明은 세종대世宗代 발생한 1차 파저강 정벌에 대하여 도독都督이 직접 나서 문제제기를 했고,[35] 조선은 그해 윤 8월 25일에

---

32) 『世宗實錄』 卷60, 世宗 15年 5月, 己未條. "平安道 都節制使 崔閏德 差朴好問 馳啓 曰 宣德 八年三月十七日 敬奉符敎 將計 婆猪江寇 送至左符 參驗發兵 敬此 卽發本道馬步正軍一萬 兼領黃海道軍馬五千 四月初十日 江界府一會分軍 中軍節制使李順蒙 領兵二千五百五十五 向 首賊李滿住寨里 左軍節制使崔海山 領兵二千七十 向車餘等處 右軍節制使李恪領兵一千七百 七十 向馬遷等處 助戰節制使李澄石 領兵三千一十 向兀剌等處 金孝誠 領兵一千八百八十八 向林哈剌父母寨里 洪師錫領兵一千一百一十 向八里水等處 臣領兵二千五百九十九名 直趨正 賊林哈剌等寨里 本月十九日 諸將潛師勦捕訖."

33) 일반적으로 기병과 보병의 전투력의 차이는 보통 기병1 대 보병 5~7명을 상대하는 것으로 전투력을 비교한다. 특히 宣祖實錄을 보면 騎兵과 步兵의 전투력의 차이를 1 : 10정도로도 기 병의 전투력을 우세하게 평가하기도 하였다. (『宣祖實錄』 卷114, 宣祖 32年 6月 己亥.) 이러 한 조선시대 기병과 보병에 대한 전투력의 차이 및 전술배치는 拙稿, 앞의 논문, 2011. 참조.

34) 『世宗實錄』 卷64, 世宗 16年 4月, 癸酉條.

35) 『世宗實錄』 卷60, 世宗 15年 6月, 庚戌條.

포로로 잡아 온 야인野人 151명, 말 37마리, 소 118마리와 재산을 송환해야만 했다. 이후 명의 압박과 조선의 전술적 판단에 따라 파저강 지역의 여진에 대한 회유책으로 이들을 국경지역의 번리藩籬로 삼고자 하였다.[36]

조선의 회유책에도 불구하고 북방 여진에 대한 국경침입이 점점 거세지자 군사훈련에서도 여진女眞의 기병騎兵에 대한 방어책이 강조되었다. 다음의 사료는 이러한 내용을 잘 보여준다.

結陣-중군이 각을 한 번 불면 각 군과 遊軍에서 馬兵이 먼저 나가서 사방으로 갈라 벌리어 선다. 중군의 다섯 휘가 다 나서고 북이 울리면, 각 군이 기와 북으로 여기에 응하여 각각 그 진형을 이룬다. 遊軍은 쇠 치는 소리를 듣고서 도로 들어간다. …(중략)… 무릇 陣을 설치 할 때에는 각 진영의 바깥쪽에 방패를 연이어 배치하고, 다음에 창과 장검이다. 다음에 火筒과 弓手요, 다음에 槍 가진 騎兵과 활 가진 騎兵이 진 안에 벌이어 서는데, 안팎의 진이 다 그리 한다. 각 군에는 각기 5所가 있는데 가로줄 5步에 한 사람씩 서고, 세로줄로 4보에 한 사람씩 서게 한다. 陣과 陣 사이에 진 하나를 용납할 만하게 하고, 隊와 隊 사이에 대 하나를 용납할 만 하게 한다. 5인씩 서로 뜻 맞는 자끼리 한 伍를 편성한다. 伍 안에 長이 있고, 2오가 小隊가 되는데 소대에 長이 있고, 5오가 中隊가 된다. 중대에는 正이 있고, 50인이 大隊가

---

36) 『世宗實錄』卷64, 世宗 16年 5月, 乙巳條.

되는데 대대에는 校가 있다. 50인이 모름지기 그 중심을 결합하
여 행진하고 정지하며 나아가고 물러가는데 그 대에 모두 따라
붙어야 한다. 싸울 때에는 5오씩이 벌여서고 將校가 뒤에 있어서
전투를 독려한다. 1천 명 중에서 2백 인을 나누어서 遊擊軍을
삼았는데 항상 그 軍의 후면에 있게 한다.(후략)[37]

應敵 - 중군과 전충이 열에 머물러 움직이지 않는 것을 守兵이라
한다. 그리고 후충이 전투에 당할 때에 먼저 나와서 적군을 동하
게 하는 것을 正兵이라 하고, 좌우군이 전투에 당할 때에 옆에서
나와서 돌격하는 것을 奇兵이라 한다. (무릇 적군에 응전할 때에
는 隊마다 기를 달리 하는데, 騎射隊는 푸른 기를 잡고, 騎槍隊는
검은 기를 잡는다. 그리고 火㷁弓手隊는 백기를 잡고, 步槍長劍
隊는 붉은 기를 잡는다.) …(중략)… 무릇 군이 진을 나가서 적군
과 응전할 때는 일제히 나아가 10보에 흩어져 서고, 馬軍도 역시
50보 이내에서 정지하여 전투한다. 적군이 패하여 달아나면 북과
각이 함께 울리면서 馬兵이 나아가 추격한다. 步兵은 대열을 벌
이어 馬兵을 구원해 주며, 그런 뒤에 뒤따라 추격할 때에는 항오
를 잃지 아니하고 쇳소리를 들으면 정지한다. 그리고 북이 급하
게 울리면 다시 나아가서 급히 공격할 것이다. 만일 군을 거두어

---

37) 『世宗實錄』卷61, 世宗 15年 7月, 乙卯條. "結陣 中軍角一通 各軍遊軍 馬兵先出 分布四方
中軍五麾皆點而鼓動 則各軍以旗鼓應之 合成其陣 遊軍聞金還入 …(中略)… 凡陣各面防牌連
排 次槍長劍 次火㷁弓手 次騎槍騎射 陣內布列 內外皆然 各軍各有五所 橫五步立一人 縱四
步立一人 陣間容陣 隊間容隊 五人自相得意者結爲伍 伍中有長 二伍爲小隊 (隊)有長 五伍爲
中隊 隊有正 五十人爲大隊 隊有校 五十人須結其心 行立前却 當隊幷須依附 戰則伍伍而立
將校在後督戰 每一千人 以二百人爲遊軍 在其軍陣之後. (『癸丑陣說』「結陣」)"

퇴각하려면 중군에서 각을 한 번 불고 휘를 내리고 쇠가 다섯
번 울린다. 이후 각 군이 이에 응하여 각기 제자리로 복귀하고,
遊擊軍이 뒷막음하며 돌아온다. (후략)[38]

위의 사료는 1차 파저강 정벌을 마친 후 군사훈련시 여진의 방
어를 중심으로 구성된 진법의 형태였음을 알 수 있다. 이들 사료를
보면, 다양한 보병병종과 기병을 분산배치하여 여진의 접근을 막아
내는 결진結陣의 형태와 전투가 시작되면 움직이는 응적應敵을 보
여준다.

이러한 결진結陣과 같은 진형배치 속에서 전투가 발생하면 말
을 탄 기사병騎射兵과 기창병騎槍兵이 먼저 공격을 개시하고 후면에
창과 방패를 든 보병이 후미를 보호하는 방식이었다. 이때 좌우 측
면은 기사병이 엄호를 하고 적에게 기습을 가할 때에는 이들이 먼
저 적의 측면을 파고들어 적진을 무너뜨리는 역할을 수행하였
다.[39] 또한 전투 중에 적군이 패하여 달아나면 기병이 즉각 추격하
였다.[40]

---

38) 上同條, "應敵 中軍與前衝按列不動曰 守兵 後衝當戰時先出致敵曰 正兵 左右軍當戰時旁出
突擊曰 奇兵 (凡應敵時每隊異旗 騎射隊執靑旗 騎槍隊執黑旗 火㷁弓手隊執白旗 步槍長劍隊
執赤旗) 中軍鼓一通 各軍遊軍先出四方 望候彼敵 角報其軍 其軍角報中軍 中軍吹角 而赤麾
起伏 則前衝受敵也 黑麾指前鼓動 則後衝先出當敵 靑白二麾指前鼓動 則左右軍旁出救之 一
面受敵 他軍倣此 觸處爲前 皆以中軍麾鼓角之節而應之 若四面受敵 則望聽其軍旗鼓角之節
而戰 中軍分兵往救 凡軍出陣 應敵齊進 十步而散立 馬亦不過五十步而止戰 敵敗奔走 則鼓角
合動 馬兵進而追擊 步卒布列 救援馬兵 然後就次 追擊之時 不失行伍 鬪金則止 鼓急則復進
急擊 如欲斂軍而退 則中軍角一通 麾伏金五聲 各軍應之 各復其局 遊軍殿而還之.(『癸丑陣說』
「應敵」)"
39) 『癸丑陣說』「應敵」.
40) 전쟁사를 통해 여러 가지 전투들을 살펴보면, 실제로 많은 전투에서 아군과 적군이 팽팽하게
맞서 전투를 치를 때보다 한쪽의 진이 무너져 도망가는 경우 군사들에게 더 심각한 전투력

즉, 기병의 핵심전술은 빠른 선제공격 이었으며, 더불어 전투 후반의 추격전에서도 보편적으로 활용되었던 것이었음을 확인할 수 있다. 위와 같은 조선전기의 부대편성 및 훈련 방식은 오위五衛로 대표되는 중앙군 뿐만 아니라 지방군에서도 보편적으로 적용되고 있었다. 당시 지방군의 경우 5일에서 10일 정도 도성으로 올라와 진법과 행군의 기법을 익히도록 하였다.[41]

이러한 진법운용 내용을 『계축진설癸丑陣設』이후 문종대文宗代 편찬된 진법서인 『오위진법五衛陣法』의 진형도을 중심으로 살펴보면 진법 속에서 운용되는 기병의 움직임을 보다 명확하게 살펴 볼 수 있다.[42] 특히 『오위진법五衛陣法』은 이전에 편찬된 『진법陣法』·『진도법陣圖法』·『계축진설癸丑陣設』과는 달리 대규모 부대를 수용할 수 있는 지휘체계를 갖추었기 때문에 조선전기 진법의 결정판이라고 볼 수 있다.

『오위진법五衛陣法』의 가장 큰 특징은 중앙군과 지방군을 모두 아울러 한꺼번에 작전에 투입할 수 있는 훈련체제와 군령체제를 구축한 것에 있다. 대표적으로 이전의 병서의 경우는 주로 북방의 국지전적인 전투에 활용할 수 있도록 소규모의 병력을 움직이는 방식으로 구성되었다고 한다면, 『오위진법五衛陣法』은 단일한 지휘

손실이 발생하였다. 이때 추격전술에서 가장 많이 활용된 병종이 기병이었으며, 이러한 전술 운용방식은 동서양이 서로 유사하였다. (Arther Ferrill, 이춘근 역, 『전쟁의 기원』, 인간사랑, 1990, 109~110쪽.)

41) 『世祖實錄』 卷24, 世祖 7年 4月 丙子, "御思政殿召都承旨 金從舜曰 欲令外方軍士或五日程 或十日程 互相往來習陣 以慣行役之勞 何如其令兵曹磨勘."

42) 『五衛陣法』에는 圓陣, 銳陣, 曲陣, 直陣, 方陣 등 5가지의 기본 진형에 一衛獨陣과 五衛連陣 등의 合陣의 陣形圖가 수록되어있다.

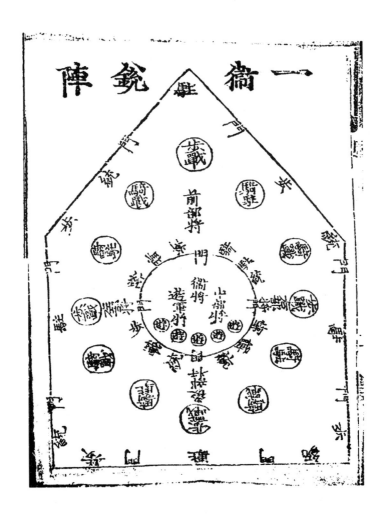

『오위진법五衛陣法』 중 예진銳陣

『오위진법』은 임진왜란까지 조선군의 핵심적인 전략 전술서로 활용되었다. 전체 1책 52장의 서문·본문·발문 구성되었는데, 이전에 만들어진 정도전의 『진법』이나 세종대에 완성된 『진도지법』과 『계축진설』의 한계를 극복하기 위해 편찬되었다. 이전 병서의 한계는 변화된 조선군 편제와의 명칭 일치성 문제 뿐만 아니라 대부분 소규모부대 운용을 중심에 둔 전술서의 의미가 강한 것이었다. 방진·원진·곡진·직진·예진 등 다섯 가지 기본 진법 중 전열을 뾰족하게 세워 돌파 능력을 강화시킨 예진의 모습이다. 그림을 보면 작은 원 안에 싸우는 전통戰統과 진을 지키는 주통駐統을 표시하였는데, 이 두 가지 조합을 번갈아 가며 공격과 방어를 수행한다. 전통이 지치면, 주통이 주통 대신 나아가 싸우고, 전통은 물러나 주통의 역할을 수행하는 방식이다.

체계 안에 전 병력을 수용하여 단일한 전법이 가능하였다.

이러한 군사훈련 및 체계의 단일화는 이 병서에서 핵심적으로 드러나는 편제의 구분 중 중앙군을 오사五司로 개편하는 작업에도 많은 영향을 끼쳤다.[43] 구체적으로 5사司로 중앙군을 개편함으로써 오위체제 하에 5부部-4통統의 기본 체제와 함께 5인人을 1오五로 하여 25인人을 1대隊, 125인人을 1여旅로 하는 다른 편성방식을 활용하여 統의 인원을 조절할 수 있도록 하여 편성인원의 증감이 있더라도 지휘체계의 혼란이 없도록 하였다.[44]

특히 이 병서에서는 그 동안 활용되지 못했던 유군遊軍에 대하여 각 위衛에 별도로 유군遊軍을 전체병력의 10분지 3을 두는 것으로 확정하고 5영領을 둬서 이를 적극적으로 활용한 것이 가장 큰 변화라고 볼 수 있다. 또한 각 부部에는 각각 2통統의 기병騎兵과 보병步兵을 균등하게 배치하여 전통戰統과 주통駐統으로 구분하여 전투발생시 유기적으로 순환하는 체제를 확립하였다.

『오위진법五衛陣法』의 다양한 진형 중 가장 보편적으로 사용한 방진方陣은 〈그림 1〉과 같다. 방진은 전후좌우의 적을 동시에 막아낼 수 있는 장점을 지니고 있었기 때문에 조선전기 진형의 기본으로 채택되었다.

---

43) 『文宗實錄』卷9, 文宗 1年 9月 28日, 癸亥條. 前代인 世宗 26년에 10司체제로 운영되었다가, 12司까지 확대한 것을 文宗代 오위체제에 준하여 5司로 통폐합하였다. 이를 통하여 중앙군도 동일한 지휘체제로 진법훈련이 가능해졌다.

44) 이러한 오위체제로 부대를 편성할 경우 만약 1개 隊를 統으로 하다면 5衛의 정군은 모두 2천 5백명이 된다. 遊軍의 수는 1천 71명으로 衛마다 2백 14명, 領마다 42~3명이 된다. 만약 1개 旅를 통으로 한다면 5衛의 병력은 모두 1만 2천 5백명, 遊軍의 수는 5천 3백 56명으로서, 衛마다 1천 71명이 된다.

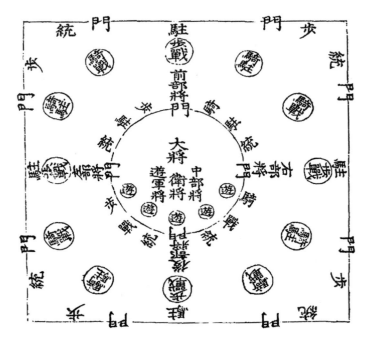

〈그림 1〉『五衛陣法』陣形圖 中 一衛方陣圖

　〈그림 1〉에서 보는 바와 같이 진의 가장 외벽은 팽배수彭排手나 거마목拒馬木을 이용하여 보주통步駐統이 안정적인 방어막을 형성하였다.[45] 그 뒤로 주력공격 부대 중심에는 보전통步戰統[46]을 배치하는데 원사무기에는 총통수과 궁수, 근접전투에는 창검수가 보병 전술을 펼쳤다. 이 보전통步戰統의 좌우의 날개 중 왼쪽에는 기전통

---

45)　『五衛陣法』「結陣」, "步駐統 排列向外 (彭排列居外面 次銃筒 次槍 次劍 次弓手)."
46)　步駐統 쉬면서 대기하는 步兵(步駐), 騎駐統 쉬면서 대기하는 騎兵(騎駐), 步戰統은 나아가 싸우는 步兵(步戰), 騎戰統을 나아가 싸우는 騎兵(騎戰)으로 표시한다. 그리고 戰統이라 칭하면 步戰統, 騎戰統을 말한다.

騎戰統[47]을 배치하여 기병의 기동력을 이용한 돌격작전을 가능케 하였고, 오른쪽에는 기주통騎駐統을 배치하여 유사시를 대비하였다.

그리고 위장衛將이 있는 중부中部의 경우는 중요성을 감안하여 원형으로 배치되는데, 좌측은 보병통步兵統, 우측은 기병통騎兵統, 전면은 주통駐統, 후면은 전통戰統을 배치하여 좁은 진형에서 기보騎步가 엉키는 일이 없도록 하였다.[48] 특히 진문陣門의 경우는 군사의 이동시 혼란을 방비하기 위하여 인원의 증감에 따라 문의 숫자를 유동적으로 변화시킬 수 있도록 하였다.[49]

그리하여 전투가 발생하면 보통은 주통駐統은 진영 안에서 대기하고 전통戰統이 각각 맡은 방면에 따라 전투에 임하게 된다. 그러나 전통과 주통은 명확하게 구분되는 것이 아니라 기奇와 정正의 운용처럼 장수의 재량에 따라 융통성 있게 적용되는 개념이었다. 즉, 전통의 군사가 피로하면 주통과 교대시키거나, 전통과 주통을 함께 출동시키기도 하였다.[50]

---

47) 朝鮮前期 軍 편제는 크게 衛 - 部 - 統 - 旅 - 隊 - 伍의 형태로 구분된다. 보통 5人이 1伍, 25人이 1隊, 125人이 1旅가 된다. 그러나 統단위부터는 이하 편제를 統으로 부르게 되어 1伍를 1統으로 삼을 경우 五衛의 병력은 500명이며, 1旅를 1統으로 삼으면 12,500명으로 크게 늘어나게 된다. 『陣法』이후에 만들어진 『陣圖之法』과 『癸丑陣設』을 살펴보면, 산악전투시에는 단독 전투부대로 보통 一衛 병력이 요즘의 중급 대대 정도 병력으로 약 250명으로 구성된다. 그 아래로는 50명 단위의 部(五部), 部 아래로는 12명 단위의 統이 있어 五衛가 한 개의 전투단위로 움직인다면 약 1,250명이 작전을 수행한다고 볼 수 있다. 이는 全面戰인 동원체제보다는 局地戰인 전투 환경에 맞는 병력구성 전략인데, 적은 인원으로 朝鮮을 쳐들어 왔던 女眞族에 대한 북방전투의 대비에 따라 세워진 것이다.

48) 『五衛陣法』「結陣」, "一衛獨陣 中部居中 作內圓陣 (四統相連 圓例向外 每統排列作五重 左步右騎 前駐後戰)." 이러한 이유로 中部의 內圓陣 형태는 方陣 뿐만 아니라 五衛陣의 나머지인 圓陣, 直陣, 曲陣, 銳陣도 똑같은 형태를 취한다.

49) 『五衛陣法』「結陣」, "內陣四門 外陣八門 (內外門 馬步防守之 然門數多少 亦隨兵多少而制不可拘一)."

50) 『五衛陣法』「用兵」, "奇正相生 (或用正而不用奇 或用奇而不用正 或奇正並用) 駐戰無常(戰統兵或疲勞 則與駐統兵相換 或戰駐並出)."

따라서 방진은 전부장前部將이 지휘하는 전방의 보전통步戰統과 좌우 기주전통騎駐戰統이 주력 공격부대였으며, 보병 보다는 기병에 중심 둔 진법체제임을 확인할 수 있다. 그리고 전체 병력의 삼분의 일 정도의 병력인 유군遊軍의 움직임도 중요하였고, 전투상황에 따라 유군을 적절히 운용하는 것이 전투의 승부를 결정짓는 중요한 요인이 되기도 하였다.[51]

　이들의 움직임을 조선전기 모의전투 훈련방식으로 풀어보면 기병과 보병의 전술적 기동형태를 좀 더 명확하게 이해할 수 있을 것이다. 『오위진법五衛陣法』에서는 모의 전투훈련을 행할 때, 양군이 진을 치고 있다가 교전이 발생할 경우 각각 전통戰統과 유군遊軍이 출동하게 되는데, 그 이후에 이루어지는 진영에서의 전투움직임은 다음과 같이 설명된다.

　　勇怯 一, 統將이 즉시 빠르게 북을 치며(疾鼓)[52] 旗를 한번 내렸다 올리고(指)[53] 鼙를 흔들면, 戰統은 북을 두드리고 고함을 지르면서 騎兵은 말을 달리고 步兵은 구보로 돌진하여 합전한다. 領將은 후면에서 정돈하고 서서 움직이지 않고, 疾鼓를 치고 鼙를

---

51) 『五衛陣法』「分數」, "每衛 各有遊軍五領 (大擧 以正軍十分之三 爲遊軍)."
52) 조선전기에는 북치는 속도와 상황에 따라 이를 구분하였는데, 進鼓는 지휘할 때 치는 북, 戰鼓는 戰角을 불면서 치는 북, 徐鼓는 장단을 천천히 치는 북, 疾鼓는 장단을 빠르게 치는 북으로 모두 공격할 때 전진을 의미하는 상황에서 북을 쳤다. 崔炳國, 「朝鮮後期 軍事信號體系 硏究」, 『學藝志』15호, 육군사관학교 육군박물관, 2008, 21~22쪽.
53) 조선전기 깃발을 이용한 신호체계는 點, 指, 揮로 구분된다. 먼저 점은 기를 지면에 대지 않고 다시 일으켜 세우는 것이다. 그리고 지는 기를 지면에 대었다가 다시 일으켜 세움을 말한다. 마지막으로 휘는 기를 좌우로 휘두르는 동작을 말한다. (崔炳國, 「朝鮮後期 軍事信號體系 硏究」, 『學藝志』15호, 육군사관학교 육군박물관, 2008, 23~28쪽.)

흔들면서 고함을 질러 사기를 북돋운다.[54]

勇怯 二, 客陣의 군사가 3회에 걸쳐 싸우지 않고 철수하면 이에 主陣의 대장은 은밀히 중위의 遊軍 및 騎兵 戰統은 우측에서, 후위의 유군 및 기병 戰統은 좌측에서 양쪽 날개가 되어 급히 달려 후미를 감싼다. 이때 鼙를 흔들고 북을 요란히 울리며 함성을 크게 지르면서 공격한다.[55]

위의 첫 번째 사료는 용겁勇怯[56]이라 하여 소규모 단위부대별 모의 전투의 모형으로 진법에서의 공격방식을 보여주고 있다. 앞서 언급한대로 주통과 전통으로 나뉘어진 부대는 전투상황이 발생하였을 때, 주통은 진영을 지키면서 후방에 대기하게 되어 전통은 전면으로 돌격해서 적과 교전을 펼치게 된다.[57] 이때 전통戰統은 질고疾鼓 신호와 함께 기병과 보병이 모두 함께 달려 나가는데, 당연히 말을 탄 기병이 먼저 적과 조우하게 되며 기병의 후방을 보병이

---

54) 『五衛陣法』「勇怯之勢一」, "統將 卽擊疾鼓 指旗搖鼙 則鼓譟大呼 騎馳卒奔 仍進合戰 領將 則仍在後 整立不動 擊疾鼓搖鼙 呼譟助勢."

55) 『五衛陣法』「勇怯之勢三」, "客兵 三不得戰而將還 於是 主陣大將 潛出中衛遊軍及騎戰統於 右 後衛遊軍及騎戰統於左 爲兩翼 疾趨掩後 搖鼙鼓譟 大呼擊之."

56) 朝鮮前期 진법훈련 중 모의전투는 크게 勇怯과 勝敗로 나누어진다. 이중 勇怯은 소규모 단위 부대별 모의전투 모형이고, 勝敗는 대규모의 부대협동 모의전투 모형을 말한다.

57) 각각의 兵種에 따라서 살펴보면 一衛는 크게 騎兵과 步兵으로 나뉘지는데, 騎兵은 원거리에 서 활을 쏘는 騎射인원이 약 60%, 돌격병종인 騎槍이 약 40%로 구성되어 전장의 상황에 따라 포위섬멸이나 충격돌파 등의 전술을 구사하였다. 물론 두 병종 모두 기본 무기로 허리에 차는 環刀를 패용하여 亂戰시에는 자신의 몸을 방어하였다. 그리고 步兵은 진의 방어력을 높이는 방패수(혹은 팽배수)가 장벽을 만들어 가장 앞에 서고 그 뒤로는 초기 화약무기를 사용하는 銃筒手가 자리를 잡았고, 긴 창으로 적의 접근을 방어하는 長槍手, 자루가 긴 청룡언월도와 비슷한 무기인 長劍手의 순으로 뒷사람이 앞사람을 보호하는 방식으로 배치되었다. 그리고 맨 마지막 줄에는 弓手가 열을 맞춰 배치되어 돌격해 오는 적의 선봉을 遠射武器로 대처하였 다. 또한 遊軍이라 하여 전체병력 중 10분의 3을 보조병력으로 편성하여 遊軍將이 전투시 상황에 따라 유동적으로 군사들을 운용하도록 구성되었다.

보호하는 방식을 취하였다.

그리고 두 번째의 사료에는 빠른 기병의 기동력을 활용하여 유군遊軍과 기전통騎戰統을 양익兩翼으로 벌려 적의 퇴로를 차단하고 포위 공격하는 기병의 전형적인 공격기법이 잘 나타나고 있다.[58]

위와 같은 여진女眞을 방어하기 위한 전법戰法의 보급은 지속적으로 군사훈련에 보급되었으며, 이후 서북면 지역의 2차 야인정벌에 활용하게 된다. 당시 1차 야인정벌 이후 파저강 지역의 야인은 세력이 약화되었으나, 서북면西北面을 비롯한 주변의 야인 부족들이 세력을 확대해 조선의 국경을 지속적으로 침탈하였다. 대표적으로 올량합兀良哈의 경우는 세종世宗 17년 1월에 2천 7백여 기騎로 조선 국경지역의 거점지인 여연성閭延城을 포위하여 공격하는 등 많은 피해를 주기도 하였다.[59]

이러한 상황에서 세종世宗 19년 9월에 2차 야인정벌이 이뤄지게 되었다. 당시 작전상황을 보면, 9월 7일에 좌군左軍 도병마사都兵馬使 상호군上護軍 이화李樺와 우군右軍 도병마사都兵馬使 대호군大護軍 정덕성鄭德成이 산양회에서 압록강을 건넜고, 정벌군 사령관인 평안도平安道 도절제사都節制使 이천李蕆 등은 만포의 여울을 건너 11일에 고음한古音閑 지방의 양옆을 동시에 쳐들어가는 양동작전으

---

58) 이러한 形名의 문제는 군사들을 지휘하는 將帥을 비롯한 將校의 자질과 직결되는 문제였기에 이를 보완하는 병서들이 世祖代에 지속적으로 편찬되었다. 대표적으로 軍令의 통일화를 위하여 군의 운용법을 담은 '兵說'과 장수로써의 마음가짐을 담은 '將說', 그리고 장수들의 실전대응 훈련을 독려하는 '論將篇' 등을 한권으로 묶은 『兵將說』의 편찬이었다. 또한 기병들의 形名훈련을 위해 특별히 小形名을 새롭게 제작해 이에 따라 군사훈련을 하는 등 기병에 대한 관심을 더욱 높여갔다.

59) 『世宗實錄』 卷67, 世宗 17年 1月, 庚寅條.

로 전개하였다.[60] 이때의 총병력은 기보騎步 7,800여 명이었으며, 정벌대상인 야인野人 이만주李滿住 휘하의 병력이 약 400여기로 판단되어 기병騎兵중심으로 편성하였다.

이후 동월 16일까지 작전을 전개하여 파저강을 지나 울라산성까지 수색하여 야인의 근거지를 불태우고 적을 섬멸시켰다. 당시 전황을 보면 야인의 근거지를 모두 초토화시켰고, 약 60여명을 사살 혹은 포로로 잡았다. 그리고 아군은 단 1명의 전사자만 나왔을 정도로 매우 성공적인 정벌이었다.[61] 이후에도 사형수나 현장의 지리를 잘 아는 자를 골라 파저강 지역에 간자로 보내어 지속적으로 야인의 동태를 파악하는 등 여진女眞에 대한 긴장을 풀지 않았다.[62]

여진女眞에 대한 정벌작전 후 압록강 상류지역의 군사요충지에 4군郡을 설치하고 백성들을 이주시켜 독자방어체제를 확립하였다. 또한 세종 말년에는 몽고족의 일원인 오이라이트족에게 정벌군으로 나섰던 명의 황제 영종英宗이 포로로 잡히는 '토목土木의 변變'이 발생했을 정도로 몽고족이 활발하게 부상하자 북방에 대한 관심이 갈수록 증대되었다.

이러한 북방 민족에 대한 군사적 긴장 관계는 문종대文宗代에도 가장 큰 관방關防의 문제로 지적되었다. 구체적으로 평안도를 비롯

---

60) 『世宗實錄』卷78, 世宗 19年 9月, 己酉條.
61) 아군의 전사자 수가 적은 것을 비롯하여 1차 여진정벌에 비해 전과가 적은 사실이다. 이는 여진족들이 조선군의 공격을 받자 대적하기 보다는 빠르게 명의 위수지역인 북만주 일원으로 도주했기 때문이다. 또한 지속적인 정탐을 통한 빠른 현장정보가 정벌시 무엇보다도 중요했는데, 당시 조선군에서 보낸 정찰병이 여진에게 사로잡히는 등 현장정보가 매우 부족한 상황이었다. 특히 대규모 1차 정벌의 기억으로 인해 여진이 빠르게 대응한 것이 가장 중요한 요인이었다.
62) 『世宗實錄』卷78, 世宗 19年 10月, 癸酉條.

한 북방지역의 상황을 가장 잘 직시한 인물인 김종서金宗瑞 장군將軍의 경우는 전대前代 여진 정벌 시 핵심 괴수魁首로 지목되었던 이만주李滿住가 우리에게 감정이 있으니, 만약 적적賊을 이끌고 휘몰아들어온다면 어찌할 수가 없을 것 이라는 소문을 접하고 적의 주력이 기병騎兵이니 이에 대한 방어체제를 유지해야 한다는 것을 지속적으로 상소하기도 하였다. [63]

또한 동년同年 7월에는 중추원사中樞院使 김효성金孝誠이 야인野人 방비책을 조목별로 열거하며 북방의 방어태세가 가장 시급한 문제임을 지적하기도 하였다. [64] 이후에도 함길도도절제사咸吉道都節制使 이징옥李澄玉이 변방 야인들의 정세를 비밀리에 국왕에게 보고하는 등 지속적인 관심의 대상이 되었다. [65] 그러나 이 시기의 경우는 군사적인 정벌 보다는 식량을 나눠주거나 일정한 무역을 허용하는 등의 회유책을 구사하며 군사적 도발을 사전에 막는 방안이 모색되었다.

단종대端宗代에는 세종대世宗代에 여진女眞 방어를 위해 건설한 4군郡에 대해 여러 가지 방어유지책이 나왔지만, 지역이 험지이고 유기적인 방어책의 한계와 백성들이 자유롭지 못하다는 건의에 따라 자성군慈城郡을 제외한 나머지 3개의 군郡을 폐지하고 백성들을 귀주龜州로 이주시켰다. [66] 그리고 세조대世祖代에는 마지막 자성군도 폐지하고 압록강을 경계로 자연 방어선을 유지하였다. [67]

---

63) 『文宗實錄』卷1, 文宗 卽位年 4月, 癸巳條.
64) 『文宗實錄』卷2, 文宗 卽位年 7月, 庚申條.
65) 『文宗實錄』卷4, 文宗 卽位年 11月, 戊午條.
66) 『端宗實錄』卷14, 端宗 3年 4月, 戊子條.

그런데 세조대世祖代의 경우 여진의 국경 침략이 극심해 문종文宗과 단종대端宗代에는 단 한 번도 발생하지 않았던 침입회수가 실록實錄상의 기록만 총 19회에 달할 정도였다. 따라서 여진女眞에 대한 방비 또한 세종대世宗代 수준으로 강화시키면서 여진부족 간의 내부문제에 깊이 관여할 정도로 관심의 대상이 되었다.[68]

특히 여진군의 숫자가 급격히 늘어나 수천의 기병을 이끌고 동시에 국경지역을 약탈하는 등 군사적 도발이 일어나 군사적 대응의 수위를 점차 높여갔다.[69] 그래서 초기에는 다양한 위무책을 포함하는 온건한 방식으로 관계 개선에 주력하다가 대규모 정벌군을 동원하여 군사적 위협을 보이는 등 다양한 방식으로 여진과의 관계를 풀어 나갔다.

대표적으로 세조世祖 6년에 진행된 모련위毛憐衛 지역의 여진 정벌은 군사적 압박을 가하는 대표적인 사례였다.[70] 이때에도 조선군은 기병騎兵 중심의 전술체제를 구축하고 정벌준비를 하였다. 이후 이듬해에는 야인野人 7백 여명이 창성진昌城鎭을 포위하자, 평안도도체찰사平安道都體察使 김질金礩이 주변 군에서 빠르게 대응할 수 있는 수 천명의 기병騎兵을 이끌고 이를 저지하기도 하였다.[71] 세조世祖 말末에는 각 지역의 여진족들이 연합하여 명明의 동쪽 변방인 요양遼陽을 침략해 약탈하고 가는 횟수가 증가하면서 군사적 긴장

---

67) 『世祖實錄』 卷15, 世祖 5年 1月, 戊戌條.
68) 『世祖實錄』 卷10, 世祖 3年 11月, 庚午條.
69) 『世祖實錄』 卷18, 世祖 5年 12月, 甲子條.
70) 申叔舟,『北征錄』 卷1;『世祖實錄』 卷21, 世祖 6年 8月, 戊午條.
71) 『世祖實錄』 卷26, 世祖 7年 11月, 丁巳條.

야전부시도夜戰賦詩圖
세조 때 여진족을 물리친 함경도 도체찰사 신숙주의 이야기를 담은 기록화다. 조선은 개국 때부터
북방의 여진족에 대하여 회유책과 강경책을 번갈아 사용하며 그들을 통제하려 했다. 세조대에 완성된
『오위진법』 체계는 부대편성 방식을 통해 확인된다. 이 병서를 통해 통일화시킨 조선군의 편제는
주장인 대장大將 아래 5위衛-<우두머리는 위장>가 있고, 각 위에는 5부部-<우두머리는 부장>를
둔다. 그리고 5부 아래는 4통統-<우두머리는 통장>이 있고 통 밑에는 차례로 여수旅帥-<125명의
지휘관>, 대정隊正-<25인의 지휘관>, 오장伍長-<5인의 지휘관>의 형태로 구성하였다. 작은 단위부
터 큰 단위 순서대로 편제를 살펴보면, 오伍→대隊→여旅→통統→부部→위衛로 구분된다. 오늘날으로 보면
분대→소대→중대→대대→연대→사단→군단 정도의 개념과도 유사하다. 여기에 보병과 기병
이라는 큰 병종으로 부대를 나눠 배치하고 주력접투는 기병을 통해 전개하였다.

관계가 높아지고 있어서 조선의 입장에서도 이를 주시할 수밖에 없었다.[72]

그러나 이러한 기병위주의 진법운용 체제는 전면전의 성격을 가진 임진왜란을 치르면서 근본적인 한계를 드러내었다. 조선은 이미 각종 총통을 비롯한 다양한 대형 화약무기를 보유하고 있었다. 그러나 일본군은 운용하기 용이한 조총이라는 개인용 소형 화약무기를 주력병기로 사용하고 있었고, 이와 함께 창검을 이용한 단병접전체제를 운용하고 있었기 때문에 전통적인 조선군의 기병위주 전술체제와 진법형태 만으로는 이를 막아낼 수 없었다.

기존에 벌어졌던 여진족을 비롯한 북방 야인과의 주요 전투를 살펴보면 대부분 병력의 규모가 수백에서 수천정도에 지나지 않은 국지전적인 성격을 강하게 가지고 있었다. 그러나 임진왜란은 수만에서 수십만에 이르는 병력이 동시에 쳐들어 온 전면전이었기 때문에,[73] 조선 건국이후 확립한 기본 전술체제가 효과를 발휘하지 못하였던 것이다.

3. 조선전기 전술체계와 마상무예의 운용

조선전기 기병이 익혔던 군사훈련 중 마상무예는 오위진법五衞

---

72) 『世祖實錄』卷41, 世祖 13年 2月, 乙丑條.
73) 장학근, 「임란기 조선조정의 수군에 대한 기대와 운용책」, 『임난수군활동사 연구논총』, 해군 사연구실, 1993, 66쪽.

陣法에서 기병전투 대오에 속하는 기사騎射[74]와 기창騎槍에 잘 드러나 있다. 기사의 경우는 적과 일정한 거리를 유지하고 공격하는 마상무예이며, 기창은 적과 근접해서 사용하는 마상무예로 볼 수 있다. 특히 기병의 편제를 원거리 전투병인 기사병騎射兵과 근접전투병인 기창병騎槍兵의 두 부대로 완전히 나눠서 운용한 것이 조선전기 기병 편제의 특성이기도 하다.[75]

이러한 임란 이전 마상무예의 특징을 가장 쉽게 살펴볼 수 있는 것은 무관武官들의 등용문이었던 무과武科시험일 것이다. 무과시험은 문과시험과 함께 조선의 지배체제를 구축하고 있었던 양반의 관직진출을 위한 필수시험으로 대과大科로 규정되어 있었다. 따라서 무과에서의 마상무예 특징을 살펴보는 것이 중요한 요소가될 것이다.

조선시대에 무예와 관련된 시험은 크게 무과武科, 시재試才, 취재取才로 나눌 수 있다. 무과는 일종의 관직등용고시로 볼 수 있고, 시재는 각 군영이나 감영에서 이미 뽑힌 군사들의 무예실력을 증대시키기 위하여 행해진 시험으로 볼 수 있다.[76] 대표적인 시재로는 관무재觀武才, 중순시中旬試, 시예試藝, 시사試射 등이 있으며, 시재를 통해 상벌을 명확히 하여 무예 성취도가 높은 사람들에게는

---

74) 朝鮮時代에 사용된 武藝의 명칭은 해당 武器의 이름과 동일하게 붙여졌다. 예를 들면 馬上鞭棍은 말 위에서 사용하는 鞭棍이라는 武器의 명칭도 되지만, 그 자체로 馬上鞭棍을 사용하는 武藝의 고유명사로 인식되었다.

75) 조선후기의 경우 기병의 편제는 마상편곤이라는 신무기의 도입으로 인해 근접전투와 원거리 전투를 모두 함께 복합적으로 펼칠 수 있는 형태로 변화하였다. 이러한 조선후기 기병의 전술과 마상무예에 대한 연구는 최형국, 『조선후기 기병의 마상무예 연구』, 중앙대학교 박사학위 논문, 2011이 가장 자세하다.

76) 鄭海恩, 「朝鮮後期 武科研究」, 한국정신문화연구원 석사학위논문, 1993, 22쪽.

직부전시直赴殿試의 자격을 주거나 숙마첩熟馬帖을 비롯한 다양한 상을 내리기도 하였다.[77] 마지막으로 취재는 여러 군영에서 각 직급에 필요한 사람을 뽑는 일종의 취직시험이었다.

〈표 1〉 조선전기 武科 考試科目[78]

과목 종류	시험과목		비고
	武藝(실기시험)	講書(이론시험)	
初試	木箭(240步) 鐵箭(80步) 片箭(130步) 騎射 騎槍 擊毬	없음	鄕吏의 무과응시는 初試 전에 武經七書의 강서 시험에서 粗(7分 만점에 3分) 이상을 받아야 한다. 木箭과 鐵箭은 3矢 중 1矢이상 되어야 다음 과목을 치를 수 있다.(覆試도 같음)
複試	上同	四書五經 中 一書 武經七書 中 一書 通鑑,兵要,將鑑博議, 武經, 小學 中 一書	강서의 고시방법은 臨文考講하여 通은 7分, 略通은 5分, 粗通은 3分의 점수를 준다.
殿試	騎步擊毬[79]	없음	殿試의 최종선발인원은 甲科 3人, 乙科 5人, 丙科 20人이다

77) 『壯勇營故事』 壬子(正祖 16年, 1792) 9月 27日. 이날의 시험은 冬等射射였는데, 『武藝圖譜通志』 편찬자인 李德懋의 동생 李彦懋도 壯勇營의 知穀官으로 試射를 봐서 直赴殿試의 자격을 얻었다. 그리고 함께 試射를 치른 哨官 趙毅鎭은 加資, 壯勇衛의 嘉儀 高龍得은 熟馬帖을 받았다.
78) 朝鮮前期 武科試驗의 考試科目 및 내용에 대한 것은 다음의 연구를 참고 하였다. 沈勝求, 「朝鮮前期 武科研究」, 국민대학교 박사학위논문, 1994, 89~113쪽; 국사편찬위원회, 『나라를 지켜낸 우리무기와 무예』, 두산동아, 2007, 118~126쪽.
79) 현재 武科試驗 중 殿試의 실기과목에 대한 해석상의 문제가 있다. 『經國大典』에는 騎步擊毬라 하였는데, 이것이 騎步/擊毬인지 騎・步擊毬인지에 대한 차이를 말한다. 前者의 騎步/擊毬일 경우는 武科初試의 과목 전체를 이르는 말이 되지만, 後者의 騎步擊毬로 갈 경우는 騎擊毬와 步擊毬로 구분하는 것이 된다. 특히 步擊毬의 경우 골프와 유사한 형태의 공놀이로 打毬라는 이름의 놀이가 있는 것으로 보아 충분히 가능성이 있어 보인다. 이에 대한 연구는 다음의 논문을 참고하였다. 沈勝求, 「조선시대 격방의 체육사적 고찰」, 『교양교육연구소논문집』, 한국체육대학교, 1998, 127~144쪽.

이 중 무과는 가장 대표적인 시험으로 시험과목 및 내용은 크게 실기에 해당하는 무예武藝와 이론중심의 강서講書로 구분할 수 있다. 이는 무武와 문文, 어느 한쪽에만 치우치지 않고 양쪽 모두를 고루 갖춘 무사를 얻기 위한 방책이었다. 임란 이전 조선전기의 무과과목을 『경국대전經國大典』을 중심으로 살펴보면 〈표 1〉과 같다.

위의 〈표 1〉에서 볼 수 있듯이 조선전기 무과의 실기시험인 무예의 종목은 궁술과 마상무예가 핵심이었다. 좀 더 구체적으로 실기과목을 살펴보면, 목전木箭, 철전鐵箭, 편전片箭, 기사騎射, 기창騎槍, 격구擊毬이다. 다시 말해 기본적인 활쏘기를 바탕으로 말을 타고 활을 쏘는 기사와 창을 휘두르는 기창 그리고 말을 자유롭게 다루기 위한 일종의 놀이적 무예였던 격구로 구성되었다고 볼 수 있다. 특히 이 두 가지의 결합인 말을 타고 활을 쏘는 기사는 합격 여부를 판가름하는 가장 중요한 과목이었다.

따라서 조선전기의 마상무예 역시 무과시험 준비를 위하여 기사와 기창 등의 무예가 가장 많이 훈련되었다. 또한 앞서 살펴본 것처럼 무관武官이 된 후에도 군사훈련에서 기사대騎射隊와 기창대騎槍隊로 편성되었기 때문에 기병의 주된 마상무예는 이를 중심으로 수련되었다고 볼 수 있다.

그리고 당시 군사전략의 핵심은 선진후기先陣後技로 일단 상대방과 맞서 진을 짜고 이를 바탕으로 대규모 부대의 진법 운용을 통하여 전쟁을 수행하는 방식이었기 때문에 집단으로 마상무예를 훈련하는 것이 보편적이었다. 이러한 기병의 마상무예 집단 훈련은 활쏘기를 중심으로 이뤄지는 모구毛毬와 삼갑사三甲射가 대표적인데, 이를 살펴보면 〈표 2〉와 같다.

그리고 기사와 함께 말을 타고 활을 쏘는 무예인 모구毛毬 또한 조선전기를 대표할 만한 마상무예라고 할 수 있다.[80] 모구毛毬는 그 냥 제자리에 서서 활을 쏘는 것이 아니라 말을 타고 달리며 앞의 말이 끄는 털 공에 화살을 쏘는 것으로 일종의 모의 사냥적 성격이 강한 마상무예였다. 조선의 개국과 더불어 시작된 모구는 세종대世宗代 북방의 야인정벌이라는 시기적 상황과 맞물려 거의 매일 모화 관慕華館에서 군사들로 하여금 모구를 훈련했을 정도였다.[81]

세종世宗의 경우에는 자신이 직접 무예를 익히는데 모구만한 것이 없다고 강조 하면서 마상무예 훈련에 모구를 적극적으로 활 용해야 한다고 주장하기도 하였다.[82] 그리고 말을 타고 달리며 화 살을 쏘는 무예 중 모구毛毬가 모의 사냥훈련이라면 모의 전투훈련 의 일환으로 만들어진 것이 삼갑사三甲射였다.[83] 이 마상무예는 앞 서 언급한 세조대에 완성된 오위진법의 주력병종이었던 기사병騎射 兵의 훈련을 위한 무예로 볼 수 있다.

---

80) 毛毬를 비롯한 다양한 馬上武藝의 설명은 다음의 연구를 참고하였다. 沈勝求, 「朝鮮時代의 武藝史 硏究-毛毬를 중심으로-」, 『軍史』 38, 군사편찬연구소, 1999, 104~119쪽; 국사편찬 위원회, 『나라를 지켜낸 우리무기와 무예』, 두산동아, 2007, 123~132쪽.

81) 『世宗實錄』 卷79, 世宗 19年 10月 乙酉.

82) 『世宗實錄』 卷78, 世宗 19年 9月 己亥, "習武莫如毛毬 故古人以是爲重 可令世子率兵曹鎭撫 每日領軍士三百人 射毛毬於 慕華館."

83) 『世祖實錄』 卷20, 世祖 6年 6月 辛亥, "三甲射選驍騎 隨多少以甲乙丙分三隊 異其標識 人持 皮頭箭 濡朱揷羽箭端 令徐行不傷人 擊鼓則甲乙丙各二人周馳射其背 甲射乙 乙射丙 丙射甲 不相亂射 擊鉦則馳還舊處."

〈표 2〉 毛毬와 三甲射

구분 종류	차이점			공통점
	표적	화살	시행 방법	
(射)毛毬	皮毬	無鏃箭	선행자가 말을 타고 긴 줄에 毛毬를 매어 끌고 달리면 뒷사람들이 말을 타고 달리며 움직이는 모구를 쏨	화살의 비거리보다는 적중률을 높이기 위하여 화살깃이 넓은 大羽箭(동개시)을 사용
三甲射	騎兵	皮頭箭	북을 치면 甲·乙·丙이 각각 2인씩 말을 달리면서 그 등을 쏘는데, 甲은 乙을 쏘고, 乙은 丙을 쏘고, 丙은 甲을 쏘되 서로 함부로 쏘지 않게 함	

이 두 가지 마상무예의 차이점과 공통점을 살펴보면 〈표 2〉와
같다. 이를 요약해보면 모구毛毬는 움직이는 거짓 동물 표적을 쏘
는 일종의 모의 사냥훈련으로 볼 수 있으며, 삼갑사三甲射[84]는 실제
기사 교전을 생각하며 시행했던 기병 대 기병 사이의 모의 전투 훈
련의 한 가지로 이해할 수 있다.[85]

한편, 삼갑사三甲射와 유사한 형태로 기창을 이용한 삼갑창三甲
槍이라는 모의전투훈련도 있었다. 기창騎槍의 경우는 돌격작전시
근접전투를 수행해야 했기 때문에 기사와 더불어 많이 훈련되었다.
삼갑창의 훈련방식을 살펴보면 갑甲·을乙·병丙 3인조가 한꺼번에
말을 달리면서 창으로 교전하는 방식의 무예였다.[86]

---

[84] 甲乙射라고 하여 甲, 乙 두 조가 서로 화살을 주고받는 무예도 함께 행해졌는데, 三甲射와 대동소이하다.

[85] 毛毬와 三甲射는 肅宗代에 혁파되면서 더 이상 무예 훈련에 이용되지 않았다. 1790년에 편찬 된 『武藝圖譜通志』 騎槍편을 살펴보면 三甲射는 肅宗 32年에 파하고 騎槍交戰으로 변경되 었으며, 擊毬편을 보면 '射毬(毛毬)之法은 도중에 사라지고 오늘날의 皮球와 화살은 모두 軍 器寺에 보관되어 있다'라고 하였다. 또한 실록 기사에서도 毛毬는 肅宗 8年 이후로는 나타나 지 않는다.

[86] 沈勝求, 「朝鮮時代의 武藝史 硏究-毛毬를 중심으로-」, 『軍史』 38, 군사편찬연구소, 1999,

삼갑창은 훈련에 나간 기병 모두에게 일정한 형태의 표식을 상반신에 부착하거나, 갑주로 완전무장 후 큰 부상을 방지하는 차원에서 비살상용 창으로 찌르도록 하는 방식이었다. 이때 사용하는 창은 창날의 끝에 가죽을 감아 살상을 방지하였고, 붉은 물감을 묻혀 실제로 찔렀는지를 확인할 수 있도록 하였다.

훈련 과정을 살펴보면 북을 울리는 것으로 시작한 훈련은 시간차대로 갑을병甲乙丙의 3조(부대)가 훈련장으로 달려 나가고 이후 甲이 乙을, 乙이 丙을, 丙이 甲을 공격하는 형식이었다. 이와 같은 움직임은 교전 중 적과의 마상교전을 염두에 둔 것으로 꼬리에 꼬리를 무는 방식으로 추격과 회피를 동시에 훈련할 수 있는 것이었다.[87]

5. 전술은 상황에 따라 변화

지금까지 내용을 간략히 정리해 보면, 조선전기 전투사적 배경으로 세종世宗 16년에 진행된 제1차 야인정벌을 계기로 여진의 군사전술에 보다 능동적으로 대항하기 위해 기병의 역할을 대폭 시킨 것을 확인 할 수 있었다. 이후 세종世宗 19년에 진행된 제2차 야인정벌은 기병을 중심으로 한 전술체계를 확립하고 전투에 돌입하였다. 그리고 세조대世祖代 역시 모련위 전투를 비롯한 여진과의

124쪽.
87) 『世祖實錄』卷20, 世祖 6年 6月 辛亥, "槍用皮頭 分隊馳刺如上."

전투에서 기병의 역할은 계속 중시될 수밖에 없었다.

이러한 전투사적 배경은 곧 병서兵書 편찬에도 지대한 영향을 끼쳤다. 조선군은 사병私兵체제에서 공병共兵체제로 변화를 시작했던 정도전의 『진법』을 시작으로, 여진족의 기본 전술이 보병은 없고 전원 기병체제를 유지했기에 이에 대한 방어능력을 극대화시킨 세종世宗초에 편찬된『진도법陣圖法』를 통한 훈련은 조선군의 빠른 진법배치와 전투능력함양에 도움을 주었다. 예를 들면, 『진도법陣圖法』에서는 적 기병을 보병이 방어하고 이후 후미의 기창대騎槍隊와 기사대騎射隊가 기동력을 확보하며 움직이는 보완적 전술체제를 담고 있다고 할 수 있겠다. 이후 세종世宗 15년에 편찬된『계축진설癸丑陣說』에는 여진과의 직접적인 전투경험을 바탕으로『진도법陣圖法』보다 실전을 상정하는 방식으로 병서가 만들어지게 되었다.

대표적으로 군령軍令 부분의 강화와 함께 병력배치에 있어서 기존보다 두 배로 폭을 넓혀 기병의 활동력을 증대시킨 것을 확인할 수 있었다. 또한 여진의 대표적인 공격 진형인 조운진鳥雲陣을 흡수 발전시켜 이에 대한 공방을 체계적으로 수록하여 여진 기병에 대항하는 방식이 대폭 가미되었음을 알 수 있었다.

그리고 문종대文宗代에 편찬된『오위진법五衛陣法』에서는 중앙군과 지방군을 모두 아울러 한꺼번에 작전에 투입할 수 있는 방식으로 전술체계가 확립되었다. 『오위진법五衛陣法』의 가장 큰 특징은 기병과 보병의 편성숫자를 5 : 5로 균등 배치하여 방어에는 보병이 그리고 공격에는 기병이 중심을 이뤄 진형을 갖췄다는 것이다.

특히 보병에 비해 3~5배의 전투력 우위가 있는 기병을 동일하게 배치한 것을 볼 때 전군을 동원할 때에도 기병중심의 전술체제

御製兵將說
　兵說
○兵者以智運用以用應智智者本仁義度
我人審地利也
本註度達各切計也料也人者指敵而言
審詳也
○用者明形數一節制利器械也
本註形名數分數也節品節之也制正
也御也械下个切器械甲冑戈矛之屬

『어제병장설御製兵將說』

이 병서는 '병설兵說'과 '장설將說'로 나뉘는데, 국왕인 세조가 장수의 입장에서 휘하 장수와 병사들에게 들려주는 교훈적인 훈화의 성격을 갖고 있다. 『병장설』의 원래 이름인 『병경兵鏡』은 '경鏡-거울'이라는 뜻으로 모범이나 본보기를 의미했다. 이 병서는 군사들이나 장수들에게 모범이 될 만한 이야기를 담은 책이었지만 글이 너무 함축적이고 어려워 쉽게 이해하기가 어려웠다. 이런 이유로 신숙주를 비롯한 군사업무에 능한 몇 명의 신하들이 일종의 해설형태의 각주를 달아 발전시킨 것이다. '친서親書' 정치의 일환으로 군사운영에 관한 부분을 장수들에게 편지의 형태로 직접 세조 자신이 철학을 정리하여 보낸 것을 모아 책의 형태로 묶은 것이다. 편지의 형태로 만들어진 것이기에 분량도 많지 않을뿐더러 내용도 조금은 개인적인 철학이 엿보인다. 따라서 군사업무와 관련한 신하들의 각주가 전체 분량의 3분의 2이상이 넘어갈 정도다. 『병장설』은 첫 간행이후 몇 번의 수정 및 보완 과정을 거쳐 1466년 9월에 최종본이 간행되었다. 최종본은 크게 3장으로 구성되어 있는데, 「병장설論說」·「유장편諭將篇」·「병법대지兵法大旨」 등으로 조금은 성격이 다른 세 개의 군사운영에 관한 부분을 합쳐놓았고 말미에 신숙주의 발문跋文과 「타위병처打圍病處」라는 좀 세분화된 내용이 추가되었다.

가 완전하게 자리 잡았음을 확인 할 수 있었다. 그리고 세조대世祖代에는 여진 기병과의 전투 중 군령체계가 미비하여 빠른 기동전에 대처할 수 없었기에 군령과 장수의 자질에 관한 『병장설兵將說』 등의 병서를 편찬한 것이다.

이러한 오위진법 체제는 임진왜란 전까지 조선군의 핵심 전술 체제로 훈련되었다. 그리고 오위진법의 핵심에는 기병이라는 병종이 자리잡고 있었는데, 기병을 강화하기 위한 마상무예의 발전은 조선전기의 가장 큰 특징으로 볼 수 있을 것이다. 대표적으로 무과 시험에서 활용한 시험과목 중 보병들이 쏘는 보사步射를 제외하고 기사騎射, 기창騎槍, 격구擊毬 등 마상무예을 중심으로 한 과목들이 핵심무예로 인정받은 이유이기도 했다.

특히 모구毛毬, 삼갑사三甲射, 삼갑창三甲槍 등은 조선전기를 대표하는 기병의 독특한 마상무예였다. 이는 기마술과 궁술에 능했던 여진족과의 전투를 염두에 두고 만들어진 것이다. 물론 이 와중에 궁시의 한계를 극복하기 위해 총통류를 중심으로 한 화약무기가 상당한 수준으로 발전하기도 하였으나, 동시대 일본에서 받아들인 개인용 조총의 활용에서 볼 수 있는 전술상의 이점을 살리지는 못하였다.

오히려 궁시와 총통류 무기의 발달은 군사들이 필수로 훈련해야 했던 창이나 검을 비롯한 단병기와 그 기법의 위축을 불러왔다.[88] 이는 곧 임진왜란시 일본군의 조총과 단병기의 결합을 활용

---

88) 『武藝圖譜通志』 技藝質疑. "惟我國家 偏處海外 從古所傳 只有弓矢一技 至於劒槍 則徒有其器 顧無習用之法 馬上一槍 雖用於詩場 而其法 亦未詳備 故劒槍之爲棄器久矣."; 『宣祖實錄』

한 독특한 진법에 효과적으로 대응하지 못하는 결과를 초래하였다. 단병기와 그 기법의 위축은 곧 임진왜란 초기 육상 패전의 중요한 원인 중 하나로 작용하였다.

卷31, 宣祖 25年 10月 乙亥, "上教政院曰 我國絶無劒手 而天將來此 非偶然 令人限來月學習 試才而有成就者 直赴殿試."

3장

임진왜란과 새로운 무예
및 진법의 도입

1. 임진왜란의 충격과 전술의 변화

1592년에 발발한 임진왜란은 동북아 세계대전의 성격이었다.
단순히 조선과 일본 사이의 전쟁에 그치지 않고, 당대 동아시아에
서 가장 강한 군사력을 보유한 대륙세력인 명나라의 참전으로 인
해 임진왜란은 대륙과 해양세력과의 충돌이라는 새로운 패러다임
을 만들어낸 전쟁이었다.

임란당시 일본의 경우는 서양의 해양세력인 네덜란드와의 교역
을 통해 조총이라는 신무기를 개인화기個人火器로 도입하여 전술적
변화를 꾀하였다. 반면 조선은 기존의 기병과 보병의 조합방식인
오위진법체계로 개전초기 일본의 전법戰法을 효과적으로 방어하지
못하였다.[1]

일본군은 단순히 조총鳥銃이라는 신무기 뿐만 아니라, 전통적으로 우세한 창검수槍劒手들을 화약무기와 효과적으로 조합하여 새로운 보병전술을 구축하여 조선군의 전통적 장기인 기병과 궁시弓矢를 효과적으로 무력화시켰다. 따라서 개전초기 전술적 한계를 극복하기 위하여 조선군은 원군으로 참전한 명군明軍의 신무기와 이를 응용한 새로운 전투 진법을 도입하여 일본군에 전술을 극복하고자 하였다.

그런데 근대식 화약무기가 치명적인 무기로 인식되기 전까지 전장에서의 승패는 일정한 진陣을 치고 있다가 직접 얼굴을 맞대고 싸워서 판가름 나는 경우가 대부분이었다. 이는 동서양 전쟁사 모두에서 동일하게 나타나는 양상이었다. 심지어 개인화기인 조총鳥銃과 대구경 불랑기佛狼機를 비롯한 다양한 화포들이 전장에서 널리 퍼진 18C 상황에서도 진법을 위주로 하는 전쟁은 계속되었다.

역사적으로 볼 때, 수많은 전쟁을 통해 진법 대결이 벌어졌고 이러한 축적된 경험들에 의해 진법은 계속 발전하게 되었다. 만약 진법 대결의 결과 한 쪽의 진이 일방적으로 무너지는 상황이 벌어진다면 이후의 전투에서는 필연적으로 이를 방어하기 위한 새로운 진법이 고안되기 마련이었다.

대표적으로 임진왜란을 거치면서 조선에 도입된 명나라 절강병浙江兵[2]의 진법陣法인 원앙진鴛鴦陣은 이러한 전투현장의 고민을 담

---

1) 최형국, 「朝鮮後期 騎兵의 馬上武藝 研究」, 중앙대학교 박사학위논문, 2011.

2) 浙江兵은 중국의 동쪽 해안가인 浙江地方의 병사를 말한다. 浙江地方은 해안가로 비가 많이 와서 논농사를 위주로한 水田農法이 발달하여 騎兵을 운용하는데는 많은 한계가 있었다. 보통 보병 위주로 구성된 浙江兵을 南兵이라하고, 東北三省 지역의 兵士들은 기병위주의 北兵

고 있다. 다시 한 번 강조하지만, 임란 당시 조총과 단병접전술을 결합한 새로운 일본군의 진법에 개전초기 명과 조선이 구사한 기병위주의 진법 및 전술체계는 그 한계를 명확히 드러냈다. 그리고 이에 대한 새로운 대응책으로 도입된 것이 바로 명明의 『기효신서 紀效新書』를 통해 조선에 보급된 원앙진이었다.[3]

원앙진은 보병步兵을 중심으로 한 진법이었다. 이 진법은 당시 큰 변화를 보이고 있었던 전장의 상황에 따라 임란 이후에는 궁시 弓矢 및 조총鳥銃 등의 무기가 추가되면서 지속적으로 변화하기도 하였다. 이러한 새로운 진법의 도입과 정착을 살펴보는 것은 당시 대 국방정책이나 전술변화를 이해할 수 있는 하나의 척도가 될 수 있을 것이다. 특히 원앙진은 당대 보병의 무예가 집약된 것으로 조선후기 군사무예의 특징을 가장 잘 보여주는 진법이기에 더욱 연구할만한 가치가 크다고 하겠다.

따라서 본 장에서는 임란과정 중 조선에 도입된 명나라 절강병의 진법인 원앙진의 도입배경과 정착과정을 살펴보고 이 진법에 활용하기 위해 조선군에 새롭게 보급된 신무기의 특성과 전술적 가치에 대해 살펴보고자 한다.

이라고 칭하기도 한다.

3) 壬辰倭亂 당시 일본군의 短兵接戰術에 대항하기 위하여 명나라에서 입수한 『紀效新書』의 여섯 가지 기예를 수록한『武藝諸譜』와 관련한 연구는 다음의 논문을 참고하였다. 朴起東, 『朝鮮後期 武藝史 硏究』, 성균관대학교 박사학위논문, 1994; 盧永九, 「宣祖代 紀效新書의 보급과 陣法 논의」, 『軍史』 34호, 군사편찬연구소, 1998; 「壬辰倭亂 이후 戰法의 추이와 武藝書의 간행」, 『한국문화』 27집, 2001; 沈勝求, 「壬辰倭亂 中 武藝書의 편찬과 의미」, 「한국체육대학교 논문집」 26집, 한국체육대학교, 2003; 「한국 무예사에서 본 『武藝諸譜』」, 『한국무예의 역사·문화적 조명』, 국립민속박물관, 2004; 정해은, 「임진왜란기 조선이 접한 단병기와 『무예제보』의 편찬」, 『軍史』 51호, 2004; 최형국, 「조선후기 倭劍 交戰 변화연구」, 『역사민속학』 25호, 역사민속학회, 2007 참조.

특히 기존의 연구에서 행해지지 않았던 진법 속에 구현된 무예의 실기적 고찰을 병행하고자 한다. 현재까지의 진법을 비롯한 각종 병서에 관련 연구가 단순한 문헌적인 고찰을 중심으로 이루어졌기 때문에 진법陣法 속에서 군사들이 실제로 익혔던 군사무예의 특징을 제대로 파악할 수 없었던 한계가 있었다.[4]

본 장에서는 이러한 한계를 극복하기 위하여 원앙진에 사용된 군사무예의 실기사적 고찰을 『무예도보통지武藝圖譜通志』[5]에 수록된 군사무예의 복원을 통하여 살펴보고, 실제 진법 속에서 군사들의 전투적 움직임인 무예사武藝史의 영역까지 확대하여 살펴보고자 한다.

2. 임진왜란기 신 진법 도입 배경과 정착 과정

임란 개전초기 조선군에 보급된 원앙진은 연속되는 전술패배에 대한 근원적인 해결책이었다. 원앙진은 명군이 개발한 보병步兵

---

4) 조선시대 군사 陣法에 관한 논문으로는 김동경, 「조선초기 진법의 발전과 군사기능」, 국방대학교, 석사학위논문, 2009와 곽낙현, 「조선전기 習陣과 군사훈련」, 『동양고전연구』 35호, 동양고전학회, 2009가 있으며 水軍 방면으로는 김병륜, 「조선시대 수군 진형과 함재 무기 운용」, 『軍士』 74호, 국방부 군사편찬연구소, 2010가 대표적이다.

5) 『武藝圖譜通志』는 朝鮮 正祖代 1790년에 편찬된 군사 개개인을 위한 무예서로 여기에는 보병들이 익히는 地上武藝 18가지와 기병들이 말을 달리며 익히는 馬上武藝 6가지로 도합 24가지의 무예가 그림과 글로 설명되어 있다. 『武藝圖譜通志』의 편찬과정을 살펴보면 다음과 같다. 임란과정 중 鴛鴦陣에 사용되는 棍, 籐牌, 狼筅, 長槍, 鏜鈀, 長刀 등을 수록한 『武藝諸譜』가 1598년에 편찬되었다. 그리고 1754년에는 나머지 本國劍과 月刀 및 拳法 등 12가지 무예가 더해져 『武藝新譜』로 편찬되기에 이른다. 이후 1790년 正祖代에 地上武藝에 馬上武藝를 추가하여 『武藝圖譜通志』가 완성된 것이다.

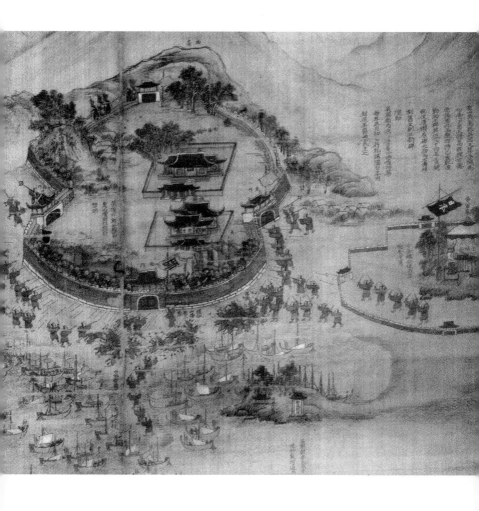

임진전란도壬辰戰亂圖
임진왜란 중 부산진에 공격해 들어오는 왜군을 잘 묘사한 그림이다. 남문을 사이에 두고 왜군과 치열
한 접전이 벌어졌지만, 부산진첨절제사 정발鄭撥은 끝내 전사하고 진을 빼앗겼다. 당시 조선군의 주력
은 보병과 함께 북방세력 견제를 위한 기병 중심으로 짜여진 오위편제에 활을 다루는 궁수와 약간의
총통을 이용한 원거리 무기를 전략적으로 활용하고 있었다. 그러나 일본의 경우에는 16세기 중엽
포르투갈에서 수입한 조총이 개인 무기로 보급되면서 기존의 창검으로 구성된 단병접전短兵接戰 기법에
이를 더하여 한층 복합된 전술을 운용하였다.(규장각 한국학연구원 소장)

중심 진법이었다. 이러한 원앙진이 임란 당시 조선군의 전술적 대안이 될 수 있었던 이유는 개전초기 핵심이 되는 전투들에서 잘 드러난다. 구체적으로 부산을 점령한 후 북진하는 일본군과 도성을 방어하기 위해 충청지역에 선발 파견된 조선군의 주력부대가 맞붙은 충주 탄금대 전투에서 조朝·일日 양측에서 구사하던 전술의 차이를 확인할 수 있다.

당시 충주방어의 경우 조령鳥嶺이라는 천연의 방어선이 있었지만 삼도도순변사三道都巡邊使 신립申砬은 기병전술을 활용할 수 없다는 이유로 조령을 포기하고 충주성으로 회군하였다.[6] 탄금대에 배수진을 친 조선군과 약 2만 명으로 구성된 일본군과의 전투는 조선군 기병[7]의 돌파전술이 일본군 조총手銃手에게 밀려 완전히 패배하면서 마무리 되었다. 당시 탄금대 전투 상황을 기록한 사료 중 포르투갈 선교사 루이스 프로이스Luis Prois가 남긴 편지에 전투장면을 묘사한 기록을 보면 조선군 기병의 일방적인 돌격에 일본군 조총부대가 집중사격으로 대응한 것이 확인된다.[8] 그리고 조총의 사격으로 인해 진형陣形이 흩어지면 이어 바로 창검槍劍으로 무장한 일본군의 살수대殺手隊에 조선군 보병이 도륙되는 상황이 기록되어 있다.

그리고 개전초기 주요전투중 하나인 용인전투龍仁戰鬪는 탄금대

<hr />

6) 『宣祖實錄』卷20, 宣祖 6年 6月 辛亥.
7) 騎兵은 騎馬兵의 略字로 史料에서는 騎兵과 馬兵을 혼용하여 사용하였다. 본 장에서는 현재 보편적으로 사용하는 기병이라는 명칭을 기병과 마병을 통칭하는 用語로 사용하였다. 단지 원문 인용시에는 해당 명칭을 그대로 사용하였다.
8) 장원철 외, 『임진왜란과 도요토미 히데요시』, 국립진주박물관, 2003, 212쪽 재인용.

패배이후 8일이 지난 1592년 5월 4일에 처음 발생한 전투였다. 전투 당시 처음에는 근왕병勤王兵의 형태로 조급하게 구성된 조선군의 선봉장先鋒將 백광언白光彦과 조전장助戰將 이지시李之詩는 선봉대 200여명를 이끌고 야음을 틈타 일본군日本軍을 기습하려 하였으나 미리 발각되어 조총에 집중 사격을 당하고 실패하게 된다.[9] 이에 조선군은 그 다음날 수천의 기병을 대동하여 대진對陣을 하고 전투를 수행하려 하였다. 그러나 일본군의 지속적인 조총공격과 이어지는 단병접전短兵接戰에서 밀려 약 8만의 군사들이 제대로 전투조차 치르지 못하고 흩어져 버렸다.

다만 수군水軍의 경우는 판옥선板屋船을 비롯한 다양한 전선戰船을 이용한 원거리 타격방식으로 임란시에도 남해南海를 지켜내는 것이 가능하였다. 다음의 사료를 통해 조선 수군의 전통적인 전투 방식을 확인할 수 있다.

全羅道水軍節度使 鄭允謙이 馳啓하기를, 지난 24일 申時에 南桃浦 관할인 草島에 왜선 1척이 來泊하였으므로, 신이 병선 10척을 정돈하여 좌우로 隊를 나누고서 虞候·軍官 등을 인솔하고 약 90여 리쯤 나가니, 남도포 萬戶 하홍河洪도 병선 5척을 거느리고 급히 초도에 이르렀습니다. 25일 未時에는 大墨島 서변에 왜선이 정박하고 있으므로 신이 1백 步 남짓한 거리까지 추격하였더니, 왜인 50여 명이 혹은 갑옷을 입고 혹은 黑鎧를 입고 혹은

---

9)   寄齋史草 下, 壬辰日錄 三; 簡易集 1卷, 碑 權元帥 幸州碑.

鐵甲을 입고 혹은 부채를 휘두르고 혹은 방패를 잡고 혹은 板葉을 가리고, 각기 장검을 휘두르면서 서로 시끄럽게 떠들어 소리가 배 안을 진동하였습니다. 그래서 5~6명이 서로 교대하여 나왔다 들어갔다 하면서 木弓에 혹은 鐵簇箭을 무수히 발사하여 혹 화살을 맞은 자가 있었으나 사상자는 없었습니다. 신은 처음부터 神機箭과 銃筒箭을 무수히 쏘고 長箭·片箭을 비오듯이 발사하였더니, 왜적 1명이 화살 10여발을 맞고도 몸을 움직였습니다. 그러나 신 등이 3면으로 포위하여 왜적과 力戰하였는데, 그들은 모두 배안으로 숨어버리고 집·노·기계 등을 챙기지 않고 내버린 채 배만 끌고 서서히 가기에 신이 火箭을 많이 놓았더니, 화염이 배 위에 치성하므로 불을 끄려고 물을 뿌리던 왜적이 화살을 맞고 즉사하였습니다. 그러자 왜적 1명이 短劍을 갖고 떠들면서 우리 배로 뛰어들어 칼을 들고서 格人 金仇丁을 찌르려 하므로 곧장 팔을 휘둘러 칼을 빼앗아 버리니 왜인이 다시 저들의 배로 들어가므로 鎭撫 朴同이 그의 등을 쏘아 맞혀 그는 배에 들어가 곧장 죽었습니다. 신은 관솔로 홰 50여 자루를 만들어 불을 붙이게 하여 왜선에 던지고, 또 草芚 3백여 장에 불을 붙여 던져 놓았더니, 柴木 등에 불이 붙어 창공이 환하도록 화염이 치솟았습니다. 이때 왜적 20명이 배에서 뛰어나와 물로 뛰어들어 헤엄쳐 가므로 모두 쏘아 잡았고, 또 16명은 화살을 맞고 익사하였으며, 배 안에도 화살을 맞고 불에 타 죽은 자가 매우 많았습니다. 혹 그 배의 갑판 아래 살아서 숨어 있는 자라도 있을까 염려되어 배가 本板만 남도록 모조리 타버리기를 기다렸다 그날 밤 3更에야 發船所로 回軍하였습니다.[10]

위의 사료는 중종 18년(1523)의 기록으로 조선수군의 왜구와의 전투방식를 가장 잘 보여주고 있다. 일단 적선이 조선군의 공격범위 안에 들어 올 경우 원거리에서 신기전과 총통전을 발사하여 적의 선체船體에 타격을 주고 바로이어 장전長箭과 편전片箭 등의 사수射手들이 조준사격을 가한 후 마지막으로 적의 선체를 초둔(풀섶)을 이용하여 완전히 불태우는 방식이었다. 이러한 조선군의 원거리 전투방식은 임진왜란기에도 유효하였다.

그러나 개전초기 조선군 육군의 패배 양상은 일본군의 전술을 제대로 파악하지 못한 것이 가장 큰 원인이었다. 또한 탄금대와 용인전투처럼 전투 지휘관의 잘못된 판단과 더불어 제대로 훈련되지 못한 군사들의 전술활용은 오히려 적에게 이득이 되는 상황을 만들었다.

당시 조선군의 기병위주의 전술 전개방식은 조선 초기 주적을 여진족으로 삼아 만들어진 전법으로 일본군의 총병銃兵과 창검병槍劍兵의 복합전술을 상대하기에는 무리가 많았기 때문이다. 이러한 기병위주의 전술 패배 양상은 이후 명의 원군으로 조선에 최초로 진군한 요동遼東 부총병副摠兵 조승훈祖承訓의 기병 부대 까지 이러한 전술에 휘말려 제대로 된 전투조차 치르지 못하고 본국으로 패퇴하고 말았다. 당시 1차원군인 조승훈 부대의 편성 상황을 보면 다음과 같다.

---

10) 『中宗實錄』卷 48, 中宗 18年 6月 庚子.

광녕유격 왕수관과 원임 참장 곽몽징 등은 병사 5백 6명, 말 7백 79필을 거느리고 이달 17일에 강을 건너왔고, 부총병 조승훈은 군사 1천 3백 19명, 말 1천 5백 29필을 거느리고 어제 계속하여 도착하였다.[11]

위의 사료를 보면 전투에 사용될 말이 약 2,200기이고 군병軍兵 은 1,800명으로 중국의 북방北方을 방어하던 기병 위주의 부대편성 을 확인할 수 있다. 그러나 앞서 언급한대로 제 1차 평양성 탈환전 투에서 부총병 조승훈이 이끄는 기병위주의 전술 전개방식은 일본 군의 수성전에 제대로 대응하지 못했고, 이후 전투가 끝나고 단 하 루 만에 본국으로 돌아 가버렸다.[12]

이러한 개전초기 조선군과 명군의 전술패배는 곧 일본군 전술 의 승리로 볼 수 있다. 당시 일본군 전술의 기본은 아직 조선군이 나 명군에 일반적으로 보급되지 않았던 조총부대를 선두에 세우고 선제사격을 가한 뒤, 이후 단병접전短兵接戰을 펼칠 수 있는 창수槍 手와 검수劍手 등을 비롯한 살수殺手들이 달려 들어가 적진을 무너 뜨리는 것이었다. 이러한 일본군 전술의 핵심을 삼첩진三疊陣이라 고 했는데, 전투 중에 항복해서 조선군으로 전환된 왜병倭兵인 항 왜병降倭兵이 다음과 같이 설명하였다.

『宣祖實錄』卷 27, 宣祖 25年 6月 戊申. 廣寧遊擊 王守官 原任參將 郭夢徵等 領兵五百六名 馬七百七十九匹 本月十七日越江 副摠兵 祖承訓 領軍一千三百十九名 馬一千五百二十九匹 昨日繼到.

12) 『宣祖實錄』卷 28, 宣祖 25年 7月 丁丑.

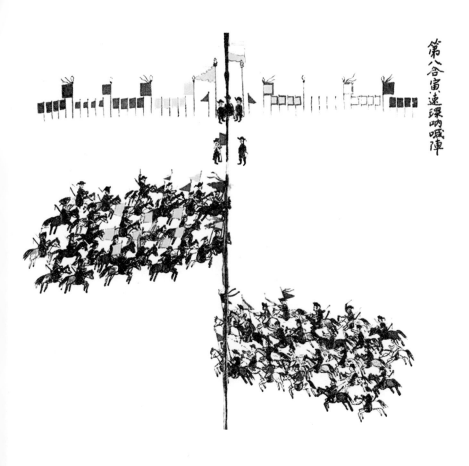

第八合實速環吶喊陣

훈련도감별무기초군대습도 중 합인속환눌함진合實速環吶喊陣
임진왜란을 거치며 새롭게 만들어진 군영인 훈련도감에서 마병馬兵의 일부로 편성된 별기대別騎隊가
진법훈련을 하고 있는 모습이다. 이 그림첩에는 모두 9종의 진법훈련 장면이 그려져 있는데, 운수진·
호익진·의진대·원대·빈진·안행진·조상진·합인속환납함진·운입청령진 등이다. 특히 합인속
환납함진의 경우에는 노란깃발을 사용하는 중군中軍과 파란깃발을 사용하는 좌군左軍의 마병들이 추격
전을 펼치 듯, 서로 꼬리를 물 듯 둥글게 쫓아가며 고함을 지르는 모습을 잘 표현하고 있다. 각각의
별기대는 이대二隊로 나뉘었는데, 해당 부대의 깃발을 비롯하여 각각의 기병이 안장에 마상편곤을
장착하고 빠르게 움직이는 것을 사실적으로 그려놓았다.

왜군의 진법은 반드시 부대를 다섯으로 만드는 것이다. 一陣이
적을 맞이하면 뒤에 二陣은 좌우의 날개를 벌려서 그들을 포위하
며, 좌우 두 머리가 적을 대치하면 또 뒤의 두 진이 그 바깥으로
둘러 나와서 언제고 우리 군사로 하여금 그들의 포위망으로 몰아
넣는다....(중략)... (왜군은) 군사들을 셋으로 나누어 편성해서
三疊陣을 만들고 행렬을 이뤘는데 앞에 선 행렬은 旗幟를 가졌
고, 가운데는 조총을 갖게 하고, 뒤의 행렬은 短兵을 가지게 한
다. 적을 만나면 앞 행렬의 기치를 잡은 자들은 양쪽으로 나누어
벌려 포위한 형태를 만들고, 중앙 행렬의 조총을 가지 자들이 일
시에 총을 발사하여 적진을 충돌하니 적군이 많이 조총에 상하여
적진이 요동한다....(중략).. 뒷 열의 槍劍을 가진 자들이 뒤에서
추격하여 마음대로 그들(적 도망병)을 목 베어 죽인다.[13]

이렇게 일본군의 조총사격 후 단병접전을 펼치는 조총병과 창
검병를 비롯한 보병 위주 전술은 조선군에게 결정적이 타격이 되
었으며, 이후 명군의 1차 원군인 기병 위주 전술전개 방식을 구사
한 조승훈 부대의 패퇴 원인이 되기도 하였다.[14]
이러한 초기 패전의 원인을 전술의 실패로 파악한 명군은 이후
제독提督 이여송李如松을 위시로 하여 2차 원군을 파견하는데, 여전히

---

13) 『西厓集』卷16, 雜著, 倭知用兵. 倭陣凡分軍必爲五 一陣當敵 後二陣張左右翼圍繞之 左右兩
頭遇敵 則又後二陣繞出其外 常使我軍在其陣中...(中略)...分而爲三 爲三疊陣 成行列立 前
一行持旗幟 中行持鳥銃 後行持短兵 遇敵則前行持旗幟者 兩邊分開 而後圍抱之狀 中行持鳥
銃者 一時俱發衝賊陣 敵多爲鳥銃所傷陣動 而又見左右 已有圍兵 必遁走 於是後行持槍劍者
從後追擊 肆其斬刈云.
14) 李弘斗, 「임진왜란초기 조선군의 기병전술」, 『白山學報』 74호, 2000, 280쪽.

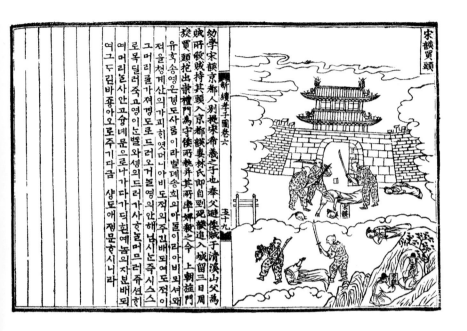

幼學宋諜京都人剝提宋羲之子也奉父避倭賊于淸溪山父為
賊所殺號持其頭入京都諜妻林氏即自剄爨進入城留三日周
旋買頭挖出崇禮門為守倭所執弁其所奉婦發之崧上朝挺門

유학송영은 경도사람이라 별졔송회의아들이라아비와새왜
적을쳥계산의가피ᄒᆞᆯ엿더니아비도적의주긴배되여도젹이
그머리ᄅᆞᆯ가져경도로드러오거ᄂᆞᆯ영이눈믈이나아가다가득
로록딜러죽고영이눈믈와셩의드러가사드젹이
여머리ᄂᆞᆫ사안고숭녜문으로나가다가득흰예놈의자분배되
여그드립바ᄌᆞᆫ아오로주기다금 샹됴애졍문ᄒᆞ시니라

『동국신속삼강행실도東國新續三綱行實圖』 중 송영매두宋諜買頭

전쟁은 백성들의 삶에 지대한 영향을 끼친다. 1617년(광해군 9) 왕명에 의하여 홍문관부제학 이성
등이 편찬한 책으로 임진왜란으로 피폐해진 백성들의 삶을 교화하기 위해 만들었다. 일본군에 의해
머리가 잘리는 모습을 비롯하여 그들이 전쟁 중에 저지른 만행과 관련한 사례 총 576건이 삽화와
함께 교훈적인 글이 실려 있다. 전쟁은 군사들의 전술변화 뿐만 아니라 기층 백성들의 삶의 모든
것을 송두리째 바꾸기도 한다.

기병의 비율이 보병대비 약 3배가 많은 기동력을 중시하는 형태로 부대를 편성하였다. 당시 출병한 명군을 지휘 장수 및 기騎·보병 步兵으로 구분하면 〈표 1〉과 같다. 대신 제 3차 평양성탈환 전투를 비롯한 핵심 전투시 실제 전술운영에 있어서는 호준포虎蹲砲와 불 랑기佛狼機 등을 이용하여 막강한 화력火力을 바탕으로 한 보병의 단병접전을 중심으로 전개하였다.

〈표 1〉 제 2차 明 援軍 騎步 구성[15)]

연번	지휘장수	軍士		연번	지휘장수	軍士	
		騎兵	步兵			騎兵	步兵
1	李如松	1,000	–	21	王必迪	–	1,500
2	楊元	–	2,000	22	高策	1,000	–
3	李如栢	–	1,500	23	葉邦榮	1,500	–
4	張世爵	–	1,500	24	錢世禎	1,000	–
5	任自强	1,000	–	25	戚金	–	1,000
6	李平胡	800	–	26	谷燧	1,000	–
7	査大受	騎步 총수만 있음(3,000)		27	周弘謨	1,000	–
8	王有翼	1,200	–	28	方時輝	1,000	–
9	孫守廉	1,000	–	29	高昇	1,000	–
10	王維貞	1,000	–	30	王問	1,000	–
11	趙之牧	1,000	–	31	梁心	1,000	–
12	李方春	1,000	–	32	趙文明	1,000	–
13	李如梅	1,000	–	33	高徹	1,000	–
14	李如梧	500	–	34	施朝卿	1,000	–
15	張應种	1,500	–	35	葛逢夏	2,000	–
16	駱尙志	–	3,000				
17	張奇功	1,000	–				
18	陳邦哲	1,000	–				

| 19 | 吳惟忠 | – | 3,000 | 騎步 | 總騎/總步 | 32,500 | 13,500 |
| 20 | 宋大贇 | 2,000 | – | 총수 | | 總 騎步：46,000 | |

당시 3차 평양성탈환 전투 상황을 보면 살펴보면 다음과 같다. 먼저 조선군은 평양성의 남쪽성벽으로 압박하여 들어갔고, 명군明軍 중 낙상지駱尙志가 이끄는 절강보병은 서쪽 성벽 주위로 병력을 집결 시켰다. 이후 다양한 화포를 이용하여 성안 전체에 포격을 가한 후 보병들이 성벽을 기어오르는 공성전을 감행하였다.[16] 좌참장左參將으로 절강보병을 이끈 낙상지는 평양성의 함구문含毬門쪽의 성을 따라 장창長槍과 방패를 짊어지고 전투에 직접 참가하였다.

당시 절강보병의 전투 모습을 조선후기 병서인『병학지남연의兵學指南演義』에서는 이렇게 기록하고 있다.

明軍이 평양성으로 진입한 다음 먼저 火砲를 발사하고 뒤이어 火箭을 발사하여 연기가 하늘을 뒤덮었으니, 왜적들은 마침내 기가 꺾이고 말았다. 明軍은 곧 장창과 짧은 당파를 사용하는 병사들을 동원하여 각기 운용방식에 따라 사용하였는데, 만약 적이 먼저 돌진해 오면 낭선부대를 집중시켜 대기하고, 만약 적이 움직이지 않으면 방패수들이 방패를 들고 전진한 결과, 왜적은 크게 궤주하고 말았다.[17]

---

15) 『宣祖實錄』 卷 34, 宣祖 26年 1月 丙寅. 天兵各營領兵數目.
16) 『國朝寶鑑』 31卷, 宣祖朝 8, 26年.
17) 『兵學指南演義』 序文. 箕城先放火砲繼 以火箭烟熖蔽空 賊遂奪氣輒出 長槍短鈀之屬 各以其

이러한 명군明軍의 강력한 화포와 단병접전에 능한 절강병들의 활약으로 평양성을 수복하게 된다.[18] 그러나 이후 전과를 살피는 과정에서 명군 중 적과 교전하는 즈음에 칼날에 맞아 죽은 자가 1천 명이나 된다고 할 정도로 일본군의 단병접전술은 명군에게도 많은 타격을 입혔다.[19]

또한 명의 기병도 일본군의 단병접전술에 많은 시련을 당했다. 1593년 1월에 발생한 벽제관 전투를 평하던 서애西厓 유성룡柳成龍은 "이때 제독이 고개에서 거느린 군사는 모두 북방의 기병騎兵으로서 화기火器도 없고 다만 짧고 무딘 칼만 가졌을 뿐이다. 적병은 보병步兵으로서 칼이 모두 서 너 자가 되는 예리하기 비길 데 없는 것이었다. 이들과 충돌해 싸우는데 적병은 긴 칼을 좌우로 휘둘러 치니 사람과 말이 모두 쓰러져서 감히 그들의 날카로운 기세를 대적할 수 없었다."[20]고 언급했을 정도로 명의 기병도 일본의 단병접전법에 많은 수가 희생되었다.

당시 다른 전장戰場에서도 일본군의 단병접전술은 위력이 상당하였는데, 심지어 일본군들이 칼날을 번뜩이고 달려오면 조선군들은 그 위세 눌려 칼집에서 칼을 뽑지도 못하고 전멸하는 최악의 사태까지 발생하였다.[21]

法用之賊 若先突則 叢筅以待賊 若乍住則 擁牌以進 賊遂大潰.

18) 『宣祖實錄』卷 34,宣祖26年 1月 11日 丙寅.
19) 『宣祖實錄』卷 34,宣祖26年 1月 10日 乙丑.
20) 『懲毖錄』卷2, 時提督所領 皆北騎 無火器 只持短劍鈍劣 賊用步兵刃皆三四尺 精利無比 與之突鬪 左右揮擊 人馬皆靡 無敢當其銳者.
21) 『武藝諸譜』「籌海重編交戰法」, 故奧倭對陣 倭輒敢死突進 我軍雖有持槍而帶劒者 劒不暇出鞘 槍不得交鋒 束手而盡衄於兇刃皆由於習法之不傳.

이후 평양성 탈환 전투에서 크게 활약한 명 절강병의 무예를 익히기 위하여 선조宣祖 31년 훈련도감 낭청 한교韓嶠를 중심으로 명나라의 병법서인 『기효신서』에 수록된 기예 중 여섯 가지를 뽑아내어 『무예제보』를 편찬하게 된다. 『기효신서』는 명明의 장수인 척계광이 만든 병서로, 임란이전 명의 본토에서 단병접전에 능한 왜구들에게 절대적인 우세를 보였던 절강병법의 요체가 담긴 군사 서적이었다.[22]

『무예제보』에 실린 무예는 곤棍,[23] 등패籐牌, 낭선狼筅, 장창長槍, 당파鏜鈀, 장도長刀 등의 여섯 가지로 임란 중 일본군의 단병접전을 방어 및 공격하는데 효과적인 기예들로 집중되었다. 이 여섯 가지 무예가 전장에서 어떻게 활용되는지는 『병학지남연의兵學指南演義』에 비교적 자세히 기술되어 있다.

---

22) 절강병법은 명나라 장수 戚繼光에 의해 만들어진 새로운 병법으로 당시 중국의 동쪽 해안 남방지방을 자주 괴롭혔던 왜구들을 소탕하기 위해 만들어진 것이다. 특히 이곳은 水田農法이 발달한 지역이라서 저습지가 많고 산림이 많아 말을 달리기가 불편하여 기병전술이 통하지 않았던 지역이었다. 특히 당시 명나라의 경우도 지방군의 재정상태가 좋지 않아 군대를 지속적으로 조련할 수 없었던 상황이었다. 그래서 척계광은 지역민을 군사로 조련하면서 절강지역에 많이 자라고 있던 대나무를 사용하여 낭선과 장창을 만들고 산림 속 등나무 넝쿨을 이용하여 등패를 만들었다. 그리고 농기구의 일종에서 형태를 변형시킨 당파를 전투에 응용하게 된 것이다. 물론 이러한 무기는 당시 군자금이 부족한 상황에서 어쩔 수 없이 선택한 것이었지만, 보병 중심의 새로운 전법을 만든 배경이 되기도 하였다. 특히 척계광의 새로운 전법은 왜구들을 효과적으로 막아 낼 수 있어 降倭戰法이라는 이름으로도 불렸다. Ray Huang, *1587, A year of No Significance*, Yale University Press, 1981, pp.166~178.

23) 棍은 『武藝諸譜』에 棍譜라는 이름으로 실려 있고, 『武藝圖譜通志』에는 棍棒이라는 이름으로 실려 있다. 그런데 보통은 棍棒을 읽을 때 그냥 한자 그대로 '곤봉'으로 읽는 경우가 많고, 한글 표기 시에도 '곤봉'으로 표기하는 경우가 많다. 그러나 『武藝圖譜通志』의 棍棒 설명에는 분명히 '棒 音傍'이라 하여 '곤방'으로 읽는 것으로 되어 있다. 또한 『武藝圖譜通志』 諺解本에도 역시 '棍棒譜 곤방보'라고 표기하여 '곤방'이라고 읽는 것이 옳을 것이다. 현재 『武藝諸譜』를 비롯하여 朝鮮後期 兵書에 대한 연구가 계속 되고 있지만 여전히 한글 표기에서 '곤봉'이라는 표기가 주를 이루고 있다.

躍步勢
此乃騎龍如探
馬刀前牌後誘
人來轉過牌來
刀在後低平坐
下靠和挨

低平勢
此真平對敵勢
也用推步須要
帶標一根身在
牌內標步齊進
百發百中

『기효신서紀效新書』 중 등패籐牌

『기효신서』에 등장하는 여러 무기 중 등패는 동남 아시아 지역에서 잘 자라는 등나무를 이용하여 방호장비인 방패로 삼은 무예였다. 그림에는 등패로 막고 칼로 내려치는 약보세와 칼을 접고 표창을 뽑아 적에게 던지는 저평세의 모습이다.

長槍과 銳鈀 두 종류는 적을 죽이는 기구이고, 防牌와 狼筅 두 종류는 적을 방어하는 기구이며, 또 창과 낭선은 短兵 중에 長兵이고, 防牌와 銳鈀는 短兵 중에 短兵이다. 이 陣營은 하나는 긴 병기를 사용하고 하나는 짧은 병기를 사용하며, 하나는 적을 죽이는 병기를 사용하고 하나는 적을 방어하는 병기를 사용하여 여러 가지 병기를 혼합 운용함으로써 승리를 거둔다.[24]

이처럼 단병접전 시에 긴무기와 짧은 무기를 적절히 배치하여 "모든 병기의 이로움은 곧, 긴 것이 짧은 것을 위하고, 짧은 것이 긴 것을 구한다면 함락되지 않는다"[25]라는 병종兵種의 다양화를 통해 일본군의 단병접전술에 대해 적극적으로 대처하였다. 이처럼 12명으로 구성된 소규모 부대형태로 긴무기와 짧은 무기를 조화롭게 배치한 것이 원앙진법인데, 앞서 살펴본 것처럼 임진왜란 당시 평양성 탈환전투에서도 원앙진법은 조총鳥銃과 창검槍劍으로 무장된 일본군을 제압하고 조명연합군의 승리를 이끌어준 새로운 진법이었다.

임란당시 동작동쪽 한강의 모래사장에서 명군明軍의 진법훈련이 자주 시행되었는데, 선조가 직접 이 모습을 참관할 때에도 원앙진을 펼쳐 명군의 전술적 우수성을 직접 보여주기도 했다. 다음의 사료를 통해 이를 확인할 수 있다.

---

24) 『兵學指南演義』 營陣正彀 2卷. 器械, 槍鈀二種殺品⋯⋯⋯⋯器也 又槍與筅短中長也 牌與鈀短中短也 比陣一長一短 一殺一禦 雜然成利觀者詳之.
25) 『武藝圖譜通志』 卷首, 技藝質疑. 故五兵之利 長以衛短 短以救長 不可陷之.

上이 銅雀洞 沙場에 나아가 진 유격과 習陣하였는데, 진은 方陣이었고, 白布로 城堞 모양같이 만들어진 것을 휘장으로 둘러놓았다....(중략)... 또 三枝搶 쓰는 법과 偃月刀 쓰는 법, 筤筅·鎲把·藤牌 쓰는 법 등을 보여주고 나서 유격이 말하기를, '지금 저 여러 기법을 각기 따로따로 했기 때문에 별로 기묘하게 보이지 않지만, 만약 저것들을 한 부대로 편성하여 서로 치고 막고 하는 모양을 한꺼번에 하게 하면 참으로 볼 만합니다.'하고서, 여러 기법을 한꺼번에 보이도록 명하니, 隊長이 맨 앞에 서고 등패가 그 다음에, 砲手가 또 그 다음에, 그리고 낭선·장창·삼지창의 순위로 서서 서로 번갈아 전진과 후퇴를 하고 좌로 돌고 우로 빠져나오고 하면서 각자 있는 묘기를 다 자랑하였다. 유격이 말하기를, '저 한 부대에서 단 1명이라도 죽으면 그 나머지는 비록 살아 있어도 모두 군법으로 처단하기 때문에 제각기 死力을 다하는 것입니다.'하였다.[26]

위의 사료를 보면, 명군이 동작동쪽 모래사장에서 습진을 할 때 선조가 참석한 상황에서 낭선·당파·등패 등 다양한 무기들을 조합하여 '원앙진'이라는 새로운 진법을 펼쳐 보이는 모습을 확인할 수 있다. 특히 원앙진의 운용시 '저 한 부대에서 단 1명이라도 죽으면 그 나머지는 비록 살아 있어도 모두 군법으로 처단하기 때문에 제각기 사력死力을 다하는 것입니다.'라고 설명하며 신 진법이 우

---

26) 『宣祖實錄』卷 99, 宣祖 31年 4月 庚申.

수한 이유가 무기의 조합뿐만 아니라, 강력한 군령軍令의 확립을 통해 이뤄진 것임을 알 수 있다.

이처럼 임란 과정에서 새롭게 도입된 원앙진은 조선후기 군사 행군行軍을 비롯하여 국왕國王 어가御駕행렬의 시위시에도 사용될 만큼 보편적으로 운용되었다. 대표적으로 병자호란丙子胡亂 중 평안도平安道의 근왕병이 격전을 치뤘던 금화金化전투에서 공격의 한 축을 담당했던 평안감사平安監司 홍명구洪命耈의 부대 약 1,000여명이 금화현金化縣까지 행군 중에 원앙진의 형태로 움직인 것을 확인할 수 있다.[27]

당시 홍감사洪監司의 부대는 병자호란丙子胡亂이 발발하자 평양성平壤城의 위성인 자모산성慈母山城으로 도합 2000여명이 들어가 거점 방어전술을 취하였는데, 청군淸軍이 평양성의 공격대신 도성都城으로 빠르게 남하南下하자 이를 저지하기 위하여 동원 군사의 절반인 1,000명을 빠르게 원앙진鴛鴦陣의 형태로 이동시킨 것이다. 그리고 당시 척화斥和를 주장했던 사간司諫 조경趙絅의 글 중에는 원앙대鴛鴦隊의 형태로 포를 운용하는 진법운용 장면을 설명하였는데, 다음과 같다.

장수가 단에 올라 명령하길, 군법에서 가장 꺼리는 것이 소란스럽게 하는 것이라. 따라서 잡소리를 내는 자는 목을 벨 것이다.

---

27) 『定齋集』卷之 四 記 十一 記金化栢田之戰. 時洪監司柳兵使 擧兵於平安道 同行赴難 由兎山而東 以丁丑正月十六日至縣 洪監司軍可千餘以鴛鴦陣行 柳兵使軍較多行 爲圓陣止爲方營兩軍至縣 遇賊不得進 縣有積穀可館 縣南有高岡.

『무예제보번역속집武藝諸譜飜譯續集』의 왜검倭劍

광해군대光海君代에는 일본의 재침입 문제도 고민거리였기에 남방의 보병 일본군, 북방의 기병 여진족 군을 모두 방어할 수 있는 무예서가 필요한 시점이었다. 이런 이유로 1610년(광해군 2년)에 『무예제보』를 보강하기 위해 훈련도감 도청都廳 최기남崔起南이 『무예제보번역속집』을 편찬하게 된다. 이 병서에 수록된 보병무예는 『무예제보』에서 빠진 무예를 보완하기 위하여 맨손무예인 권법拳法, 자루가 긴 칼의 일종인 언월도偃月刀, 창의 형태지만 창날이 짧은 협도곤挾刀棍, 갈고리가 달린 창인 구창鉤槍, 그리고 마지막으로 일본군들의 칼쓰임새를 파해하기 위하여 왜검倭劍 등의 군사무예가 수록되었다. 이 병서에 실린 왜검은 일종의 겨루기 형태의 교전방식으로 구성되었는데, 자세명을 살펴보면 진전살적進前殺賊, 선인봉반仙人捧盤, 하접下接, 제미살齊眉殺, 용나호龍拏虎攫, 적수適水, 향상방적向上防賊, 초퇴방적初退防賊, 무검사적撫劍伺賊 등이 있다. 이러한 자세들의 명칭은 거의 중국식 명칭인 곤棍과 장도長刀의 자세명칭을 공격의 방향이나 방어의 모습에 따라 재조합하여 사용하였다. 특히 이 병서의 왜검기법은 갑주를 착용한 적을 가장 효과적으로 제압할 수 있는 신체 부위에 집중되어 있으며, 전쟁터에서 바로 사용할 수 있는 실전적인 자세들의 모음이라고 할 수 있다. 예를 들면, 상대를 완전히 뒤로 돌아 제압하거나 상대의 칼을 완전히 제압하고 갑옷의 방호력이 떨어지는 뒷목이나 뒷다리를 집중 공략하는 식의 특정부위를 공격하는 직접적인 형태가 많이 등장한다.

또한 삼가 말하길, 병사들이 바로 활이나 포를 쏠 수 있도록, 射手는 활이 가득 당겨질 때까지(만작을 이름)시위를 잡아야 하고, 砲手는 심지에 불을 붙일 수 있도록 불을 끼고 다녀야 한다. ··· (중략)··· 一字陣의 기세는 조수가 달려 나가는 것과 같고, 군사들에게 명령이 떨어져 두 날개가 되면, 鴛鴦隊를 지어 포를 쏜다. 쉴 틈 없이 많은 방포를 하면, 대포군의 땅이 움직이는 소리로써 적이 크게 무너질 것이다.[28]

이처럼 원앙진의 형태는 이후 화포대를 운용하는 진법으로 활용될 만큼 조선군에 많은 영향을 끼쳤다. 특히 영조대英祖代에는 국왕의 어가행렬에서도 원앙진을 활용하기도 하였는데, 이때에는 어가御駕가 지나는 길이 협소하여 주변의 곡식을 상하게 하는 문제를 해결하기 위함이었다.[29]

그리고 금군禁軍의 군례軍禮시에도 원앙진의 형태를 활용하여 각 군사들의 병기兵器와 군장軍裝상태를 점검하기도 하였다.[30] 원앙진은 중앙의 금군禁軍뿐만 아니라, 지방 군영軍營에서도 운용되었다. 당시 지방의 대표적 군영인 평양감영平壤監營에서도 원앙진의 형태가 지속적으로 훈련되어 갔다.[31]

---

28) 『龍洲先生遺稿』卷之十六 墓碣 延陽府院君李公墓表. 登將壇令曰 軍法最忌譁 如有譁者斬 又戒曰 射者持滿 炮者挾火...(中略)... 一字爲陣勢 若奔潮公令軍爲兩翼 炮作鴛鴦隊 百放不暇止間 以大炮軍聲動地 賊又大崩.

29) 『英祖實錄』卷 30,英祖 7年 9月 丙午.

30) 『英祖實錄』卷 119,英祖 48年 10月 乙亥. 上御崇政殿 行香祗迎禮 命龍虎將元重會 具甲冑率入番禁軍 以鴛鴦隊序立 行軍禮 因點檢各色戎器軍裝.

31) 『石北先生文集』卷之十 靈川申光洙聖淵甫著 詩 關西樂府. 其九十五 營下長身白面郎 鮮明賽過禁軍裝 猩裙來袖鴛鴦隊 又導門旗入敎場.

군영에서의 원앙진 훈련은 정조대正祖代에도 꾸준히 진행되었다. 중앙군영인 훈련도감을 비롯하여 지방군영인 화성華城에서도 원앙진의 실제적인 훈련이 지속되었다.[32] 또한, 정조대에 편찬된 『병학통兵學通』에 실려 있는 금군 성격이 강한 금위영禁衛營의 훈련 방법을 보면 다른 군영과는 다르게 양의진兩儀陣에서 삼재진三才陣으로, 그리고 원앙진으로 합하는 형태로 집중적인 전투 훈련을 했음을 확인할 수 있다.[33]

이처럼 정조대에 중앙군영 중 금위영禁衛營에서도 원앙진 훈련이 일반적이었다. 그리고 영정조대英正祖代 대표적인 금군禁軍인 용호영龍虎營의 관무재觀武才와 상시사賞試射에서도 용검수用劍手와 창수槍手 및 권법수拳法手들이 원앙진에 활용된 군사무예를 시험 본 것을 확인할 수 있다.[34] 뿐만 아니라 훈련도감에서는 매월 치러지는 중순中旬에서 검수劍手들이 등패籐牌·낭선狼筅·장창長槍 등을 시험 본 것을 확인할 수 있어 원앙진이 중앙군영에서 지속적으로 훈련되었음을 알 수 있다.[35]

다음의 〈표 2〉는 『만기요람萬機要覽』에 나타난 원앙진에 사용된 군사무예 시예試藝 내용이다.

---

32) 『燕巖集』 3卷, 孔雀館文稿.
33) 『兵學通』 場操 分練 禁御營純銃手兼習殺手分練之法. 分爲兩儀陣 放砲一聲…(中略)…起立 放砲一聲 立藍紅白大旗 吹擺 隊伍 喇叭變 爲三才陣…(中略)… 起立 放砲一聲 立黃大旗捽 鈸鳴合 爲鴛鴦陣.
34) 『萬機要覽』 軍政篇 2 龍虎營 試藝.
35) 『萬機要覽』 軍政篇 2 訓練都監 試藝.

<표 2> 『萬機要覽』에 나타난 鴛鴦陣의 군사무예 試藝 내용

구분	龍虎營	訓練都監
觀武才	用劍手는 用劍·雙劍·提督劍·偃月刀·倭劍·交戰·本國劍·銳刀를 통합하여 一技로 삼는다. 槍手는 木長槍·長槍·旗槍·鐺鈀·狼筅·藤牌를 종합하여 일기로 삼는다. 拳法手는 拳法·鞭棍·挾刀·棍棒·竹長槍을 종합하여 一技로 삼는다.	-
賞試射	用劍手는 用劍·雙劍·提督劍·偃月刀·倭劍·交戰·本國劍·銳刀를 합하여 一技로 한다. 槍手는 木長槍·旗槍·鐺鈀·狼筅·籐牌를 합하여 일기로 한다. 拳法手는 拳法·步鞭棍·挾刀·棍棒·竹長槍을 합하여 一技로 한다.	-
中旬	-	步軍의 원 과목은 鳥銃 6발 柳葉箭 1순 과녁을 명중하면 점수를 배로 계산한다. 劍은 1次인데 藤牌·狼筅·長槍을 통틀어서 劍이라 한다. 拳法 1次인데 棍棒·步鞭을 통틀어 拳法이라 한다.

또한 정약용丁若鏞은 『목민심서牧民心書』에서 원앙진에서 삼재진三才陣으로 변화하는 신호방법을 설명하였다.[36] 그 내용을 살펴보면 다음과 같다.

장대에 올라 신호포를 쏘는 날, 단발라를 불고, 黃旗를 한 면에 세워, 이곳의 신호를 알게 한다. 本營의 鴛鴦陣 명령신호도 위와 같은 법으로 응한다. 만약 신호포가 울리고, 단발라를 불고 삼면에 남홍백대기가 서면 즉시 신호를 알아차려, 본영에서는 三才陣

---

36) 鴛鴦陣은 그 진형의 움직임에 따라 兩儀陣(혹은 梅花陣), 三才陣으로 변형하는데, 이에 대한 설명은 후술하겠다.

명령신호를 한다. 응하는 법도 이와 같다."[37]

이러한 신호체계에 따라 움직이는 원앙진은 정조대 화성華城을
방어하는 군사훈련에서도 지속적으로 시행되었는데, 다음의 기록
이 당시 원앙진의 전술적 운용방식을 명확히 보여주고 있다.

적이 백보 안에 들어오면, 즉 보군의 戰統과 駐統이 합하여 외진
을 갖추어 쫓아 움직인다. 佛狼機의 위력 등을 갖춘 원거리 포수
(조총수)와 노와 경노 등을 보주통의 앞에 나아가 설치한다. 먼저
총과 활을 쏜다. 이윽고 短兵接戰이 일어날 때, 주통은 기계(원사
무기)를 거두고 행렬을 당겨 움직이지 않는다. (短兵接戰이 일어
날 때) 전통의 총수들은 총을 버리고, 도와 낭선을 이용하여 방패
수를 구하고, 창으로 낭선수를 구하고, 당파로써 창을 방어한다.
騎兵의 기본무장으로 弓·刀·槍·棍을 준다. 그리고 총과 화살
을 겸하게 함으로써 그 길고 짧음이 서로 순환하게 하여 어려운
일이 일어나지 않는다. 이렇게 방비하는 제도가 척계광의 법이
다. 북쪽과 남쪽에 대한 방비는 함께 가지 않으면 어그러지므로
각각 구해하는 것이 마땅하다.[38]

---

37) 『牧民心書』卷八 兵典六條 練卒兵典第二條. 是日 將臺擧號砲 吹單哱囉 立黃旗一面 卽知此
號 本係鴛鴦陣號令 應之如法 若擧號砲 吹單哱囉 立藍紅白大旗三面 卽知此號 本係三才陣號
令 應之如法.

38) 『研經齋全集外集』卷 四十二 傳記類 華城軍制 陣法. 賊在百步之內 則步軍戰統駐統合 就外壘
具擧 佛狼威遠等 砲手弩勁弩等 具藏鋪於駐隊之前 先銃弓而放之射之 及短兵相接之時 駐隊
收拾器械 按列不動 戰統銃手棄銃 而用刀筅以救牌槍 以救筅鈀以防槍 騎兵則原授 弓刀槍棍
而兼授銃矢 以之長短相傷循環 不窮者 衛制威法 幷行不悖備北備南 各得其宜矣.

위의 사료를 보면 조선전기 오위진법五衛陣法 체제에서 등장하는 전통戰統과 주통駐統이 적과의 거리가 100보步로 좁혀지면서 펼쳐지는 진법陣法의 변화를 설명한 것이다. 그런데 조선전기 오위진법에서는 등장하지 않는 낭선狼筅과 당파 등 원앙진에서만 독특하게 등장하는 무기를 사용함으로써 오위진법을 원앙진에 대입하려던 모습을 확인할 수 있다.

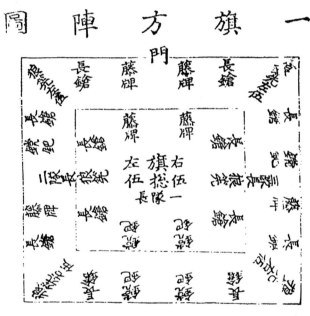

〈그림 1〉 『兵學通』의 鴛鴦陣 활용 一旗方陣圖[39]

---

39) 『兵學通』 이러한 大隊형태의 진형 뿐만 아니라, 鴛鴦陣 1隊만으로 단독 方陣을 구성하는 一隊方陣圖가 함께 실려 있다. 이는 朝鮮 正祖代에 기존의 三才陣과 兩儀陣 뿐만 아니라 朝鮮 前期 五衛法의 하나인 方陣이 鴛鴦隊를 주축으로 확대 발전된 것으로 보인다. 특히 一隊方陣圖에는 기존 朝鮮前期의 方陣圖와는 다르게 각각의 무기의 명칭을 실제로 방진 안에 표기하여 각 무기의 위치에 따른 방진구성을 전개하도록 하였다. 이는 각 무기가 갖는 특징을 잘 살린 鴛鴦陣의 利點을 方陣으로 발전시킨 형태로 볼 수 있을 것이다.

특히 원앙진의 단병접전술 이전에 불랑기를 비롯한 다양한 원사무기遠射武器를 사용한 것은 전형적인 절강병법으로 보인다. 이는 숙종대肅宗代 삼군문三軍門 도성방어체계 시도 이후 끊임없이 제기되어오던 오위체제五衛體制 복구론復舊論을 실질적으로 정조대 군영운영에 반영한 흔적일 것이다.

위의 〈그림 1〉은 정조대 편찬된 진법서인 『병학통兵學通』에 실린 방진도方陣圖이다. 이 그림을 보면 원앙진에 도입된 새로운 무기가 방진方陣이라는 전통방식의 진형구축에 어떠한 영향을 끼쳤는지 확인할 수 있을 것이다.

정조대 이후에도 원앙진 구축에 핵심 무기로 등장하는 낭선이나 등패 등 신무기가 지속적으로 조선군 훈련에 활용되었다. 다음의 조선후기 군영등록軍營謄錄 중 하나인 『어영청중순등록御營廳中旬謄錄』의 기록을 보면 헌종憲宗 5년年(1839년 기해己亥)까지 원앙진 구성에 필수적인 당파鏜鈀, 낭선狼筅, 등패籐牌 등 다양한 군사무예를 시험 본 것을 확인할 수 있다.

그리고 다음의 〈표 3〉은 『어영청중순등록御營廳中旬謄錄』에 기록된 중순시中旬試[40] 중 군사무예가 등장하는 최종 날짜의 시험과목과 시상내역을 정리한 것이다.

---

[40] 中旬試는 조선후기 군사들에게 弓, 砲, 短兵武藝를 권장, 습득시키기 위해 실시한 시험으로 그 기원은 명나라의 戚繼光이 절강성의 군사들을 대상으로 매월 여섯 번씩 조련 및 시험을 보았던 제도를 따른 것이다. 中旬은 龍虎營은 물론 訓練都監을 비롯한 中央의 五軍營에서 모두 실시했으며 地方軍은 제외되었다. 정해은, 「18세기 무예보급에 대한 새로운 검토」, 『이순신연구논총』 9호, 2007, 228~230쪽.

〈표 3〉『御營廳中旬謄錄』 중 己亥十月初八日 軍兵의 中旬試 科目과 施賞 別單 내역[41]

연번	과목	總 施賞 내역
1	射	木二疋(柳貫一中二各木一疋) ***'木'은 '木棉'을 말함.
2	砲	木四十二同 十五疋內
3	技藝名 및 細部施賞	木十五同二十七疋內 *『兵學指南』과『火砲式』은 兵書이기 때문에 講論으로 시험 보았다.
	兵學指南*	木一同 三疋內	
	火砲式*	木二疋內	
	鋭鈀	木十疋內	
	偃月刀	木十一疋內	
	銳刀	木一同 十四疋內	
	挾刀	木二疋內	
	提督劍	木六同 二疋內	
	雙劍	木四疋內	
	神劍	木五疋內	
	旗槍	木十疋內	
	元技[42]	木十八疋內	
	狼筅	木二疋內	
	棍棒	木一疋	
	籐牌	木三疋內	
	交戰	木十疋內	
	拳法	木五疋內	
	步鞭	木四疋內	
	鞭棍	木二疋內	

---

41) 『御營廳中旬謄錄』 二, 己亥(憲宗 5年) 十月 初八日. 이날 치러진 中旬試를 치른 사람들은 哨官 28員, 勸武軍官 4員, 都提調軍官 1員, 別軍官 3員, 敎鍊官 10員, 旗牌官 2員, 本廳軍官 46員, 出身軍官 10員, 別抄武士 41員, 騎士 137人, 別武士 25人, 馬醫 1人 등이 함께 시험을 치렀다. 이날의 기록을 마지막으로 하여 본 사료에서는 鴛鴦陣의 軍士武藝가 보이지 않는다.

이렇게 조선후기에 널리 활용된 원앙진은 이후 고종대高宗代에 이르기까지 사용되었다. 당시 대왕대비였던 신정왕후神貞王后 국상 國喪행렬의 선구금군先驅禁軍의 움직임에도 원앙진이 나타나는 등 조선후기 전반에 걸쳐 널리 활용된 진법陣法으로 볼 수 있을 것이 다.[43] 이렇게 임란 중에 도입한 『기효신서』와 이를 바탕으로 조선 식으로 발전시킨 『병학지남兵學指南』의 원앙진법이 임란이후에도 폐기되지 않은 배경에는 몇 가지가 있다.

가장 큰 배경은 『병학지남』을 통한 군사훈련이 이미 보편적으 로 군영에 보급되었기에 그것을 쉽게 변화시킬 수 없었기 때문이 다. 실제로 군영에서의 『병학지남』에 대한 관심은 영英·정조대正 祖代 뿐만 아니라 이후에도 꾸준히 중순中旬이나 시사試射을 비롯 한 군영의 각종 시재試才에서 이 병서를 핵심으로 삼고 있었기 때 문이다.

그리고 전술사적으로 보면 임란 당시 도입된 원앙진이 영조대 이후 왕권강화라는 측면에서 시도된 조선전기의 오위진법체제 복 구론과 함께 기병위주의 약점을 극복할 수 있는 보병의 강화라는 측면에서 중요한 의미가 있었기 때문이다. 이는 정조대 『병학통兵 學通』의 간행과 함께 완성된 거車·기騎·보步 삼병전법三兵戰法의

___

이후의 中旬試를 살펴보면 提督劍 과 偃月刀를 비롯한 몇 가지 軍士武藝와 주로 弓術과 火砲 術을 주로 시험 본 것을 확인할 수 있다. 이전의 鴛鴦陣 관련 기록을 살펴보면, 乙未年(憲宗 1年) 九月二十一日, 己丑年(純祖 29年) 五月二十日, 庚辰年(純祖 20年) 十月 初二日 등에도 지속적으로 中旬試에서 鴛鴦陣의 軍士武藝를 시험 본 기록을 확인할 수 있다.

42) 御營廳의 步軍 殺手 元技는 提督劍·偃月刀·雙劍·本國劍·用劍 등 다섯 가지의 技藝를 일컫는다. 겹치는 내용을 제외하면 本國劍과 用劍이 되는데, 보통 本國劍을 '新劍'이라 부르 기도 하므로 이곳에서 元技는 用劍일 가능성이 높다.

43) 『承政院日記』高宗 27年 5月 19日 丁亥.

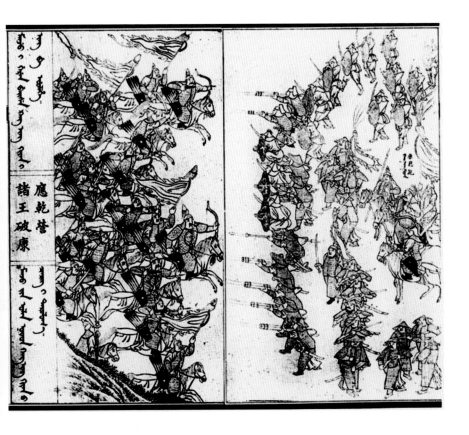

『만주실록滿洲實錄』 중 명군 강응건영 격파 장면

심하전투에서 기병으로 구성된 후금군에 의해 보병 중심의 명군과 조선군은 완전히 괴멸당한다. 비록 조총으로 무장을 했을지라도 넓은 들판에서 엄폐물 없이 기병과 싸우는 것은 죽음을 자초하는 일이었 다. 전투 현장에서 전술은 끊임없이 변화하는 모습을 잘 보여주고 있다. 조선이 임진왜란을 거치면서 '기병騎兵 무용론無用論'까지 등장했지만, 다시 기병에 대한 인식을 변화시킨 전투이기도 하다. 이후 조선의 기병력 강화양상은 훈련도감의 기병부대 창설과 지방의 별무사別武士나 친기위親騎衛를 비롯하 여 더욱 두드러지게 나타난다.

확립에도 이러한 원앙진을 활용이 두드러지게 나타난다고 할 수 있을 것이다.[44]

3. 원앙진에 사용된 신 무기의 종류와 실제

임란시 조선에 도입된 절강병의 진법 중 원앙진에서 사용되는 군사무예의 편성 핵심은 장단상제長短相濟라 하여 긴병기와 짧은 병기가 서로 구제하는 방식을 중심으로 만들어졌다.

먼저 그 크기나 모양 면에서 가장 독특한 낭선狼筅을 살펴보면, 낭선狼筅은 가지가 달린 대나무 끝에 창날을 부착하고 대나무 가지마다 독을 바른 철편을 심어 적의 근접공격을 막는 무기였다.[45] 이 무기는 전체길이 1장 5척에 무게 7근에 육박하는 대형무기에 속한다. 따라서 세밀한 움직임보다는 동작선이 굵은 움직임을 통해 다가서는 적을 좌우로 적을 쓸거나 밀어내는 역할을 담당하였다.

낭선狼筅의 움직임을 보면, 먼저 중평세中平勢로 적을 대치하고 이후 '闡下勢-架上勢--刺-闡下勢-架上勢--刺-闡下勢-架上勢--刺-闡下勢-架上勢--刺'의 움직임으로 낭선狼筅을 빙글빙글 돌리면서 앞을 향하여 조금씩 찔러 들어는 움직임이다.[46]

---

44) 盧永九,「朝鮮後期 兵書와 戰法의 연구」, 서울대학교 박사학위논문, 2002, 205~216쪽.

45) 『紀效新書』卷4, 狼筅解;『武藝圖譜通志』狼筅. 戚繼光曰 丈一丈五尺 重七斤 有竹鐵二種 附枝必 九層 十層 十一層 尤妙 筅鋒重半斤以上 亦可附枝.

46) 『武藝圖譜通志』狼筅譜. 初作中平勢 旋擧一足 作闡下勢 仍作架上勢 一刺 又一刺 卽進一步 爲闡下勢 以架上勢 一刺 又進一步 爲闡下勢 以架上勢 一刺 又進一步 爲闡下勢 以架上勢 一刺 又一刺 退一步 作拗步退勢 爲闡下勢 以架上勢 一刺 又以拗步退勢 退一步 爲闡下勢

다음은 '拗步退勢-闡下勢-袈上勢--刺-拗步退勢-闡下勢-架
上勢--刺'로 狼筅을 돌리며 뒤로 물러서서 적을 찌르는 자세
이다.

그리고 그 다음은 오른쪽 측면으로 한 걸음 이동하면서 '鉤開
勢-闡下勢-架上勢--刺-鉤開勢-闡下勢-架上勢--刺'를
만들어 전방의 좌우左右를 빗자루로 쓸듯이 공격하는 자세를 반복
하게 된다. 이러한 낭선狼筅의 큰 움직임은 적을 비교적 먼 거리에
서 차단할 수 있는 장점을 가진다. 반면 움직임이 크기 때문에 적
이 비집고 들어올 틈이 많아 단독사용으로는 어려움이 많았다. 따
라서 반드시 낭선수狼筅手는 허리에 차는 칼인 요도腰刀를 패용하였
는데, 이는 근접전에 대한 대응을 하기 위해서였다.

위와 같은 낭선의 실제적 움직임을 연속되는 그림의 형태인 총
도總圖[47]로 확인하면 〈그림 2〉와 같다.

以架上勢 一刺 仍向右邊轉 一步作 鉤開 勢向左邊轉 一步 爲闡下勢 以架上勢 一刺 還向右
轉一步 爲鉤開勢 向左邊轉一步 爲闡下勢 以架上勢 一刺 又一刺 又以拗步退勢 退一步 爲
闡下勢 以架上勢 一刺 又以拗步退勢 退一步 爲闡下勢 以架上勢 一刺 頓一足進一步 作騎
龍勢 畢.

47) 總圖라는 명칭은 투로의 연속성을 표기하기 위하여 각 자세를 차례로 연결하여 그린 것이다.
그러나 『武藝諸譜』의 總圖는 해당 자세의 명칭을 연결하는 방식으로 總圖가 되어 있고, 『武
藝圖譜通志』에는 연결된 작은 그림으로 總圖를 표기하고 있다. 특히 『武藝圖譜通志』에는 기
존의 總圖를 '연결된 보'라 하여 '總譜'라는 이름으로 따로 싣고 있다. 따라서 각 자세의 연결
된 모습을 확인하기에는 『武藝圖譜通志』상의 總圖의 형태가 시각적으로 확인이 분명하므로
본 장에서는 總圖의 일부분을 자료로 사용한다.

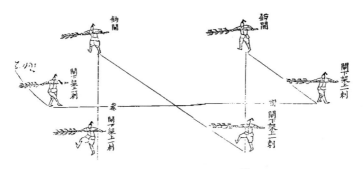

〈그림 2〉『武藝圖譜通志』狼筅總圖 중 狼筅의 핵심 자세[48]

　　이러한 큰 움직임을 보호하기 위하여 낭선狼筅과 한쌍으로 등
패籐牌가 사용되었다. 등패籐牌의 경우는 기존 조선군들이 사용하
는 무거운 장패長牌가 아니라 화살이나 표창의 직접적인 공격을 막
을 수 있도록 견고하게 가공한 가벼운 등나무로 만든 패였기 때문
에 전장戰場에서 빠르게 움직일 수 있었다.[49]

　　등패籐牌의 실제적인 움직임은 먼저 기수세로 적을 대적하고,
이후 '躍步勢－低平勢－金鷄畔頭'의 움직임으로 앞을 향하여 파고
들어가 적을 밀어내고 창을 뽑아 던지고 이내 칼을 뽑아 적의 접근
을 방어하는 것이다.[50] 이러한 돌격적인 움직임 뒤에 곧 바로 이어

---

48)　『武藝圖譜通志』의 狼筅總圖 중 狼筅의 핵심적 자세에 해당하는 闌下勢－架上勢－一刺－拘
　　開勢－闌下勢－架上勢의 그림이다. 이처럼 狼筅의 연결된 투로는 다른 무예와는 다르게 직
　　각의 형태로 표현하였다. 이는 狼筅의 무게가 무거워 곡선을 그리듯 움직이는 것보다 직선적
　　으로 步와 武器를 움직이는 것이 효과적이었기 때문이다.
49)　『紀效新書』卷4, 籐牌解;『武藝圖譜通志』籐牌. 戚繼光曰 老粗藤如指用 之爲骨藤 篾纏聯中
　　心突向外 內空庶箭入不及手腕 週籐高出矢 至不能滑泄及人 內以藤篾上下二鐶 以容執持 每
　　兵執一牌一腰刀 閣刀手腕一手執鏢槍擲.
50)　『武藝圖譜通志』籐牌譜. 初作起手勢 以刀從頭 上一揮 旋作躍步勢 仍以刀循牌 一揮 作低平
　　勢 起立 作金鷄畔頭勢 仍以刀循牌 一揮 進一步 爲低平勢 起立 爲躍步勢 又以刀循牌 一揮
　　進一步 爲低平勢 起立翻身 作滾牌勢 以刀循牌 一揮 進一步 爲低平勢 起入 作仙人指路勢

지는 '仙人指路勢－埋伏勢－埋伏勢－滾牌勢' 뒤로 급격히 물러서
며 적의 공격을 막아내는 자세이다.

이들 자세를 살펴보면, 특히 낭선수狼筅手과 짝을 이뤄 적을 공
격하는 핵심적인 자세가 나타난다. 즉, 등패수籐牌手의 여러 가지
자세 중 몸을 깊숙이 숙이면서 마치 낭선狼筅 밑으로 숨어들어가는
자세가 핵심을 이루는 것이다. 위와 같은 등패籐牌의 핵심이 되는
실제적 움직임을 연속되는 그림의 형태인 총도總圖로 확인하면 〈그
림 3〉과 같다.

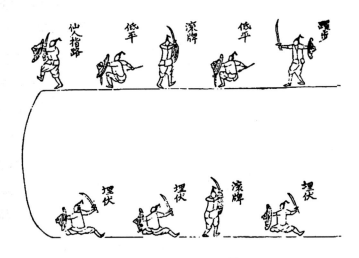

〈그림 3〉 『武藝圖譜通志』 籐牌總圖 중 籐牌의 핵심 자세[51]

　　躍退一步 作埋伏勢 又退一步 爲埋伏勢 起立 翻身 爲滾牌勢 又以刀循 牌一揮 退一步 爲埋
　　伏勢 起立 爲仙人指路勢 退一步 爲埋伏勢 起立翻身 爲滾牌勢 又以刀循牌 一揮 退一步 爲
　　埋伏勢 起立 爲躍步勢 擧一足 繞足 揮刀 向右邊轉一步 作斜行勢 畢.
51)　『武藝圖譜通志』의 籐牌總圖 중 籐牌의 핵심적 자세에 해당하는 躍步勢－低平勢－滾牌勢－
　　低平勢－仙人指路勢－埋伏勢－埋伏勢－滾牌勢－埋伏勢의 연결모습이다. 이처럼 籐牌의 연
　　결투로에서는 다른 무예와는 다르게 땅에 깊이 앉았다가 일어서는 자세가 반복적으로 나타난
　　다. 이는 狼筅과 짝을 이뤄 적을 공격하기에 나타난 무예 투로의 특징으로 볼 수 있다.

〈그림 4〉 狼筅과 籐牌의 합동 공격법[52]

　낭선狼筅과 등패籐牌의 합동 공격 조합을 『무예도보통지』의 그림을 이용하여 설명하면 〈그림 4〉와 같다.

　원앙진에 사용되는 무기의 조합 중 이러한 등패籐牌와 낭선狼筅의 경우와 같은 조합을 이루는 군사무예로는 장창長槍과 당파鐺鈀가 있다. 장창은 1장丈 5척尺의 긴 창으로 잘 부러지지 않도록 합목 방식의 형태로 제작하여 사용하였다.[53] 장창의 핵심자세는 먼저 '太山壓卵勢－美人認針勢'으로 적을 대적하고 이후 앞으로 밀고 들어가며 '適水勢－指南針勢－適水勢－指南針勢'를 반복하여 긴 창의 끝을 위아래로 흔들어 적의 진입을 막았다.[54]

---

52) 본 그림은 朝鮮 正祖代 편찬된 군사무예서인 『武藝圖譜通志』에 수록된 狼筅과 籐牌의 그림을 이용하여 필자가 조합하였다. 그림 중 狼筅의 자세는 拘開勢로 빗자루로 좌우를 쓸듯이 움직이는 자세이며, 등패의 자세는 狼筅의 움직임에 발맞춰 자세를 숙이고 표창을 던지는 低平勢이다.

53) 『紀效新書』卷4, 長槍解; 『武藝圖譜通志』長槍. 戚繼光曰 長一丈五尺 槍桿稠木 第一合木輕而稍軟次之要 劈開者佳紋斜易折攅 竹腰軟必不可用 北方乾燥竹不可用.

54) 『武藝圖譜通志』長槍譜. 長槍前譜) 初作太山壓卵勢 仍作鐵飜竿勢 抽槍 作四夷賓服勢 便作適水勢 作指南針勢 卽連足進一步 又以適水 指南針勢 連進二步 便作鐵牛耕地勢 旋作十面埋伏勢一刺 又以適水 指南針勢 進一步 又以適水 指南針勢 退一步 立原地 以適水 指南針勢 進一步 又以適水 指南針勢 連進二步 便爲鐵牛耕地勢 以十面埋伏勢 一刺 又爲適水 指南針勢

그리고 다음 자세로는 '鐵牛耕地勢-十面埋伏勢'로 적을 찌르고 마찬가지로 '適水勢-指南針勢'를 반복하며 한걸음씩 뒤로 물러서는 방식이다. 만약 적이 급격하게 돌진해올 경우는 '邊攔勢-白猿拖刀勢-騎龍勢'의 움직임으로 신속하게 창과 몸을 뒤집어 물러서고 바로 공격하는 방식이다. 위와 같은 장창長槍의 핵심이 되는 실제적 움직임을 연속되는 그림의 형태인 총도總圖로 확인하면 〈그림 5〉와 같다.

〈그림 5〉 『武藝圖譜通志』長槍總圖 중 長槍의 핵심 자세[55]

仍作邊攔勢 急轉身 回槍 退一步 作白猿拖刀勢 又退一步立 原地 作騎龍勢 又以滴水 指南針勢 進一步 卽爲鐵牛耕地勢 以十面埋伏勢 一刺 仍爲滴水 指南針勢 以鐵飜竿勢 點槍 作太公約魚勢 畢.

55) 『武藝圖譜通志』의 長槍總圖 중 長槍의 핵심적 자세에 해당하는 適水勢-指南針勢-鐵牛耕地勢-十面埋伏勢-適水勢-指南針勢-邊攔勢의 연결 모습이다. 이처럼 長槍의 연결투로 역시 큰 무기로 인해 長槍을 위아래로 움직이며 적의 근접을 막는 형태로 확인된다. 특히 뒤로 물러서며 適水勢-指南針勢을 반복한 후 邊攔勢를 취한 것은 빠르게 뒤로 물러서며 한 돌아 적의 창날을 피하는 방식임을 알 수 있다.

그러나 역시 앞서 설명한 낭선처럼 그 움직임이 크기 때문에 단독으로 사용하기에는 치명적인 한계가 있었다. 물론 장창長槍 역시 궁시弓矢를 함께 패용하기는 했으나, 궁시弓矢의 경우는 원사무기遠射武器에 해당하기 때문에 근접전에는 취약할 수밖에 없다. 이러한 장창長槍의 큰 움직임을 보완하기 위하여 사용된 것이 당파鐺鈀였다. 당파는 가지가 세 개 달린 창으로 창날 사이에 적의 무기를 찍어 눌러 공격하는 자세들이 핵심을 이루고 있다.[56]

당파수의 움직임을 보면 먼저 조천세朝天勢로 적을 대적하고 앞으로 나가면서 '伏虎勢-騎龍勢--刺'를 이용하여 상대의 무기를 찍어 눌러 재끼고, 곧 바로 적을 찌르는 움직임이다.[57] 이러한 일련의 동작을 취한 이후 뒤로 물러 설 때도 역시 '伏虎勢--刺'를 반복하여 공격해 들어오는 적의 무기를 찍어 눌러 밀어내면서 곧 이어 바로 찌르는 자세가 반복된다. 특히 빠르게 돌격할 경우에는 '騎龍勢-拿槍勢-架槍勢'를 이용하여 적의 전면에 당파鐺鈀를 상하로 움직이는 자세를 취하였다. 위와 같은 당파鐺鈀의 핵심이 되는 실제적 움직임을 연속되는 그림의 형태인 총도總圖로 확인하면 〈그림 6〉과 같다.

---

56) 『武藝圖譜通志』 鐺鈀. 原 戚繼光日 長七尺六寸重五斤 柄杪合鈀口根粗一寸 至杪漸漸細 正鋒與橫股合爲一柄 若中鋒與橫股齊 則不能淡刺 故中鋒必高二寸且兩股平平可 以架火箭.

57) 『武藝圖譜通志』 鐺鈀譜. 初作朝天勢 旋作中平勢 一刺 進一步 作進步勢 以中平勢 一刺 又進一步 爲進步勢 以中平勢 一刺 又進一步 以中平勢 一刺 仍作伏虎勢 進一足 作騎龍勢 進一足 爲中平勢 一刺 退一步 爲伏虎勢 以中平勢 一刺 又退一步 爲伏虎勢 以中平勢 一刺 又退一步 爲伏虎勢 以中平勢 一刺 仍爲伏虎勢 進一足 爲騎龍勢 連足進一步 作拿槍勢 進一足 作架槍勢 進一足 爲騎龍勢 連足進一步 爲拿槍勢 進一足 爲架槍勢 仍爲伏虎勢 進一步 以中平勢 一刺 退一步 爲伏虎勢 一刺 又退一步 爲伏虎勢 一刺 又退一步爲 伏虎勢一刺 仍爲伏虎勢 向右邊轉 進一步 以騎龍勢 畢.

〈그림 6〉『武藝圖譜通志』鎲鈀總圖 중 鎲鈀의 핵심 자세[58]

　또한 여타의 무기처럼 당파의 경우도 화전火箭을 장착하여 함
께 운용하는 전술을 취했다. 화전 역시 원사무기에 해당하는 것이
다. 따라서 장창長槍과 당파鎲鈀 역시 낭선狼筅과 등패籐牌처럼 짝을
이뤄 적을 공격하는 것이 핵심이었다.
　이러한 장창과 낭선의 상호보완적인 움직임을 『무예도보통지』
의 그림을 이용하여 살펴보면 〈그림 7〉과 같다.

---

58)　『武藝圖譜通志』의 鎲鈀總圖 중 鎲鈀의 핵심적 자세에 해당하는 伏虎勢-中平勢--刺-中
　　平勢--刺-中平勢-騎龍勢-拿槍勢-架槍勢-騎龍勢-拿槍勢의 연결된 모습이다. 이처
　　럼 鎲鈀는 伏虎세로 적의 긴무기를 찍어 누른후 中平勢로 한번 찌르는 자세를 취하거나, 拿槍
　　-架槍-騎龍으로 상대의 무기를 창날 사이에 걸어 비틀면서 돌리는 자세가 주를 이룬다. 이
　　는 鎲鈀를 이용하여 적의 무기를 제압하고 있으면 주변의 짝이 되는 長槍 혹은 籐牌가 적을
　　擊殺하는 방식임을 알 수 있다.

〈그림 7〉 長槍과 鐺鈀의 공방법[59]

　위의 〈그림 7〉은 당파鐺鈀가 적의 장창長槍을 제압하는 상황을
표현한 것으로 이때 당파와 짝을 이룬 장창수는 적의 장창수가 움
직이지 못할 때 재빨리 적을 제압하게 된다. 그런데 원앙진은 단순
히 장창과 당파, 등패와 낭선의 조합의 형태뿐만 아니라 12명이 한
대를 이루기 때문에 장창이 등패를 보호하기도 하고 장창이 낭선
을 보호하는 등의 다양한 상호보합적인 움직임을 만들기도 하였다.
위와 같은 군사무예의 상호보합적인 움직임을 『병학지남연의兵學指
南演義』에서는 이렇게 설명하고 있다.

---

59)　본 그림은 朝鮮 正祖代 편찬된 군사무예서인 『武藝圖譜通志』에 수록된 鐺鈀와 長槍의 그림
　　을 이용하여 필자가 조합하였다. 특히 당파의 핵심자세가 적의 긴 무기를 찍어 누르는 용도가
　　주를 이루기에 장창과 보합이 아닌 적 장창과의 대적시의 움직임을 보여주고 있다. 이때 사용
　　된 자세는 당파의 伏虎勢이며 장창은 찔러 들어가는 철번간세이다. 만약 이렇게 당파수가 적
　　의 긴 창을 찍어 누르고 있으면 함께 움직이는 장창수가 대신 적을 찔러 죽이는 방식이었다.
　　이러한 이유로 당파수의 選兵기준은 담력이 센 사람이 가장 높은 점수를 받았다.

長短相濟[60] 第四 — 두 등패수가 나란히 진열하거든 낭선수가 한 패수를 비호하고, 장창수는 언제 두 명이 각기 한 패수와 낭선수를 나누어 보호하며, 당파수는 장창수가 지치는 것에 대비한다. 이는 적을 죽이고 필승을 거둘 수 있는 제일의 戰法이니, 낭선수로 등패수를 비호하고, 장창수로 낭선수를 구원하고, 당파수로 장창수를 구원하게 하여야 한다.[61]

또한 각각의 장창수長槍手, 당파수鎲鈀手, 낭선수狼筅手, 등패수牌手는 원앙진鴛鴦陣 전체의 장단長短 원리에 맞게 또 하나의 무기를 운용하게 되는데, 다음의 사료는 이러한 내용을 잘 보여준다.

刀手와 牌手는 모두 적과 근접해 있을 때에 사용하는 兵器를 휴대하였으니, 각기 鏢槍 하나씩을 주어 선봉을 삼고, 또 낭선에 의지하여 장거리 병기로 삼게 하였다. 狼筅手는 狼筅을 장병기로 삼고, 각기 腰刀를 하나씩 휴대하여 단거리 병기로 삼아야 하니, 방패 또한 낭선의 단병인 셈이다. 창수는 장창을 단병기로 삼고 겸하여 弓矢를 익히게 하여 장병기로 활용하게 하며, 당파수는 당파를 단거리 병기로 삼고 겸하여 火箭을 주어 장병기로 운용하게 하였다.[62]

---

60) '長短相濟'에서 '濟'는 긴 병기를 휴대한 병사가 짧은 병기를 휴대한 병사를 구원하고, 짧은 병기를 휴대한 병사가 긴 병기를 휴대한 병사를 구원하는 것을 말한다.

61) 『兵學指南演義』 營陣正穀 2卷. 器械 長短相濟第四 二牌平列狼筅 各覆一牌 長槍每二技各分管一牌一筅 短兵防長槍進老 此及殺賊必勝 第一戰法 筅以用牌槍 以救筅鈀以救槍.

이러한 원앙진의 구성에서 등패籐牌의 도수刀手[63]와는 다르게 쌍수도雙手刀[64]를 단독으로 운용하는 병사가 원앙진에 들어가기도 하였는데, 쌍수도雙手刀를 운용하는 병사는 원거리에서는 조총을 사용하다가 적과의 거리가 가까워지면 쌍수도를 뽑아 들고 단병접전에 참가하기도 하였다. 그리고 원앙진의 자원 중 화병火兵이라하여 불을 피우고 밥을 짓는 사람을 추가하였는데, 화병火兵은 곤방棍棒[65]에 짧은 칼날을 달아 뜻밖의 변고에 대비하는 역할을 담당하였다.

위와 같은 원앙진에 사용된 무기 및 무예의 확대는 임란 당시보다 보병步兵의 전술적 가치를 높이는 것이었다. 이전에는 불랑기佛狼機와 호준포虎準砲 등 지원화력을 바탕으로 움직였다면, 임란을 거치면서 전장의 환경이 보다 빠르게 변화함에 따라 원앙진 단독으로 작전을 수행할 수 있도록 조총鳥銃이나 궁시弓矢 등 원사무기를 함께 운용한 것으로 볼 수 있을 것이다.

그리고 원앙진의 사용된 무기 중 장창長槍과 낭선狼筅은 그 길이 면에서 단병기 중 가장 긴 병기에 속하였다. 이렇게 길이가 긴 병기는 적의 기병을 상대하기 효과적인 것으로 원앙진처럼 군집群

---

62) 『兵學指南演義』 營陣正戰 2卷. 器械,

63) 籐牌는 비록 적의 총탄을 방어하지는 못하나 화살과 돌, 창과 칼을 모두 가릴 수 있도록 甲冑로 대용할 수 있었다. 특히 병사들은 각기 방패 하나와 요도 하나를 휴대하도록 하였다. 그리고 한 손에는 鏢槍 하나를 잡고 있다가 긴 병기를 휴대한 적을 만나 상대할 때에 틈이 없으면 창을 잡아 鏢槍을 던지도록 하였다. 이렇게 하면 적이 표창을 맞든 맞지 않든 반드시 이에 대응하므로 이때 급히 손에 칼을 잡고 등패로 막으면서 적의 품안으로 달려 들어간다. 그리하면 일단 적의 창 안으로 들어가면 적의 창은 무용지물이 되므로 반드시 적을 이기게 되어 있다.

64) 『武藝圖譜通志』 雙手刀 戚繼光曰 刃長五尺 後用銅護刃一尺 柄長一尺五寸 共長六尺五寸 重二斤八兩此自倭犯中國始有之彼以此跳舞光閃而前我兵已奪氣矣 倭一躍丈餘遭之者兩斷緣器利 而雙手使用力重故也 今如獨用則無衛惟鳥銃手可兼賊遠發銃賊近用刀.

65) 『武藝圖譜通志』 棍棒. 原 戚繼光曰 長七尺 重三斤八兩 刃長二寸 有中鋒一面 起脊一面有血槽磨精重四兩 此器法中皆一打一刺 而無刃以何爲刺 今加小刃但刃長.

集을 이뤄 진법陣法을 구사할 경우 효과적인 기병방어책이 될 수 있었다.

이는 조선후기 호란을 거치면서 청淸 기병騎兵에 대한 우려가 지속되어 숙종대肅宗代 이후 지속적으로 기병강화 정책이 유지되는 상태에서 밀집보병을 통한 기병의 방어법으로도 확대 이해 할 수 있을 것이다.[66] 이렇게 다양한 병종兵種으로 구성된 원앙진의 기본 진형을 그림으로 살펴보면 〈그림 8〉과 같다.

〈그림 8〉 鴛鴦陣의 대형 전개도

---

66) 肅宗代 이후 朝鮮의 騎兵 强化는 다음의 논문을 참고 하였다. 姜錫和, 「조선후기 平安道의 別武士」, 『韓國史論』 41 · 42집, 1999; 姜錫和, 「朝鮮後期 咸鏡道의 親騎衛」, 『韓國學報』 89호, 1997; 盧永九, 「18세기 騎兵 강화와 지방 武士層의 동향」, 『한국사학보』 13, 2002 참고.

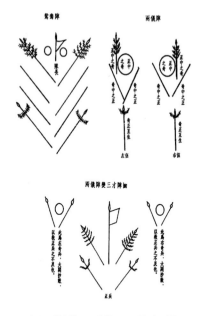

그리고 원앙진의 진형 변화는 크게 양의진兩儀陣과 삼재진三才陣으로 변화되는데, 먼저 양의진兩儀陣은 1대를 2오伍로 편성하여 패수 한명과 낭선수狼筅手 한명이 나란히 앞에 있고, 장창수長槍手 두 명이 나란히 뒤를 받쳐주어 마치 새가 양 날개를 펼치 듯 원앙진이 두 개로 분열하는 진을 말한다. 양의진兩儀陣의 경우는 매화진梅花

〈그림 9〉 鴛鴦陣・兩儀陣・三才陣의 진법도

陣으로 불리기도 하였다. 그리고 삼재진三才陣은 장창수 두 명이 등 패수 한명을 함께 보호하고, 낭선수 두 명이 나란히 서 있으면 두 당파수가 낭선수를 한명씩 나눠 적을 공격하는 진법을 말한다. 이러한 원앙진의 진형 변화를 『기효신서』의 진법도陣法圖를 통해 살펴보면 〈그림 9〉와 같다.

원앙진의 경우 기본 12명으로 구성된 일대一隊를 중심으로 움직이는데, 진형을 이룰 때에는 보통 4개의 대를 일기一旗로 편성하여 사방을 방어하는 방진方陣을 펼치기도 하였다. 이러한 결합방식에 의해 몇 개의 기旗, 몇 개의 초哨, 몇 개의 사司, 몇 개의 영營으로 분수를 조정하여 편성하였다.

만약 이렇게 몇 개의 원앙진이 모여 전투에 참가했을 때 대대大

隊 배치 요령을 보면 먼저 각 3대隊가 나란히 진열하여 하나로 보이게 하는데, 이때 각 대의 거리는 3장丈의 거리를 유지하게 된다. 그리고 각각 소대小隊는 먼저 조총수들이 단병접전을 치르는 병사 앞으로 나와 5보 간격으로 1열로 배치된다. 보통 적이 백보 정도 거리에 도달하면 전투를 시작하였다. 이렇게 원앙진 대대大隊를 이용하여 전투하는 방식을 보면 다음과 같다.

적이 百步 안에 있을 때에는 조총수가 일제히 발사하고, 다음 앞층에 있는 당파수와 궁수가 발사하며, 다음 뒤 층에 있는 살수가 나와 싸운다. 두 번 전진하고 두 번 후퇴하여 조총수의 앞에 이르면 조총수가 급히 나아가 일제히 발사한다. 그 다음에는 후퇴하여 돌아온 당파수와 궁수가 발사하며 다음에는 앞층의 사수가 나가 싸우되 두 번 전진하고 두 번 후퇴하여 조총수가 앞에 이르며, 다음에 두층에 있는 사수가 함께 나와 일제히 싸운다. 그리하여 적이 패주하거든 각기 원대를 나누어 꽃잎처럼 겹으로 후퇴하여 모두 원위치로 돌아온다.[67]

위와 같은 원앙진의 대대大隊운용 상황을 보면, 조선후기 화약무기 발달에 의해 전장戰場의 상황이 빠르게 바뀌었음에도 불구하고 여전히 병사 개개인이 익혔던 군사무예는 여전히 전장에서 활

---

67) 『兵學指南演義』營陣正彀 2卷, 約禮 作戰第十五 賊在百步之內 鳥銃手齊放 次前層鈀弓手放射次 後層殺手出戰 再進再退 至鳥銃之前銃手急出齊放 次退面內鈀弓手放射 次前層殺手出戰 再進再退 至鳥銃之前立定 次兩層殺手俱出一 戰賊敗 各分原隊 間花疊退俱面信地.

용이 높았던 것을 확인할 수 있다. 반면 원앙진은 군집을 이루는 특성 때문에 야전에서 적의 긴사거리의 화포火砲에 노출될 경우 오히려 기존의 진법陣法보다 많은 사상자가 발생할 수 있었기에 후술하겠지만 선병選兵을 통한 임기응변의 능력을 극대화시키고, 12명 단위의 부대로 움직이는 것을 기본 전술로 운용한 것으로 판단된다.

4. 전술과 진법의 변화는 생존의 문제

임진왜란 개전 초기 조선과 명이 접한 일본군의 단병접전술은 기존에 사용하고 있었던 진법 운용체계를 무력화시키기에 충분했다. 구체적으로 신립의 탄금대彈琴臺 전투를 비롯하여, 요동遼東 부총병副摠兵 조승훈祖承訓이 이끄는 명의 1차 원군援軍인 요동군들이 전술적 한계를 경험하게 된다. 이러한 상황을 극복하기 위하여 명明의 절강병이 평양성 탈환전투에서 보여준 당파와 낭선을 비롯한 신무기와 원앙진이라는 새로운 진법운용 체계가 조선군에 보급되었다. 훈련도감의 창설과 맞물려 신설된 포수砲手, 사수射手, 살수殺手의 삼수병三手兵 체제 또한 이러한 신무기와 신진법 도입의 연장선에서 내려진 정책적 결정이었던 것이다.

원앙진은 곤棍, 등패籐牌, 낭선狼筅, 장창長槍, 당파鏜鈀, 장도長刀 등의 다양한 장長·단무기短武器의 결합을 통해 적의 단병접전술을 효과적으로 대처하는 것이 핵심인 진법이다. 먼저, 낭선狼筅은 가지가 길게 달린 대나무에 가지에는 쇠심을 박아 독을 묻히고, 그 끝에는 창날을 설치해 적의 접근을 막는 무기였다. 그리고 낭선狼筅

과 짝을 이루는 등패籐牌는 등나무를 여러 번 물에 삶고 기름으로 가공하여 적의 화살이나 표창鏢槍이 뚫지 못하도록 견고하게 만든 방패이다. 이러한 낭선狼筅과 등패籐牌의 합동 공격은 무기의 길이에 따른 장점과 단점을 서로 보강하게 하는 상생相生의 효과를 보게 하였다.

그리고 장창長槍은 쉽게 부러지지 않도록 합목으로 장창을 만들어 사용하였고, 이와 짝을 이루는 당파鎲鈀는 창날이 세 개인 형태로 적의 무기를 날 사이에 걸어 적의 공격을 무력화시킨 무기였다. 이러한 당파鎲鈀의 움직임을 보강하기 위하여 장창長槍은 직선적이면서도 적의 공격을 대적·기만하는 방식 후 찌르기 형태의 무예 투로가 형성된 것으로 볼 수 있다. 특히 위에 언급한 다양한 병기들이 서로 조화를 이뤄 상생하는 원앙진의 특징은 비록 보병步兵 위주의 구성이지만, 조총鳥銃과 화포火砲의 선후 배치를 통해 조선후기 급변하는 전장에서 효과적으로 사용할 수 있는 진법임을 확인할 수 있었다.

임란기 조선에 도입된 새로운 진법인 원앙진은 이후 영조대에는 국왕의 능행차시 어가를 수행하는 호위군護衛軍의 진법운용에서도 사용되었으며, 금군禁軍의 군사사열에서도 사용될 정도로 중앙군영에 많이 보급되었으며, 정조대에 편찬된 『병학통兵學通』에 원앙진을 활용한 방진方陣 훈련도가 들어갈 만큼 보편적으로 활용되었다.

또한 순조대純祖代의 기록인 『만기요람萬機要覽』이나 『어영청중순등록御營廳中旬謄錄』의 시예 기록에도 원앙진의 핵심 군사무예인

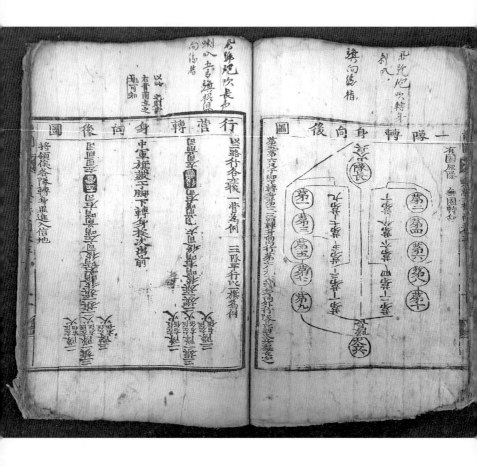

『병학지남兵學指南』 중 행영전신향후도行營轉身向後圖와 일대전신향후도一隊轉身向後圖

『병학지남兵學指南』은 명나라 척계광이 저술한 병법서인『기효신서紀效新書』중 조선군 훈련과 선발에 필요한 부분만 발췌하여 재편집한 병서다. 이 병서는 임란으로 완전히 탈바꿈한 조선후기 군사조련에 가장 많은 영향을 끼친 책이다. 그 중 군사 개개인의 훈련 및 다수의 군사와 함께 펼치는 진법훈련 부분을 집중적으로 다뤘다. 그 이름처럼 조선 '군사학의 길잡이'로 삼은 병서가 바로『병학지남』으로 볼 수 있다. 본 그림은 이동 중인 영營과 소규모 한 대隊의 군사들이 방향을 바꿀 것을 명하는 '전신나팔轉身喇叭' 신호로 진행방향의 반대로 부대의 방향을 돌리는 동작을 보여주는 그림이다. 무예에서도 '전신轉身'은 상대 즉, 적의 방향에 따라 몸의 방향을 돌리는 개념이다. 이는 회전력을 이용하여 적을 공격하는 '회신迴身'과는 다른 움직임인데, 언해로는 '도라'로 표기되어 해석에 혼선이 일어난다. 이렇 듯 진법 속의 움직임을 이해해야 무예 속 움직임도 적절하게 복원이 가능하다. 현재 남아 있는『병학지남』중 가장 이른 시기에 만들어진 것은 숙종 10년(1684)에 공홍도公洪道 병마절도사 최숙崔橚이 이전에 판본을 모두 모아 정리하여 새롭게 편찬한 것이니 숙종대 이전부터 이 병서와 관련한 다양한 병서들이 만들어졌다고 볼 수 있다.

당파鐺鈀와 낭선狼筅 등이 나타나 있다. 이후 고종대高宗代에는 국상國喪 중 상여의 선구금군先驅禁軍들이 원앙진의 형태로 대열을 갖춘 것으로 보아 임란시 조선에 도입된 원앙진이 조선후기까지 지속적으로 활용되었음을 확인할 수 있었다. 이러한 조선후기 원앙진의 광범위한 보급 및 발달은 원앙진이 갖는 병종의 다양화를 통한 장단병長短兵의 공방攻防능력 강화가 핵심적 이유였다. 또한 원앙진에 활용된 각각의 군사무예에 대한 선병의 변화를 통하여 가장 효과적인 소규모 부대로 거듭날 수 있었다.

특히 원앙진에서는 도수刀手와 패수牌手에게는 표창鏢槍, 낭선狼筅은 요도腰刀, 장창長槍은 궁시弓矢, 당파鐺鈀는 화전火箭 등의 장단무기를 동시에 운용하면서 화기발달로 인한 전장의 환경 변화에 임기응변의 능력을 극대화시킨 조선후기 대표적인 진법陣法이라고 볼 수 있을 것이다. 이는 조선후기에도 지속적으로 원앙진법이 훈련된 배경에 임란 중에 도입한 『기효신서』와 이를 바탕으로 조선식으로 발전시킨 『병학지남』의 완전한 폐기가 아닌 조선전기 오위진법체제 복구와 함께 기병위주의 약점을 극복할 수 있는 보병(특히 살수殺手)의 강화라는 측면에서 중요한 의미가 있다고 하겠다.

그리고 본 장에서는 이러한 진법에 대한 움직임을 단순히 문헌적 고찰로만 그치는 것이 아니라 실제 원앙진에 사용된 군사무예를 직접 고증 복원하면서 얻어진

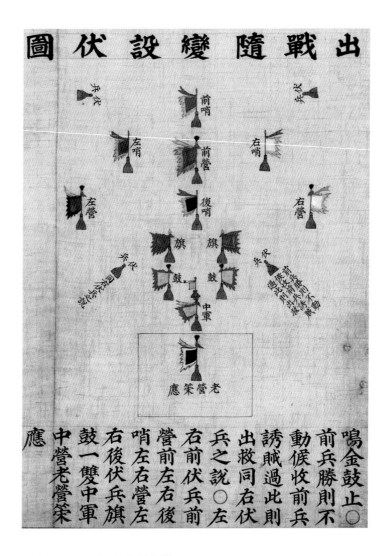

영진총도營陣摠圖 병풍 중 출전수변설복도出戰隨變設伏圖

조선후기 편찬된 진법서인 『병학지남』의 진법 중 하나인 '출전수변설복도'를 병풍에 그린 것이다. 이 그림은 맨 앞에 배치된 전영前營이 출전할 때 노영老營에 있는 군사 중 일부를 적의 퇴각 예상 지역에 미리 보내어 매복하는 장면을 그린 것이다. 전층의 앞쪽 좌우에 배치된 복병은 깊숙이 앞으로 나아가 마치 적을 둥글게 포위하듯 미리 거점을 장악한다. 전층이 앞으로 나아가 공격하면 복병이 적의 좌우 후방을 교란하는 것이다. 만약 거짓으로 적에게 후퇴하는 모습을 보여줄 때에는 중군中軍의 좌우에 배치된 복병을 남겨두고 일제 물러나와 역시 같은 방식으로 역습하는 전술을 보여주고 있다.
(국립중앙도서관 소장)

실기사적實技史的 접근을 동시에 하여 당시 군사무예의 특징을 밝히고자 하였다. 보통 전통시대에 진법을 논할 때에는 단체의 움직임으로서 진형陣形을 익히는 것과 진법 속에 각 군사 개개인의 무예武藝를 비롯한 실제적 움직임을 익히는 것이 수레의 두 바퀴처럼 함께 이뤄져야만 했다. 앞으로 진법陣法을 비롯한 다양한 군사사軍事史 영역들에서 이러한 실기적實技的 접근이 함께 이뤄져 보다 현실적인 연구가 지속되기를 희망한다.

4장

정조대 『병학통』의 전술과
화성행행 「반차도」의
시위군 배치 관계성

1. 국왕의 행렬은 진법의 연장

을묘년乙卯年, 1795년 윤 2월 9일, 국왕이 도성都城을 비웠다. 대규모 정조의 능행차가 창덕궁을 시작하여 한강의 배다리를 건너 수원 화성을 향해 출발하였다. 이후 조선후기 최대의 능행길이라 평가받는 정조의 '을묘년 수원화성 행차'가 7박 8일간 진행되었다. 그 행차는 능참배라는 단순한 효孝의 행위를 넘어, 지극히 정치적인 움직임이기도 했다. 그것은 오감五感을 모두 자극하여 국왕과 왕실의 존엄성을 대내외에 알리는 정치의식인 것이었다.[1]

---

[1] 최형국, 「조선후기 야간군사훈련 '夜操'를 활용한 역사문화콘텐츠 – 乙卯年(1795), 正祖의 華城幸行을 중심으로」, 『수원화성향토문화연구』 제6집, 수원문화원, 2019.

조선시대 국왕이 궁궐 밖으로 행차하는 일은 그 자체로 정치적
이며 상징적인 의미를 갖는다. 당시 일반 백성들이 국왕의 모습을
보는 것 혹은 그 행렬의 모습을 보는 것 자체가 일생에 단 한번
있을까 말까 할 정도로 보기 드문 일이었기에 국왕의 성외城外행차
는 정치성을 기본적으로 가질 수밖에 없었다.[2]

정조는 도성에 유도대신留都大臣 김희金憙와 수궁대장守宮大將 조
종현趙宗鉉, 유도대장留都大將 김지묵金持黙 등을 남겨두고 한강의
배다리를 건너 수원을 향해 새롭게 조성한 신작로를 따라 1,854명
의 대규모 인원과 700필이 넘는 전투마를 동원하며 국왕의 군사적
힘을 시각적으로 보여줬다.[3]

거기에 왕실에서만 사용하는 향기롭고도 신비한 침향을 피워
올리며 백성들의 후각을 자극하고, 각종 군사용 악기를 멘 취타수
들은 장엄한 행진 음악을 연주하며 모든 이들의 귀를 사로잡았다.[4]
국왕의 행렬을 맞이하러 온 관료들과 백성들의 눈은 물론이고 코
와 귀까지 백성들의 오감五感을 자극하는 행렬이었다.

정조의 을묘년 화성행차시 펼쳐진 일들을 행사 순으로 살펴보

---

2) 당시 백성들에게 국왕의 행렬은 소위 말하는 '觀光' 그 자체였다. 觀光의 어원은 『周易』의
 "觀國之光"에서 유래한다. 말 그대로 국가의 빛남 즉 나라의 문화가 밝게 빛나는 가를 살피는
 것이다.(『周易』 上經, 坤下 巽上, 觀.)
3) 『園幸乙卯整理儀軌』 卷3, 乙卯 2月 24日; 정조의 수원행차에 앞서 사전에 보고한 啓目에는
 국왕의 수레를 수행할 將官, 將校, 軍兵의 실제 숫자를 1,854명이며, 각자가 顯隆園을 왕복하
 는데 소요되는 기간은 8일이며 모두 20끼니의 식량을 준비하도록 하였다. 그런데 의궤 반차도
 상의 그림에는 1779명에 말이 779필이 보인다. 이는 반차도 상에서는 군병의 숫자를 축약하
 여 표현했던 것과 연로한 신하나 행정 혹은 군무상 미리 수원화성에 도착한 인원이 있었기에
 차이가 나는 것이다.
4) 김지영, 「朝鮮後期 국왕 行次에 대한 연구-儀軌班次圖와 擧動記錄을 중심으로」, 서울대학
 교 박사학위논문, 2005, 316~339쪽.

면, 윤2월 11일에 진행된 수원 향교의 대성전 참배 및 낙남헌 문무 과시험을 시작으로 다음날에는 오전에 현륭원 참배가 진행되었고, 오후에는 서장대에 올라 이튿날 새벽까지 군사훈련인 성조와 야조 를 참관하였다.

그리고 13일에는 가장 핵심적인 행사인 봉수당 진찬연이 펼쳐 졌고, 14일에는 신풍루 앞에서 쌀과 죽을 나눠주는 행사와 함께 낙 남헌에서 양로연이 거행되었다. 그날 오후에는 방화수류정에 행차 했다가 저녁에는 득중정에서 활쏘기와 함께 매화埋火를 터뜨리며 불꽃놀이를 하였다. 그리고 윤2월 15일에 정조는 서울로 가는 귀로 에 올랐다. 그날 시행행궁에서 숙박을 한 후 다음날인 16일에는 노 량행궁(용양봉저정)에서 점심을 먹고 창덕궁까지 행차를 이어갔다.[5] 이 모든 과정이 백성과 함께 진행되었고, 백성들의 입을 통해 전국 으로 퍼져나갔다.

이처럼 그 해, 을묘년에 펼쳐진 정조의 행차는 단순한 국왕의 거 둥을 넘어 조선의 모든 관료들과 백성들에게 국왕의 존엄을 완벽하 게 각인시키기 충분한 정치적인 의식이었다. 그 행차의 모든 것이 『원행을묘정리의궤園幸乙卯整理儀軌』에 자세하게 기록되어 있다. 그 날 행차에 참여한 모든 인원의 명부는 물론이고 각각의 단일 행사에 소요되는 경비까지 소상히 밝혀 후대에 이를 참고하도록 한 것이다.

이런 이유로 국왕의 어가 행렬은 '노부鹵簿'라고 하는 규격화된 의장을 바탕으로 구성되었다. 그중 화성행행 반차도의 경우는 아

---

5)   한영우, 『〈반차도〉를 따라가는 정조의 화성행차』, 효형출판, 2013.

버지인 사도세자思悼世子의 능(현릉원顯隆園)에 참배하러 가는 경우이기에 소가노부小駕鹵簿인 「배릉의拜陵儀」에 속한다.[6]

그러나 단순히 정치적이고 상징적인 모습에 그치지 않고, 만약에 발생할 수 도 있는 군사적 사태에 즉각적으로 대처할 수 있는 '호위扈衛' 혹은 '시위侍衛'의 형태가 국왕의 행렬의 기본적인 요소였다. 또한 정조가 수원 화성에 도착한 후 군사적으로 가장 의미있게 진행한 것이 화성 성곽에서 펼쳐진 조선시대 군사훈련인 '주조晝操'와 '야조夜操'였다.[7] 당시 동원된 모든 군사들을 전체 5.6km나 되는 화성의 성가퀴에 둘러놓고 대규모 군사훈련을 진행한 것이다.

지금까지 『원행을묘정리의궤園幸乙卯整理儀軌』에 대한 연구는 의궤의 성격에 대한 연구 뿐만 아니라 그림과 글자체는 물론이고 당시 먹었던 음식에 관한 연구 및 시각정보를 활용한 UV콘텐츠 연구까지 상당히 다양한 영역에서 연구되어 왔다.[8] 또한 본 장의 핵심 주제이기도 한 「반차도班次圖」 상의 군병軍兵배치 및 군사용 깃발에 관한 연구도 일정부분 진행되어 왔다.[9]

---

6) 백영자, 『조선시대의 어가행렬』, 한국방송통신대학교출판부, 1994, 24쪽.

7) 최형국, 『정조의 무예사상과 장용영』, 경인문화사, 2015, 39~89쪽.

8) 『園幸乙卯整理儀軌』에 관한 연구 중 지난 2015년에 수원화성박물관에서 진행된 '정조대왕 을묘년 수원행차 220주년 기념 특별전'의 자료들이 가장 상세하다. 이 도록에 실린 연구를 살펴보면 다음과 같다. 김문식, 「을묘년 정조의 수원행차와 그 의미」; 제송희, 「정조시대 반차도와 화성 원행」; 민길홍, 「1795년 정조의 화성행차와 〈화성원행도병〉 제작 양상」; 옥영정, 「원행을묘정리의궤」의 서지학적 의미 등이다. 이외에 대략적인 연구 성과를 밝히면 다음과 같다. 정병모, 「『園幸乙卯整理儀軌』의 板畵史的 연구」, 『문화재』 22호, 국립문화재연구소, 1989; 여서현, 「원행을묘정리의궤의 시각기호를 활용한 UX 콘텐츠 연구」, 『정보디자인학연구』 23호, 한국정보디자인학회, 2014; 박은혜·김명희, 「『원행을묘정리의궤(圓行乙卯整理儀軌)』의 병과류에 관한 연구」, 『東아시아食生活學會誌』 28호, 동아시아식생활학회, 2018.

9) 노영구 외, 「조선후기 의궤 반차도에 나타난 군병 배치 및 군사용 깃발의 표현양식」, 『역사와 실학』 56, 역사실학회, 2015, 112~133쪽.

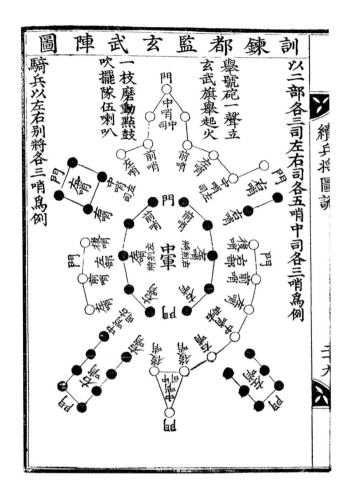

『속병장도설續兵將圖說』의 현무진玄武陣

군사들의 배치 모습이 마치 거북이 모양이라서 붙여진 진법의 이름이다. 영조는 조선전기의 강력한 국왕 중심이었던 오위체제를 이 병서를 통해 당대에 구현하려 했다. 오위체제 복구의 흐름을 가장 하부단위인 군사훈련까지 이끌어 내기 위하여 조선전기의 진법서인 『진법』을 그대로 서문만 바꿔 『병장도설兵將圖說』이라는 이름으로 재간행하였다. 그러나 250여 전에 만들어진 전술서를 아무리 왕권 강화차원에서 강제로 보급한다고 할지라도 실용성에는 상당한 문제가 있었다. 이미 양란을 거치 면서 군사편제는 물론이고 군사들이 사용하는 무기까지 전방위적으로 변화된 상황에서 구닥다리 방식의 전술서로는 군사훈련을 진행하는 것이 불가능했기 때문이다. 이러한 전술적 간극을 좁히기 위하여 당시 군사 조련시 사용하던 병서인 『병학지남』의 부대 편제와 맞게 수정하여 재간행한 것이 『속병장도설續兵將圖說』이었다. 특히 『속병장도설』 간행과 동시에 진행된 오위체제 복구의 움직임은 「병조변통절목」을 통해 보다 명확히 정리되었다. 이를 통해 국왕 직속의 병조판서의 위상을 기존의 오군영 대장보다 높게 재정립시키면서 군권은 조금씩 안정화되었다.

그러나 지금까지 연구에서는 상징성 혹은 정치적 성격 위주로 반차도 행렬에 대한 분석이 주를 이뤘기에 실제 반차도를 보는 일반 대중이나 역사학을 제외한 체육이나 예술 등 타영역의 연구자들에게는 군사적 실체를 확인하기 어려운 부분이 많았다.

따라서 이 장에서는 정조대 편찬된 진법서인 『병학통兵學通』을 바탕으로 실제 행렬의 무기활용, 전투전술전개, 깃발이나 악기를 이용한 전술신호 전개 등 군사사적 관점에서 「반차도班次圖」의 내용과 의미를 세밀하게 분석하고자 한다. 도성都城의 궁궐인 창덕궁 昌德宮을 시작으로 수원 화성華城에 도착할 때까지 실제 국왕의 어가 행렬이 군사적 위협에 봉착했을 때, 가장 효율적으로 국왕을 보호하고 대오를 안정적으로 다음 기착지까지 이동시키는 것이 시위 군병의 기본적인 임무였다.

「반차도班次圖」 상에 등장하는 군사용 깃발이나 악기를 비롯하여 군병들이 소지한 무기는 물론이고 어가御駕를 중심으로 배치된 군병의 열진列陣형태는 당대의 전술형태와 군사무예의 활용 방식을 가장 함축적으로 보여주는 그림이다.[10] 따라서 향후 연구에서 전통 시대 국왕國王의 호위전술이나 국왕國王주변 시위군의 무예를 연구함에 있어 기초가 될 수 있을 것이다.

---

10) 「班次圖」에 수록된 그림 역시 상당부분 축약된 부분이 많지만, 실제 국왕이 탄 御駕나 坐馬 주변은 전술전개가 가능할 정도로 기본적인 시위구조를 보여준다. 따라서 이를 바탕으로 조선 후기 국왕의 교외거동시 호위형태 및 활용 무예의 가능성을 확인하고자 한다.

2. 『병학통』의 편찬 배경과 어가 행렬시 군사훈련의 변화

『병학통兵學通』은 1785년(정조 9)에 편찬된 병서兵書로 2권 1책의 목판본木版本이다.[11] 정조대正祖代 군사훈련의 변화를 가져온 병서 중 가장 먼저 편찬된 책이기도 하다. 도성都城을 방위하던 훈련도감訓鍊都監·어영청御營廳·금위영禁衛營의 삼군문三軍門과 국왕 직할 금군禁軍 역할을 수행했던 용호영龍虎營 등 네 군영의 군사훈련을 통제하는 방법이 주요 내용이다.[12] 『병학통』 편찬 책임자인 서명선徐明善은 발문跋文에서 다음과 같이 병서兵書를 편찬한 이유를 밝혔다.

(가) 우리 聖上 즉위 초에 훈련도감의 將臣에게 명해 軍營의 장교
중에서 군무에 익숙한 자와 함께 네 영의 場操程式을 모아 핵심
을 세우고 주해를 나누되 서로 비교하여 헤아리고 陣圖를 붙여
편찬하여 하나의 통일된 체제를 만들었다.[13]

위의 사료에서 볼 수 있듯이, 중앙 군영의 군사훈련 통일을 위해 이 병서를 편찬하였으며 이를 통해 전대의 훈련 방식을 벗어나 새로운 군사훈련 체제를 만든 것으로 볼 수 있다. 이후 『병학통』

---

11) 노영구, 『조선후기의 전술-『兵學通』을 중심으로』, 그물, 2016; 이하 『兵學通』의 해석과 관련한 부분은 이 책을 참고한다.

12) 최형국, 『병서, 조선을 말하다』, 인물과 사상사, 2018, 206~211쪽.

13) 『兵學通』 跋文. "聖上卽作初 命訓局將臣 與其營校之藝習 軍務者彙集 四營之場操程式 立綱分註乑互較絜附以 陣圖編爲一通."

城操圖

南漢城操圖

通衢派定訓
御軍五哨內
各撥一旗爲
四面假倭

西墩 親伍右司
東墩 哨兵壽
伏門
通衢遊兵

『병학통兵學通』 중 남한성조도南漢城操圖

정조대 당시 각 군영별로 각기 다른 훈련방식을 채택하고 있어 명령체계가 번잡하고 혼란스러움이 많았다. 이러한 한계를 극복하기 위하여 『병학통』을 중심으로 일원화된 군사훈련체제를 구축하고자 하였다. 이 그림은 『병학통』에 수록된 것으로, 남한산성을 방어하던 군영인 수어청 군사들이 남한산성 방어 훈련 시 부대별로 분산되어 성곽에 배치된 모습을 그린 것이다. 수원 화성의 경우는 장용영 군사들로 분산 배치하여 훈련하였다. 을묘년乙卯年 정조의 화성행차시 진행한 야조夜操의 경우도 이 병서의 규례대로 진행하였다.

편찬이 완료되자마자 모든 군영의 습진習陣을 비롯해 남한산성南漢山城의 성조城操와 수군훈련 담당하던 통영의 수조水操까지도 바뀌었다. 『병학통』으로 중앙 군영과 지방의 중요 군사훈련의 개혁이 추진된 것이다.[14]

『병학통』의 구성 형태를 보면, 먼저 맨 앞에 본받을 만한 사례를 범례凡例로 적시하고, 바로 이어 목차目次를 배치했다. 권卷1은 대단위 군사를 조련操鍊하는 순서와 요령을 규정했는데, 훈련장의 형태에 따라 일반적인 군사 조련장에서의 훈련인 장조場操를 시작으로 구군진九軍陣 · 팔진八陣 · 육화진六花陣 같은 여러 가지 대형 진법의 신호체계와 행동 양식을 담았다. 그리도 야간 군사훈련인 야조夜操와 성곽 방어 훈련인 성조城操를 담아놓았다. 맨 뒤에는 바다에서 수군水軍이 전선을 몰고 훈련하는 수조水操 내용을 정리했다.

군사훈련은 각 군영軍營에서 거의 동일하게 전개되기에, 핵심 군영인 훈련도감訓鍊都監의 훈련 체제를 가장 먼저 설명하고, 다른 군영은 작은 글씨로 차이점을 추가했다. 예를 들면, 용호영龍虎營은 모든 직할 군사가 기병으로만 구성되었기에 작은 글씨로 "용호영龍虎營은 '걸음을 나아가고 멈추는 법을 익히며(步閑進止)'라는 구절은 없애고, 대신 '말을 달리며 쫓아가기를 익히고 채찍과 고삐를 조심스럽게 익혀야 한다'라는 구절을 덧붙인다"라고 써놓았다.[15]

정조대正祖代에도 여전히 훈련도감訓鍊都監은 중앙 군영의 핵심

---

14) 최형국, 「육군박물관 소장 〈무예도보통지〉 편찬의 특징과 활용」, 『학예지』 24집, 육군박물관, 2017, 170~172쪽.

15) 최형국, 「朝鮮後期 騎兵 馬上武藝의 戰術的 特性－馬上鞭棍을 中心으로」, 『군사』 70호, 군사편찬연구소, 2009.

이었다. 범례凡例의 3항을 보면, "네 군영 중에서 훈국訓局이 연하輦
下의 친병親兵이므로 절제와 군용이 다른 군영에 비해 중요하다."[16)
라고 했을 정도다. 하지만 이후 정조가 장용영壯勇營이라는 친위 군
영을 설치하자 훈련도감을 비롯한 중앙 군영의 핵심 자원은 장용
영에 이속되고, 장용영이 최고 군영으로 발돋움했다.

『병학통』권卷2에는 다양한 군사들의 움직임을 그림으로 설명
한 「진도陣圖」를 수록했다. 그 중 몇 가지를 살펴보면, 가장 처음에
는 훈련의 시작을 보여주는 「입교장렬성행오도入敎場列成行伍圖」가
실려 있다. 군사훈련이 예정된 날 훈련장인 교장에 주장主將인 훈
련대장이 입장하기 직전 훈련도감 군사들이 장대將臺의 좌우로 도
열해 있는 그림이다.

두 번째는 훈련대장이 교장에 입장할 때 함께 이동하는 수하
병력과 기수旗手・악대樂隊 등 군사 신호용 악기와 깃발 부대의 배
치 순서를 설명한 「대장청도도大將淸道圖」다. 그런데 좌위와 우위
군사들에 해당하는 문자는 바르게 썼는데 중간에 배치된 군사들에
해당하는 문자는 한정된 지면을 효율적으로 사용하기 위하여 거꾸
로 뒤집어 글을 썼다. 이는 연결된 군사들의 위치를 쉽게 보여주기
위한 것으로 군사들이 뒤를 돌아보고 서는 것이 아니라 좌우 열에
연달아 서 있음을 묘사한 것이다.

---

16) 『兵學通』凡例, 3, "四營中訓局 卽輦下親軍也 節制軍容視他營較重".

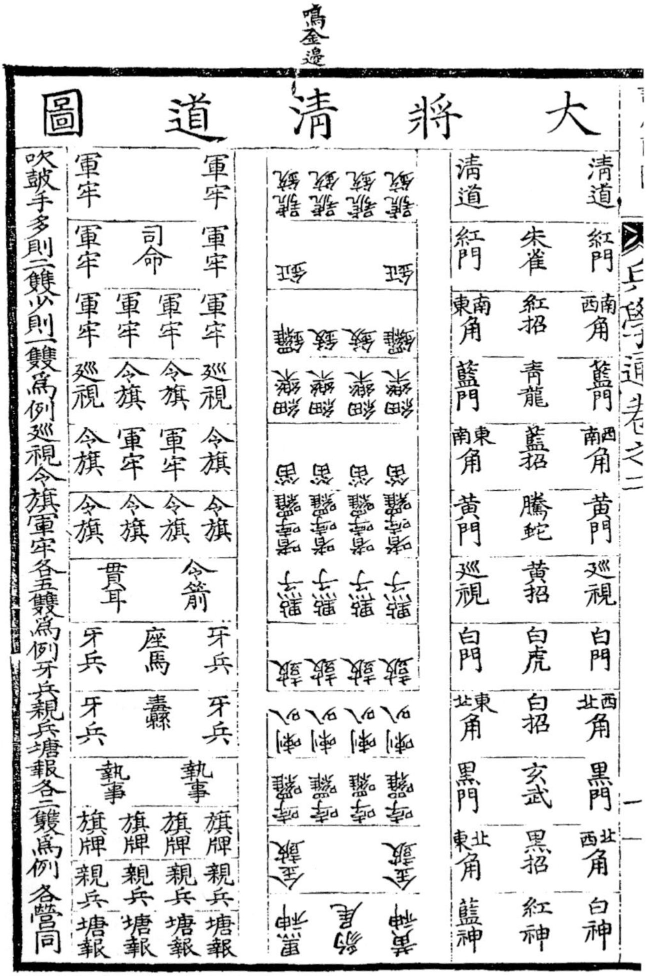

〈그림 1〉『兵學通』의 「大將淸道圖」[17]

---

[17] 『兵學通』「大將淸道圖」; 大將의 행렬 앞에는 淸道旗가 있다. 중간에 배치된 군사들이 거꾸로 표시되어 있다. 한정된 지면을 효율적으로 사용하기 위한 것으로 군사들이 좌우 열에 연달아 서 있는 것을 이렇게 표현했다. 국왕의 御駕행렬시에도 다양한 깃발과 군사 신호용 악기들의 동원되어 군사훈련과 유사한 행군의 모습이 나타난다.

다음은 「대장기고대상파렬도大將旗鼓臺上擺列圖」라고 해서 교장敎場의 중앙 통로인 마로馬路로 입장하던 주장主將과 각종 군사 깃발과 군악대와 아병·친병 등 주장 직속 군사들의 배치를 중심으로 다루었다. 이 그림을 보면 중앙을 중심으로 교장敎場 좌우에 횡대로 도열한 군사들이 정면을 보지 않고 서로 마주보듯 서 있고, 대장의 좌우에 배치된 아병牙兵·친병親兵은 군사들을 바라보고 있음을 확인할 수 있다.

이후 주장主將의 명령에 따라 다양한 군사 배치가 이루어지고, 「개영행도開營行圖」라 해서 군영의 문을 열고 부대별로 순차적으로 행군하며 전투 훈련을 전개했다. 그 다음에는 중간 지휘관인 별장別將이나 천총千摠에게 명령하는 그림을 담은 「별장천총일체발방도別將千摠一體發放圖」, 바다에서 전선이 전투 대열을 짓는 「열선작전도列船作戰圖」를 실어놓았다. 삼도수군통제사三道水軍統制使 소속 수군 전선들이 적선 출현 경보를 받을 때는 세 층의 횡일자진 형태로 선단을 좌우로 펼쳐 적선의 침투를 막아내고 서로 대치하며 겹으로 공격하는 모습을 담은 「삼도주사첩진도三道舟師疊陣圖」 등 육군陸軍·수군水軍을 가리지 않고 활용할 수 있도록 진형을 규정했다.

구체적인 전투 방식까지도 자세하게 그려 놓았는데, 대표적인 것이 조총 쏘는 법을 설명한 「조총윤방도鳥銃輪放圖」다. 전투가 발생해 적군이 아군의 진형 100보步 이내로 접근하면, 정렬한 조총병 1대隊가 지휘관의 명령에 따라 2명씩 5개 조로 나누어 앞뒤로 교체하며 연속적으로 사격하는 모습을 설명하였다.

기존의 진법서들과 『병학통』의 전법戰法 상의 가장 큰 차이는, 기존 진법은 기병과 보병이 유기적으로 배치되어 함께 공방하는

것이 일반적이었는데,『병학통』에는 기병 단독 진법인 「좌우마병
각방진左右馬兵各方陣」이나 「기사학익진도騎士鶴翼陣圖」 등 다양한 기
병 위주의 진법이 추가된 부분이다.[18]

기병 중심 진법을 추가되었다는 것은, 훈련 시에도 각 군영의
기병들이 단독으로 훈련했다는 뜻이다. 이는 정조가 기병 단독 전
술 능력 배양에 상당히 신경을 썼다는 것으로 볼 수 있다.

이러한 기병 강화는 당시 청淸나라와의 대립뿐만 아니라, 내란
內亂이 일어날 경우 빠르게 대처하기 위한 전략이었다.[19]『병학통』
은 정조대正祖代 급박하게 변화하는 전장의 상황을 대비하기 위해
만든, 조선만의 전술 체제를 확립하고 통일시키기 위한 전술서戰術
書라고 할 수 있다.

특히 정조正祖는 즉위 초반에 융정戎政 즉, 군무軍務에 관한 일
을 개혁의 핵심으로 삼아 정사를 살폈기에『병학통』의 편찬을 비
롯한 일련의 군 통일화작업은 상당한 의미가 있다.[20] 다음의 사료
는 정조가 국가개혁의 핵심에 군사제도 및 훈련에 대한 통일화의
의미를 잘 보여주고 있다.

(나) 制勝方略을 두고 말하면, 장수는 범처럼 굳센 위엄이 없고
군사는 烏合之卒이 되는 염려가 있었으며, 三軍을 五營에 나누어

---

18) 다음은『兵學通』에 새롭게 추가된 기병중심의 진법내용이다. 左右馬兵各方陣, 左右馬兵合方
陣, 馬兵六哨方營圖, 馬兵三哨方營圖, 以馬兵追擊馬兵, 以馬兵追擊步軍, 以步軍追擊馬兵, 馬
兵蜂屯陣, 馬兵鶴翼陣, 馬兵蜂屯陣圖, 馬兵鶴翼陣圖, 騎士蜂屯陣圖, 騎士鶴翼陣圖 등이다.
19) 최형국,『朝鮮後期 騎兵의 馬上武藝 研究』, 중앙대학교 박사학위논문, 2011.
20) 최형국,「正祖의 文武兼全論과 兵書 간행-認識과 意味를 中心으로」,『역사민속학』39집, 한
국역사민속학회, 2012.

소속하고서 이 오영이 각기 하나씩의 영을 專管하였으니, 군사가 家兵의 폐단이 多門하게 되는 염려에 가깝지 않겠느냐? 鍊習하 는 방법을 두고 말한다면『六韜三略』과 孫殯·吳起의 兵書는 高 閣에 묶어 놓고서 場操와 水操의 격식은 문득 아이들의 놀이처럼 여기게 되었다.…(중략)… 만에 하나라도 변방에 戰塵의 警報가 있게 되어 羽檄이 旁午하게 된다면, 이와 같은 制置로는 비록 옛적의 名將에게 閫外의 임무를 맡게 한다 하더라도 계책과 方略 을 펴가게 되지 못할 것이 뻔하니, 참으로 이른바 '근본이 올바르 지 못하면 말단에서는 구제해 갈 수 없는 것이라.'고 한 말과 같 은 일이다.[21]

위의 사료에서 확인할 수 있듯이, 정조는 군대를 단속하여 지휘 체제를 통일화하는 것이 국정의 핵심과제임을 밝히고 있다. 그런 데 이미 정조대 초반 당시 군지휘체계는 영조대부터 시도되었던 오 위제五衛制 복구론과[22] 병조판서의 대사마大司馬 지위부여 등 다양 한 시도가 있었음에도 그 한계성을 극복하지 못하고 있었다.[23]

정조는 이러한 군문軍門의 정치적 한계성을 극복하기 위하여 실제 군사훈련 즉, 전투훈련의 변화라는 가장 낮은 단계의 통일화 작업을 통해 국왕의 군사지휘권 회복이라는 큰 그림을 그리려고

21) 『正祖實錄』卷5, 正祖 2年 6月 壬辰條.
22) 최형국, 「英祖代 都城 守城체제 변화와 騎兵 강화」, 『중앙사론』 45집, 중앙사학연구소, 2017, 17~25쪽.
23) 장필기, 「조선후기 武班家系의 구성과 閥閱化」, 『조선시대의 과거와 벼슬』 1집, 집문당, 2003, 199~230쪽.

동궐도東闕圖 중 규장각과 영화당

동궐도에 보이는 규장각과 금군들이 훈련했던 무예훈련 장소인 영화당 앞뜰의 모습이다. 정조는 "문치규장 무설장영文置奎章 武說壯營"이라고 말하며, 문文은 규장각, 무武는 장용영을 통해 국정을 운영하려 하였다. 특히 이 그림에 등장하는 영화당은 영조대부터 각종 무예시취는 물론이고, 금군禁軍의 군사훈련장으로 사용되어 조선후기 무예를 대표하는 공간으로 자리잡았다. 일제강점기 창덕궁의 훼손공간 중 가장 처참하게 공간이 잘려나간 공간이기도 하다. 지금은 영화당 앞 너른 수련공간이 거의 사라진 상태다.

하였다. 대표적으로 정조는 군사훈련에 사용하는 각종 신호 및 지휘체계를 국왕 중심으로 새롭게 변경시키면서 이를 가능케 하였다.

예를 들면 기존의 병조판서와 각 군영대장 간의 알력 혹은 애매한 상하관계로 발생한 문제를 조선 전기의 대열의 체계로 변화시키면서 종국에서는 국왕이 직접 군사들을 지휘하는 단계까지 발전시켰다.[24] 이를 위하여 『병학통』에서는 군사들을 직접 지휘할 수 있도록 「별진호령別陣號令」을 군사들이 모두 숙지하기 쉽도록 효율화하여 보급시켰다.

이는 이미 숙종肅宗이나 영조대英祖代에 실제 열무의 과정에서 군사들을 빠르게 전투 기동시키려고 했지만, 조련절차가 너무나도 복잡하여 훈련 교장敎場에서도 지속적으로 오류가 발생한 것을 바로잡기 위함이었다.[25] 특히 조선후기의 경우 오례五禮 중 군례軍禮가 약화되며 국왕권 중 군사권과 관련된 의례가 축소되는 경향이 있었으나, 영조대英祖代 대사례大射禮의 복구를 비롯하여 정조대 대열의大閱儀의 재확립을 비롯한 국왕의 실질적인 군사지휘통제권이 강화되었다고 볼 수 있다.

『병학통』에서 새롭게 효율화된 군사신호체계를 살펴보면 다음

---

24) 조선전기의 五衛편제상 군지휘 체계는 국왕-병조판서-오위장-이하 부대장의 순서였지만, 조선후기에는 五軍營 체제로 군영이 변화하면서 병조판서는 명목상으로는 오군영의 한 군영인 禁衛營의 수장으로 자리매김되었다. 따라서 나머지 營의 大將, 특히 조선후기 가장 영향력이 컸던 군영인 訓鍊都監의 대장을 통제하지 못하는 한계가 따랐다. 정조는 이러한 한계를 극복하기 위하여 오위제를 수원 화성의 편제에 접목시켰으며, 국왕이 직접 군사를 지휘하는 방식으로 조선전기의 체제로 군사권을 통일하려 하였다. 이를 위하여 조선전기의 군사훈련 방식인 大閱儀의 방식을 새롭게 정립시켰다.

25) 대표적으로 영조대에 새롭게 편찬된 『續兵將圖說』의 간행이유도 이러한 군사기동훈련을 빠르게 하기 위함이었다. 이에 대한 연구는 최형국, 「英祖代 都城 守城체제 변화와 騎兵 강화」, 『중앙사론』 45집, 중앙사학연구소, 2017 참고.

과 같다. 먼저 임란 이후 새롭게 전장에 화약무기가 급속도록 보급되면서 기존의 군사용 악기 신호는 그 한계가 명확해졌다.[26] 따라서 모든 군사 신호의 시작에서는 신호포信號砲 혹은 신포信砲/호포號砲라고 하여 각 방위에 따라 혹은 신호명령의 순서에 따라 포성의 숫자로 군사명령의 시작을 알렸다.

다음으로는 해당 방위 부대의 깃발인 대기치大旗幟을 움직여 군사기동을 시작하게 하였다. 예를 들면 동서남북에 해당하는 방위의 색(좌-청룡, 우-백호, 남-주작, 북-현무)을 대기치大旗幟로 부대단위 지정하여 해당 부대가 신호를 받으면 인지했다는 신호를 작은 호포와 함께 해당 부대의 인기認旗를 움직여 신호하였다.[27]

이런 지휘관급의 신호가 오고 가면, 바로 이어 군사이동이 진행되는데, 해당 부대의 군사용 악기신호를 이용하여 공격과 퇴각이 진행되었다. 보통은 가죽에 해당하는 북과 같은 종류의 악기는 앞으로 나아감을 의미하였으며, 쇠에 해당하는 징이나 꾕과리와 같은 금속성 소리는 퇴각을 의미하였다.[28] 공격이나 퇴각의 속도 역시 해당 악기의 두드리는 속도에 따라 결정되었다.

예를 들면, 일반적인 걸음 속도로 북을 두드리면 행군하라는 신호이며, 속도가 조금씩 빨라져 적과 교전하는 상황이 발생하면 거의

---

26) 최형국, 「조선후기 군사 신호체계 연구-〈兵學指南演義〉를 중심으로」, 『학예지』 15집, 육군박물관, 2008, 19-28쪽.
27) 깃발로 군사신호를 할 때에는 보통 應-응답, 點-깃발을 지면에 대지 않고 다시 일으켜 세움, 指-깃발을 지면에 대었다가 다시 일으켜 세움, 揮-깃발을 크게 좌우로 휘두름, 報-보고 등으로 구분하였다.
28) 최형국, 「조선후기 군사 신호체계 연구-〈兵學指南演義〉를 중심으로」, 『학예지』 15집, 육군박물관, 2008, 22쪽.

난타에 해당할 정도로 빠르게 북을 두드리고, 천아성天鵝聲을 비롯한 몇 가지 군사신호를 더해 군사들이 접전신호를 알리게 하였다.[29]

반대로 공격을 멈출 시에는 북 대신에 징을 두드려 군사들의 움직임을 통제하고 바로 이어 대기치大旗幟를 비롯한 군사신호용 깃발을 해당 부대 지휘관에게 명령을 내리고 이에 대한 반응이 올 경우 호포號砲를 쏘아 해당 부대 군사전체에 알리는 방식이었다. 역시 마지막에는 대취타大吹打로 퇴각신호가 이어지고 마지막에는 징을 두드려 군사의 회군을 마무리 짓는 방식이었다.

『병학통』에 수록된 전술훈련은 정조대에 실전처럼 훈련되었다. 예를 들면, 단순히 진법陣法의 변화나 무예시험 정도로 끝나는 것이 아니라, 실제로 두 개의 부대가 충돌하여 공격과 방어훈련을 진행하여 진법을 구축하고 이를 무너뜨리는 단계까지 발전시킨 것이다. 특히 국왕의 교외 어가행렬御駕行列을 상정하여 국왕이 탄 어가를 호위하며 군사훈련을 전개하기도 하였다. 다음의 사료를 통해 이를 확인할 수 있다.

(다) 壯勇衛가 御駕의 전후에서 侍衛하고, 깃대와 북을 벌여 놓았다. 御駕가 나아가려 할 때 砲를 쏘고 天鵝聲을 불었으며, 배치된 군사는 조총의 탄환을 다 같이 3번 쏘았다. 포를 3발 쏘자 大吹打를 울렸다....(中略)... 壯勇衛와 武藝廳의 군사로 사면에서 충돌

---

29) 조선 전기의 북을 이용한 군사 신호는 크게 4가지로 구분하는데, 進鼓는 지휘할 때 치는 북, 戰鼓는 戰角을 불면서 치는 북, 徐鼓는 장단을 천천히 치는 북, 雷鼓나 疾鼓는 장단을 빠르게 치는 북, 으로 모두 전진을 의미하는 신호였다.

하게 하다가 철수시키자, 京軍 3개 哨는 중앙에서 六花陣을 치고 鄕軍 2개 초는 좌측에서 銳陣을 치고 牙兵은 우측에서 圓陣을 쳤다. 뒤쪽 좌측 대열의 장용위는 예진을 추격하고, 우측 대열 장용위는 원진을 추격하며, 무예청은 육화진과 충돌하다가 철수하였다. 병방으로 하여금 경군 1개 초를 거느리고 壇 앞에 나아가 方陣을 치게 하고, 장용위와 攔後軍으로 앞길을 차단하여 구원의 길을 끊게 하였다.[30]

위의 사료를 보면 국왕이 탄 어가御駕를 중심으로 가상의 적이 공격했을 때, 국왕 근밀 조총수들이 탄환을 발사하고 이후 행군하면서 육화진六花陣을 비롯한 다양한 진법을 구사하는 모습을 보여주고 있다. 또한 경군京軍과 일종의 모의전투 훈련처럼 진법을 구축한 병사들을 향해 돌격하거나 방어하는 모습을 확인할 수 있다.

〈그림 2〉는 병학통에 수록된 「육화진도六花陣圖」는 장용위壯勇衛와 무예청武藝廳의 공격에 대비하여 경군京軍이 펼친 진법 중 하나의 형태이다. 그리고 부대 간의 전투능력 배양뿐만 아니라, 지휘관인 각 군영의 대장들의 지휘능력을 보다 강화시키기 위하여 다양한 실전훈련을 진행하기도 하였다. 구체적으로 훈련대장訓鍊大將

---

30) 『日省錄』正祖 14年 庚戌(1790) 10月 29日(丙子). "壯勇衛侍衛於駕前後旗鼓擺列駕將出放砲吹天鵝聲札駐兵吐丸共三次放砲三聲大吹打...(中略)...肅靜砲三聲掌一號發塘報掌二號開營行三路行營兵行一週下方營前面操以壯勇衛及武藝廳四面衝突收回京軍三哨居中爲六花陣鄕軍二哨在左爲銃陣牙兵在右爲圓陣後右列壯勇衛追擊銃陣右列壯勇衛追擊圓陣武藝廳衝突六花陣收回令兵房率京軍一哨赴壇前爲方陣以壯勇衛及攔後軍遮前以斷救應路."

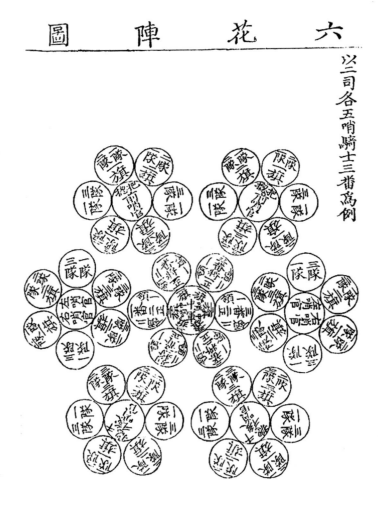

〈그림 2〉『兵學通』의「六花陣圖」[31]

---

[31] 『兵學通』「六花陣圖」; 마치 꽃잎 6개가 펼쳐진 듯 진법을 펼친다고 하여 '육화진'이라는 이름
이 붙여졌다. 꽃수술에 해당하는 정 중앙에 中軍將이 전체를 통하고, 그 바깥쪽으로 꽃잎에
해당하는 다섯 개의 잎 중간에 各哨의 哨官이 전투를 담당한다.

과 금위대장禁衛大將이 지휘하는 부대를 서로 교전시키거나,[32] 핵심 금군禁軍 역할이었던 용호영龍虎營의 기병을 국왕의 친병親兵으로 삼아 다른 부대를 기습 공격하는 등 기동력을 극대화시키는 전술 훈련을 지속적으로 진행하였다.

이러한 『병학통』을 통한 강화된 전술훈련은 정조의 화성행행시 어가행렬御駕行列에도 그대로 반영되었는데, 「반차도班次圖」에 기록 된 군병배치 역시 이러한 전술훈련을 기본 바탕에 두고 어가御駕를 보호하는 방식으로 구성되었다.

3. 『병학통』에 입각한 화성행행 「반차도」의 전술적 군병배치

큰 의미에서 반차도의 군사적 의미를 살펴보기에 앞서 가장 먼 저 살펴봐야 할 것이 능행길에 사전에 배치된 당보군塘報軍의 형태 다. 혹시 모를 적의 기습이나 매복을 사전에 제거하고 유사시 군사 신호를 빠르게 보고하기 위해 능행陵幸처럼 도성인 궁궐을 벗어날 경우 사전에 군사들을 배치하였는데, 정조대의 화성행차에 대비 하여 미리 배치된 당보군의 숫자와 부대거리를 살펴보면 다음과 같다.

---

32) 『承政院日記』 正祖 9年 2月 10日(庚寅).

(라) 1塘은 궐문 밖에, 2당은 鍾閣에, 3당은 南大門에, 4당은 石隅에, 5당은 蔓川에, 6당은 露梁行宮에, 7당은 金佛巖인데 노량행궁에서 5리이고, 8당은 社堂里인데 금불암에서 5리이고, 9당은 南泰嶺인데 사당리에서 6리이고, 10당은 果川의 작문인데 남태령에서 5리이고, 11당은 冷井인데 과천의 작문에서 4리이고, 12당은 葛山인데 냉정에서 6리이고, 13당은 자잔동自棧洞인데 갈산에서 5리이고, 14당은 沙斤의 終站인데 자잔동에서 5리이고, 15당은 미륵당彌勒堂인데 사근의 종참에서 5리이고, 16당은 眞木亭인데 미륵당에서 7리이고, 17당은 華城의 작문인데 진목정에서 7리이고, 18당은 上柳川인데 화성의 작문에서 5리이고, 19당은 庫執里인데 상류천에서 5리이고, 20당은 培養洞인데 고집리에서 5리이고, 21당은 재실의 작문인데 배양동에서 5리이다.[33]

위의 사료는 정조가 수원 화성의 능행차 때 미리 척후斥候의 임무를 수행하기 위해 보낸 당보군의 배치와 각 부대 간 거리를 보여주고 있다. 특히 1당塘은 기병3~5명으로 구성되어 약 5리(약 2km)를 기준으로 어영청御營廳 주마기사走馬騎士, 훈련도감訓鍊都監 별수가마병別隨駕馬兵, 별대마병別隊馬兵 등 몇 개의 서로 다른 부대에서 차출하여 배치하였는데, 이는 만약에 한 군영軍營이 반란과 연관이 될 경우 전체적인 지휘보고체계가 무너지는 사태를 대비하기 위함이었다. 그리고 이러한 서로 다른 부대의 배치는 정조의 을묘년 반

33) 『日省錄』正祖 18年 1月 12日, 庚子條.

차도에도 그대로 반영되었다.

조선시대 반차도에 등장하는 인원의 배치형태는 전기와 후기의 구별 없이 기본적으로는 도가導駕[34] 부분 - 선상군병先廂軍兵[35] 부분 - 의장儀仗 부분 - 가전시위駕前侍衛[36] 부분 - 어연御輦/어가御駕[37] 및 근밀시위(어련시위御輦侍衛) 부분 - 가후각차비駕後各差備[38] 및 문무백관文武百官 부분(가후시위駕後侍衛) - 후상군병後廂軍兵[39] 부분 등으로 크게 7가지 정도의 구역으로 나뉘어 행차 인원이 배치되었다.[40]

특히 영조대英祖代 이후 국왕이 도성을 떠나 능참배나 휴식을 위하여 교외郊外로 어가행렬이 이어질 경우 영조대에 재정리된『국조속오례의보서례國朝續五禮儀補序例』의 「성외동가배반지도城外動駕排班之圖」을 중심으로 행렬의 배치가 이뤄졌다.[41] 그런데 정조대正祖代에는 이를 또 다시 수정하여 국왕이 교외 거둥시 기본적인 의장 및 군사배치를 보다 현실적으로 변경하였다.

---

34) 어가 행렬 맨 앞에서 이동로 바닥을 고르게 하거나, 잡인의 출입을 사전에 막는 부분으로 국왕의 거둥 준비 및 실행을 담당하는 官府의 책임자들이 주로 배치된다.

35) 어가 행렬 앞쪽에서 선봉대의 형식으로 시위하는 군병.

36) 어가 바로 앞에서 시위하는 군병으로 이 구역부터는 국왕의 허가하에만 어가쪽으로 이동이 가능.

37) 사람의 어깨에 의해 이동하면 御輦이 되고, 말이 끄는 경우 御駕가 된다. 보통 城內에서는 御輦방식이고, 城外로 거둥시에는 거리가 멀기에 御駕 방식이 된다.

38) 국왕의 행렬을 위하여 어가의 뒤에서 임시로 특별 임무를 임명을 받은 差備官.

39) 어가행렬의 맨 뒤에서 후방을 방어하거나, 어가가 공격받을 시 후위의 군병들이 어가 바깥쪽으로 몇 겹으로 방어에 활용했던 군병.

40) 노영구 외, 「조선후기 의궤 반차도에 나타난 군병 배치 및 군사용 깃발의 표현양식」,『역사와 실학』56, 역사실학회, 2015, 112~116쪽.

41) 『國朝續五禮儀補序例』「城外動駕排班之圖」: 정중앙에 국왕이 탄 가마인 어가가 배치되어 있다. 그림은 왼쪽에서 오른쪽으로 진행하는 모습이며, 맨 선두에는 導駕가 배치되고 그 뒤로 先廂馬兵이 오렬 종대로 五馬作隊를 형성하는 것으로 호위의 시작을 알리며 호위의 끝은 맨 마지막의 後廂步軍三衛가 배치된 형태를 보여주고 있다. 이러한 국왕의 어가행렬에 대한 의례적 모습은 김지영,『朝鮮後期 국왕 行次에 대한 연구-儀軌班次圖와 擧動記錄을 중심으로』, 서울대학교 박사학위논문, 2005를 참고한다.

다음의 〈그림 3〉을 보면, 국왕이 탄 어승마御乘馬를 중심으로 앞뒤와 좌우에 의장물과 군병들이 배치되어 있음을 알 수 있다. 특히 정조대 『춘관통고春官通考』에서는 이전 「배반지도排班之圖」나 「반차도班次圖」와는 다르게 국왕의 시위를 군사적으로 강화하기 위하여 어승마의 후미가 마치 진영陣營의 출입구처럼 '문門'을 따로 표시하여 주장主將처럼 호위를 강화한 모습이 가장 큰 차이점이다.[42] 또한 유사시 바로 군병軍兵을 투입하여 국왕의 어승마를 보호하기 위하여 행렬의 후미병력을 강화한 것이 특징이기도 하다.

후미병력의 강화 중 가장 주목해야 할 부분은 '별대마병別隊馬兵'을 비롯한 후상군병後廂軍兵에 말을 탄 기병을 여러 겹 배치하여 유사시 빠르게 공격과 방어가 이뤄지도록 했다는 것이다. 이러한 기병 강화 양상은 숙종대肅宗代부터 시작되었던 함경도咸鏡道의 친기위親騎衛, 평안도平安道와 황해도黃海道의 별무사別武士를 비롯하여 경상도慶尙道 동래東萊의 별기위別騎衛 등 전체 기병전력의 강화 양상 속에서 그 의미성을 살펴볼 필요가 있다.[43]

---

42) 이 「班次圖」는 좌에서 우로 그림을 읽어야 하며, 맨 오른쪽에 後廂軍兵에서 御乘馬까지가 행렬의 후미이다.
43) 최형국, 「英祖代 都城 守城체제 변화와 騎兵 강화」, 『중앙사론』 45집, 중앙사학연구소, 2017 : 영조대 이후 정조대의 기병강화 양상은 기병이 실제로 훈련했던 마상무예를 보강하기 위하여 『무예도보통지』 편찬 내용에도 영향을 끼쳤다.

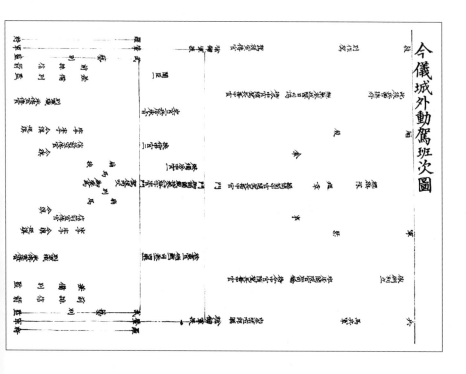

〈그림 3〉『春官通考』의 「今儀城外動駕班次圖」 중 御乘馬와 後廂軍兵 부분[44)]

이러한 기병강화 양상은 당시 행행幸行에 참여한 군사들의 배분을 보면, "整理所 將校·軍兵 84원인명, 壯勇營 大將 以下 將官·將校·軍兵 1,867원인명, 訓鍊都監 大將 以下 將官·將校·軍兵 1,456원인명, 龍虎營 兵曹判書 禁軍 別將 以下 將校·軍兵 254명, 御營廳 將校·軍兵 103명, 禁衛營 將校·軍兵 21원인명, 守禦廳 將校·軍兵 54원인명, 摠戎廳 將校·軍兵 54원인명"[45]으로 훈련도감과 장용영의 참여 인원이 가장 두드러지는데, 이 중 두 영의 기병들이 선상先廂과 후상後廂의 기병대로 가장 많이 투입되었음을 알 수 있다.[46]

그리고 어승마 주변으로는 '신전선전관信箭宣傳官'이 가장 근거리에 배치되는 것도 주목할 만한 차이점이다. 이는 국왕이 군영軍營의 주장主將처럼 직접 군사명령의 신호를 직접 전달하겠다는 의지의 표현이기도 하다. 또한 조선후기 군병 중 가장 충성심이 높은 부대인 '별군직別軍職'을 근밀시위에 배치했다는 것도 상당한 의미성을 갖는다.[47]

이와 같은 어가행렬에 대한 전반적인 분석을 바탕으로 『원행을묘정리의궤園幸乙卯整理儀軌』 중 화성행행 반차도를 배치 순서대로

---

45) 『園幸乙卯整理儀軌』 卷3, 移文 乙卯 2月 30日.
46) 나머지 중앙군 병력은 국왕이 창덕궁을 떠남과 동시에 留都大臣과 留都大將의 지휘아래 창덕궁의 서문인 金虎門 앞에 1차 방어진을 치고, 東營과 南小營을 비롯한 궁궐 주변에 기본 방어력을 증강시킨다. 또한 留都軍 中軍은 정조가 한강 배다리까지 도착할 때까지 先/後廂軍의 병력을 보강하여 혹시모를 위험에 대비하였다. 당시 留營軍의 숫자는 1931명이었다.(『園幸乙卯整理儀軌』 卷3, 狀啓 乙卯 2月 初9日條.)
47) 丙子胡亂으로 瀋陽에 볼모로 간 鳳林大君(훗날 孝宗)을 陪從한 八壯士軍인 朴培元·申晉翼·吳孝誠·趙壤·張愛聲·金志雄·朴起星·張士敏 등의 노고를 생각하여 孝宗 즉위 초에 설치한 국왕의 소수 정예 친위조직인데, 正祖代에는 이들의 자손들과 선전관 중 자질이 뛰어난 사람들 따로 선출하였기에 국왕에 대한 충성도가 가장 높은 군조직으로 볼 수 있다.

살펴보면 다음과 같다.

첫째, 행렬의 첫 부분은 정리사整理使인 경기감사京畿監司 서유방徐有防이 선두에 서고 바로 이어 전체 행렬을 주관하는 총리대신摠理大臣 채제공蔡濟恭과 보좌관격인 녹사錄事와 장교將校까지 '도가導駕'부분을 담당하고 있다. 도가부분의 맨 선두는 헌병격인 군뢰軍牢手와 국왕의 행렬임을 알리는 순시기巡視旗 및 영기令旗가 좌우로 펼쳐지고 그 안에 도장을 실은 인마印馬, 갑주를 실은 갑마甲馬 배치된다.

둘째, 행렬의 선두에서 호위를 담당하는 '선상군병先廂軍兵'부분이 지휘 응답에 사용하는 '인기認旗'를 세우고 이끈다. 첫 번째 등장하는 인기認旗는 기병부대인 별기대別騎隊이기에 말을 탄 기병이 깃발을 들고 있다. 먼저 84명의 별기대가 오마작대五馬作隊라고 하여 오열종대의 형태로 서두를 이끈다.[48] 그 뒤 좌우로는 오방색의 신기神旗가 배치되는데, 이는 해당 예하 부대의 통제에 활용하는 깃발이다. 바로 이어 두 번째 인기認旗가 나오고 앞 부대를 통제하는 마병별장馬兵別將이 배치된다. 바로 이어 말을 탄 인기認旗 뒤에 마병초관과 좌우초左右哨가 오마작대를 이루는 대열이 이어진다.

그리고 붉은 고초기高招旗가 서고 보병步兵을 담당하는 인기認旗가 걸어가고 바로 이어 보군초관步軍哨官이 이를 통제하는 모습을 확인할 수 있으며, 다음 인기認旗 뒤에는 해당 부대를 통제하는 파총把摠이 말을 타고 이동한다. 이들을 현장에서 지휘하는 보군초관

---

48) 別騎隊 85명이지만 그림 상에는 오열종대 2줄 그려져 있다. 인원을 전부 그리기에는 한계가 있어 생략한 것이다.

步軍哨官은 말을 타고 이동하고 그 뒤로는 좌부좌사중초左部左司中哨 3隊가 종대(평행平行)로 배치된다.

그 뒤로는 주변의 상황을 미리 알리는 당보기塘報旗를 시작으로 대열을 선두를 알리는 청도기淸道旗와 의장용 깃발인 백호기白虎旗, 황문기黃門旗, 주작기朱雀旗, 등사기騰蛇旗, 현무기玄武旗, 청룡기靑龍旗, 황문기黃門旗가 배치되고 뒤에 군사신호용 악기를 다루는 부대를 상징하는 금고기金鼓旗가 맨 후미를 장식한다.[49]

금고기金鼓旗 뒤로는 나팔을 시작을 꾕과리, 피리, 북 등 군사훈련시 전진과 후퇴를 알리는 악기가 배치된다. 이들 뒤에는 훈련대장訓鍊大將 이경무李敬懋를 중심으로 영전令箭과 군뢰軍牢가 배치되어 군령을 시작하는 공간임을 확인할 수 있다. 이는 선상군병先廂軍兵이 훈련도감의 통제 하에 있음을 의미한다. 이곳부터 중군中軍과 금군별장禁軍別將, 선구금군先驅禁軍 25인 오마작대五馬作隊까지의 영역이 선상군병先廂軍兵이 담당하는 공간이다.

셋째, 수정장水晶仗, 양산陽繖, 금월부金鉞斧가 국왕의 시위侍衛 의장儀仗임을 알리는 '가전시위駕前侍位' 부분이다. 국왕 의장물과 함께 그 뒤에는 국왕의 도장을 상징하는 어보마御寶馬가 중심에 있고, 행렬의 특별 임시임무를 담당하는 차비선전관差備宣傳官을 따라 얼굴을 가린 나인들인 선예나인先詣內人[50]이 좌우 각 9명씩의 말을 탄 여성들이 배치되었다. 국왕을 태운 가마인 어가御駕 앞에는 정

---

49) 五方旗는 보통 대중소 등 3가지로 구분되며, 군사신호에 사용하는 오방기는 아무 그림이 없는 소오방기를 認旗와 짝지어 군사신호에 활용한다.
50) 이들은 국왕보다 먼저 도착하여 국왕의 수라를 비롯한 수발을 미리 준비하는 역할이다.

리사整理使인 수어사守禦使 심이지沈頤之가 가전별초駕前別抄 50명의 기병으로 어가 앞으로 시위한다. 따라서 '가전시위駕前侍位'는 수어청守禦廳에서 담당했음을 알 수 있다.

넷째, 국왕이 탄 가마인 어연御輦/어가시위御駕侍衛 부분인데, 국왕의 의물인 홍개紅蓋[51]를 앞세우고 백택기白澤旗, 삼각기三角旗, 각단기角端旗, 주작기朱雀旗, 벽봉기碧鳳旗 등 신기神旗가 배치되는데, 이 신기는 각 부대의 지휘상징물로 국왕이 직접 해당 부대에 명령을 내릴 때, 호포號砲 신호 후 가장 먼저 움직이는 깃발로 각 부대마다 사전에 부대 깃발을 지정받는 방식이었다. 바로 이어 은등자銀鐙子, 금등자金鐙子, 은립과銀立瓜, 금횡과金橫瓜, 은횡과銀橫瓜, 정旌, 금월부金鉞斧, 작선雀扇, 봉선鳳扇, 용선龍扇, 청개靑蓋가 좌우로 펼쳐지고, 그 사이로 국왕의 가마 중 말이 끄는 어가御駕가 배치되었다.[52] 그리고 국왕의 어가 바로 뒤로는 국왕의 군사권을 대표하는 둑기纛旗와 국왕을 상징하는 황색의 용기龍旗가 배치되었다.[53]

용기龍旗 뒤에는 군사신호용 악기에 해당하는 대각大角을 시작으로 나팔2, 북, 점자, 바라, 호접, 해금 등 완벽한 대취타大吹打가 가능한 4열 종대의 기마악대가 배치된다.[54] 이들 행렬의 바로 뒤를

---

51) 紅蓋로 시작하여 儀物의 끝은 靑蓋로 마무리된다.

52) 보통 鹵簿儀仗에서 大駕鹵簿는 의장물이 156개, 法駕鹵簿는 105개, 小駕鹵簿는 53개가 활용되었다(김지영, 전게논문, 2005, 31쪽).

53) 당시 실제로 정조는 이 어가에 타지는 않았으며, 바로 대열의 뒤에 있는 어승마인 坐馬를 통해 이동하고 있다. 이러한 이유로 국왕의 가마 좌우에 信箭宣傳官과 근밀시위를 담당하는 別軍職을 비롯하여 鳥銃手가 서지 않은 것이다. 그리고 그 인원이 그대로 坐馬쪽에 배치된다.

54) 군사신호용 악기의 신호형태와 그에 따른 군사들의 이동 변화는 다음의 논문을 참고한다. 최형국, 「조선후기 군사 신호체계 연구-〈兵學指南演義〉를 중심으로」, 『학예지』 15집, 육군박물관, 2008.

이어오는 계라선전관啟螺宣傳官이 악대를 통제하며 대열 전체의 움직임을 주관한다. 바로 이어 3열의 군사신호용 깃발이 이어지는데, 바깥쪽은 깃발 행렬을 이끄는 청도기淸道旗를 시작으로 방위기인 서남각기西南角旗, 군영의 출입문을 상징하는 황문기黃門旗를 비롯하여 서북각기西北角旗, 백호기白虎旗, 현무기玄武旗, 금고기金鼓旗가 그리고 짝을 지어 아래로는 청도기淸道旗를 따라 동남각기東南角旗, 황문각기黃門角旗, 동북각기東北角旗, 주작기朱雀旗, 청룡기靑龍旗, 금고기金鼓旗가 배치되었다.

또한 중간 열에는 홍紅·람藍·황黃·백白·흑黑의 다섯 가지 색상의 고초기高招旗가 배치되는데, 고초기는 주장主將의 친위親衛 아병牙兵을 지휘하거나 유군遊軍의 기병騎兵을 통제하는데 가장 보편적으로 사용하는 깃발이었다. 특히 이들 행렬 뒤로 이어지는 황색 바탕에 홍색 화염각을 붙인 초요기招搖旗 두 개가 깃발의 마지막을 장식하는데, 이 깃발은 정조대 새롭게 국왕행렬에 배치되어 국왕의 군사통제권을 전군全軍에 알리는 가장 확실한 깃발로 인식되었다.[55]

특히 그림에는 '훈련도감초요기訓鍊都監招搖旗'와 '장용영초요기壯勇營招搖旗'가 보이는데, 이를 통해 본 행차의 핵심 시위부대가 훈련도감訓鍊都監과 장용영壯勇營임을 확인할 수 있다.[56]

---

55) 『日省錄』正祖 2年 3月 11日, 辛未條, "予曰 六軍門招搖旗入之 予曰 招搖旗卽禮記所載之旗 此是旗幟中最重者也 志恒曰 自國初所有之旗也 承旨 洪國榮曰 凡於戰陣之中 皆以此旗號令 非此旗則實無指揮三軍之道矣."; 招搖旗는 국왕의 군사통솔권을 어가행렬 속에서 보여주는 상징적인 軍旗로 정조대 이전의 반차도나 배반도에는 보이지 않는 깃발이다. 이러한 초요기의 성격에 대한 연구는 다음의 논문을 참고한다. 김지영,『朝鮮後期 國王 行次에 대한 연구-儀軌班次圖와 擧動記錄을 중심으로』, 서울대학교 박사학위논문, 2005, 56~58쪽.
56) 앞서 살펴보았듯이, 훈련도감은 행렬의 선두인 先廂軍兵의 통제를 맡았으며, 壯勇營은 좌마의 바로 후미부터인 後廂軍兵을 담당했다.

아래의 〈그림 4〉에서 확인할 수 있듯이, 중심의 고초기高招旗와 좌우열의 오방기五方旗가 짝을 이루고 방위기인 각기角旗를 두 개의 초요기招搖旗를 통해 지휘하고 있음을 알 수 있다. 또한 이들 전체는 가장 후미에 보이는 '용기초요기차비선전관龍旗招搖旗差備宣傳官'이 국왕의 명령을 바로 받아 수행하는 군사신호방식임을 알 수 있다. 그리고 초요기와 선전관 사이의 악대는 소라(나각螺角), 북(고鼓), 징(정鉦)으로 가장 기본적으로 모든 지휘관을 불러 모으는 용도(나각螺角)와 공격/전진(고鼓)과 방어/후퇴(정鉦)를 담당하는 것만 간단하게 배치하여 나머지 악대를 소리로 이끄는 역할을 담당하였다. 그 뒤에는 혜경궁 홍씨와 정조의 수라를 실은 수라가자水刺架子 수레가 배치되고 이어 정리사整理使인 총융사摠戎使 서용보徐龍輔가 배치되어 있어 이번 행행幸行시 어연御輦 시위는 총융사摠戎使에 의해 통제되고 있음을 알 수 있다.

다섯째, 다른 반차도에서는 나타나지 않는 독특한 형태인데, 이번 화성행행華城幸行에서는 국왕인 정조가 일반적인 어연御輦이나 어가御駕에 타지 않고 좌마坐馬를 통해 움직였기에 근밀시위 부대가 새롭게 편성된 부분이다. 위의 〈그림 3〉「금의성외동가반차도今儀城外動駕班次圖」에서 확인할 수 있듯이, 정조의 근밀시위는 별군직別軍職과 승전선전관承傳宣傳官이 가장 가까이에 서고 그 주변으로 무예별감武藝別監, 창검군槍劍軍과 협련군挾輦軍, 그리고 맨 마지막 바깥쪽에는 나장羅將이 배치되는 형태이다.

이번 행차에서는 어가 뒤로 가후선전관駕後宣傳官, 승전선전관承傳宣傳官, 별군직別軍職, 별수가장관別隨駕將官, 차지교련관次知敎鍊官이 마대馬隊를 형성하고 바로 이어 보병인 협련군挾輦軍 40명과

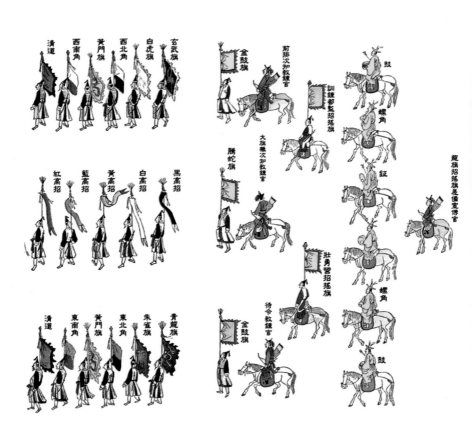

〈그림 4〉 華城幸行「班次圖」중 招搖旗 부분도

무예청武藝廳 총수銃手 40명이 어머니 혜경궁 홍씨의 가마 앞부터 좌우로 각각 세 겹으로 시위군을 편성하였다. 이어 정조가 탄 어승마인 좌마 부분에는 시위를 가장 두텁게 하여 협마무예청挾馬武藝廳 소속 50명과 협마순뢰挾馬巡牢 10명이 각각 좌마坐馬의 위아래로 다섯 겹의 인의장막을 치고 정조를 호위하였다. 보통 국왕의 교외 거둥에는 길의 협소함의 문제로 보통 바깥쪽으로 3열의 방어막을 치지만, 정조는 이를 더 두텁게 하기 위하여 5열의 환도수環刀手, 조총수鳥銃手, 장창長槍과 능장수稜杖手 등이 배치되었다. 그리고 이 부분은 '무예청작문武藝廳作門'이라 하여 마치 군영의 출입구로 엄히 통제하는 방식을 취했다.

이러한 군병 배치를 『병학통兵學通』의 전술과 연관 지어보면, 정조의 어승마御乘馬가 타격당할시, 앞이나 후미의 기동력이 빠른 기병을 동원하여 전선을 형성하여 적의 진입을 차단함과 동시 무예청武藝廳 조총수鳥銃手와 환도수環刀手들이 몇 겹의 방어진을 치고 정조를 보호하는 전술전개방식이었다. 이를 『병학통兵學通』의 군사용 깃발과 악기를 활용하여 행군行軍 중 기동전술을 펼치는 부분을 살펴보면 다음과 같다.

(마) 가왜(假倭 - 가상의 敵)이 나타나면 塘報軍은 깃발을 흔들어 경보를 알리고, 선두의 哨官은 작은 소리로 경보가 있음을 알린다....(중략)... 징을 치면 바라 불기를 멈추고, 轉身 나팔을 불면 각 병사들은 (적을 향해) 방향을 바꾼다. 징을 치면 나팔 불기를 멈추고, 포를 한번 쏘고, 남색, 백색 高招旗를 세운다. 앞을 향해 緊鼓를 치고 擺隊伍 나팔을 불면 馬兵은 급히 나와 (적의) 앞을

막아 끊는다. 步兵은 급히 달려 나와 一字로 늘어서는데, 매 旗마
다 한 곳에 모이되 3丈의 공간을 비워둔다. [殺手인 좌부의 중사
는 前層이 되고, 우부의 중사는 後層이 된다. 鳥銃手인 좌부와
우부의 좌사는 전층의 앞에 서되 밖을 향하여 늘어선다.] 57)

　　위의 사료는 적이 앞에서 출현했을 때를 상정한 전술기동의 모
습을 확인할 수 있다. 적이 나타나면 나팔이나 깃발 등 군사신호에
따라 해당 공격 면面에 기동성이 뛰어난 마병馬兵 즉 기병騎兵들이
적군의 전진을 막아서고, 이후 보군步軍들이 주장主將 즉, 정조가 탄
어승마의 안쪽부터 순서대로 군사들이 기동 전개하는 방식이었음
을 알 수 있다. 이때 조총수들이 가장 바깥층을 이뤄 적에게 원거
리 사격을 가하고, 창검으로 무장한 살수殺手들을 여러 층으로 만
들어 인의장막을 치게 되는 것이다. 58)

57)　『兵學通』卷1, 「列陣」, "假倭見 形塘報搖旗報警 頭局哨官 徵聲傳有警 各隊長挨傳至尾局 卽
　　還報知道到頭局 防砲一聲 吹哮囉各兵起立 再吹馬兵上馬 鳴金哮囉止吹 轉身喇叭各兵向方
　　轉身 鳴金喇叭止 放砲一聲 立藍白高招 向前點點緊鼓 吹擺隊伍喇叭 馬兵急出兵全遮截 步兵
　　緊趣一字 擺列每旗爲一緊留空三丈[殺手左部中司爲前層 右部中司爲後層 銃手左右部左司立
　　于 前層之前自內擺向外."; 이러한 움직임은 「一路行過警列陣圖」를 통해 도식화하여 설명하
　　였다.
58)　이러한 적의 거리에 따른 전술변화는 『研經齋全集外集』卷42, 「華城軍制 器械條」에도 보인
　　다. 관련 내용은 다음의 논고를 참고한다. 최형국, 『정조의 무예사상과 장용영』, 경인문화사,
　　2015, 68쪽.

『무예도보통지武藝圖譜通志』

이 병서는 조선, 중국, 일본, 몽골 등 주변국가의 다양한 무예를 조선화시켜 스물네가지(무예24기)로
정립시킨 동아시아 대표 단병무예서다. 2017년 10월 31일, 북한이 <유네스코 세계 기록문화 유산>으
로 단독 지정 받았다. 이 병서를 이해하기 위해서는 이 무예를 활용했던 진법 속에서의 움직임을
반드시 함께 연구해야 한다. 조선시대의 무예훈련은 사극이나 영화에서처럼 자신의 실력을 뽐내는
개인 전투방식이 아니라, 정확하게 오와 열을 맞춰 진법 속에서 함께 싸우는 움직임이기 때문이다.
정조의 교외 능행차시 배치된 군사들의 경우도 진법 속의 움직임을 바탕으로 유사시 개인의 무예를
드러내게 된다. (규장각 한국학연구원 소장)

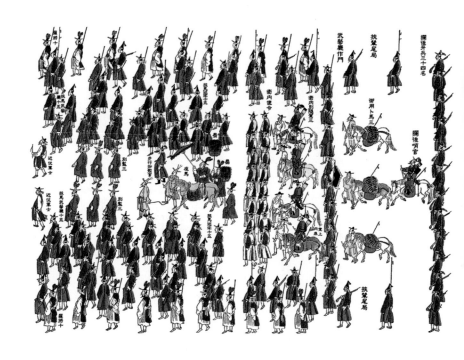

〈그림 5〉 華城幸行 「班次圖」 중 坐馬(御乘馬) 부분도[59]

---

59) 乙卯年 華城幸行시에 正祖는 앞의 가마가 아닌 坐馬 즉 御乘馬를 직접 타고 움직였기에, 핵
    심적인 보병시위군이 바로 이 부분을 여러 겹 둘러싸고 행렬을 유지했음을 알 수 있다.

이후 선두 기병이 적군의 진입을 저지하지 못할 경우에는 100보步를 기점으로 조총병들은 연속사격을 가한다. 만약 적이 50보步까지 돌파할 경우 제 2층을 구성한 살수殺手 중 당파수는 화전火箭을 발사하고, 장창수는 활을 발사하여 일정한 화망을 구성한다.[60)]

그러나 이렇게 조총 및 당파수의 화력을 집중하고도 적의 돌진을 막지 못할 경우에는 신호포와 함께 북을 느리게 치면서 살수殺手들 중 화전火箭을 쏘던 당파수와 활을 쏘던 장창수가 원대原隊로 돌아와 단병접전을 준비하게 된다.[61)] 이러한 이유로 보병 중 가장 외벽은 조총수가 배치되고 그 뒤로 당파수鎲鈀手 및 장창수長槍手 등 살수殺手가 배치되고 맨 안쪽에는 환도수環刀手들이 국왕을 가장 근접에서 방어하게 되는 것이다.

위의 〈그림 5〉의 정조가 탄 어승마御乘馬인 좌마坐馬 부분을 살펴보면 적의 공격시 국왕을 보호하는 근밀 시위군의 전술 배치를 확인할 수 있다. 위의 〈그림 5〉에서 중심에는 정조가 탄 어승마의 모습이 보인다. 이를 중심으로 적공격의 방향에 따라 기병이 먼저 적의 진입을 막고 근접시위군인 무예청武藝廳 소속의 조총수들이 외벽을 만들고,[62)] 살수殺手 중 장창수와 환도수가 그 안으로 자벽을 만들어 정조를 보호하기 위하여 최소 4~5겹의 방어막이 형성되어

60) 『兵學通』 卷1, 「前層銃手輪放」, "賊在百步之內 放砲一聲 吹哱囉各兵起立 再吹馬兵上馬 鳴金哱囉止 放砲一聲 吹天鵝聲 銃手輪放 鳴金喇叭止 防起火一枝 前層鈀弓手出前 吹天鵝聲放射 鳴金喇叭止."; 「前層銃手輪放圖」.

61) 『兵學通』 卷1, 「後層殺手出戰」. "放砲一聲 點鼓鈀弓手俱回原隊後層間隊而 出待出立隊之前擂鼓吹天鵝聲 吶喊作戰 鳴金鼓止各兵立 又點鼓緊行 又擂鼓吹天鵝聲吶喊作戰 鳴金鼓止各兵立 又點鼓緊行 又擂鼓吹天鵝聲 吶喊作戰 賊敗鳴金鼓止 摔鈸鳴各整隊伍 再鳴各分原隊鳴金鈸止."; 「後層殺手出戰圖」.

62) 현재 그림 상 보병인 조총수들은 조총을 어깨에 메고 진행 중이다.

있음을 알 수 있다.

여섯째, '가후시위駕後侍衛'부분으로 어마의 바로 뒷 열에는 난후초관攔後哨官과 난후아병攔後牙兵 34명이 조총과 환도를 패용하고 3열 횡대로 서서 어승마의 바로 후미를 보호했다. 그리고 이 뒤에는 정리사整理使 부제조副提調 윤행임尹行恁과 정리사整理使 사복제조司僕提調 이시수李時秀가 이들을 통제하는 모습을 보여주고 있고 바로 이어 정조正祖의 누이인 청연군주淸衍郡主와 청선군주淸璿郡主의 쌍가마와 혜경궁 홍씨의 친척을 외빈外賓으로 뒤따르게 배치되었다.

이러한 혜경궁 홍씨의 가마, 정조의 어승마, 왕실의 공주인 군주郡主의 쌍가마 다음에는 대규모 기병들이 편성되었다. 이들 기병은 대부분 장용영壯勇營 선기대善騎隊 소속으로 지구관知穀官, 패장牌將, 선기장용위善騎壯勇衛, 주마선기대走馬善騎隊가 오마작대의 형태를 기본으로 배치되었다. 이들은 모두 뒷렬의 가후선전관駕後宣傳官 2원員의 통제를 받았으며, 그 뒤로 전체 장용위壯勇衛 소속 96명의 기병이 오마작대로 편성되었다.

바로 이 병력이 어승마가 공격 받았을시 가장 먼저 신호를 받고 말을 타고 기동전개하여 적의 진입을 막는 역할을 담당하였다.[63] 특히 정조는 행차시 이동속도의 문제로 기병만을 단독으로 움직여 빠르게 전술기동을 펼치기도 할 정도로 기병중심의 방어전술을 자주 고민하였다.[64]

---

[63] 『兵學通』 卷1, 「列陣」을 보면, 가장 먼저 적의 움직임에 대응하는 부대가 主將 최근거리의 기병임을 알 수 있다.

장용영壯勇營 선기대善騎隊는 바로 이어 배치된 선기장善騎將을 중심으로 인기認旗의 색깔에 따라 부대가 나뉘는데, 청색바탕에 붉은색 화염각을 시작으로, 붉은바탕에 노란화염각, 흰색바탕에 노란 화염각으로 구분되는 것으로 보아 모두 3개의 부대로 나뉘어 어승마御乘馬의 뒤를 시위하였음을 알 수 있다.

그리고 바로 이어 당보기塘報旗와 함께 청도기清道旗로 시작해서 금고기金鼓旗로 끝나는 군사신호용 깃발수가 배치되었고, 그 뒤로는 말을 탄 휴대용 삼혈총三穴銃 방식의 신호포와 대각, 나팔 및 북이 배치되어 장용영 선기대의 가장 기본적인 신호역할을 담당하였다. 이들은 모두 그 뒤에 배치된 장용대장壯勇大將 서유대徐有大의 지휘를 따르게 된다. 대장 앞에 배치된 관이貫耳와 영전令箭은 각각 군뢰수軍牢手와 짝이 되어 군사명령이 시작되는 곳임을 알 수 있다.

또한 장용대장은 아병牙兵 10명의 난후군攔後軍과 중사중초中司中哨 3대隊, 중사후초中司後哨3대隊에는 주로 조총수를 배치하여 기병의 기동작전 후 빈 공간을 메꾸는 역할을 담당하였다. 이들 대열 후미에는 도승지都承旨 이조원李祖源과 더불어 내시內侍, 사알司謁, 금훤랑禁喧郎, 사약司鑰, 의관醫官, 사지事知 등과 함께 배치되었다. 바로 뒤에는 규장각신奎章閣臣을 비롯하여 장용영제조壯勇營提調 이명식李命植이 2명의 경연관經筵官관과 함께 배치되어 문관文官들도 기본적으로 환도環刀와 동개를 패용하여 단순한 의장행렬이 아닌

---

64) 『日省錄』正祖 18年 1月 13日, 辛丑條, "丑時具軍服乘馬出果川行宮 命壯勇衛挾輦 訓將都領攔後馬兵 禁軍馬五十人及善騎隊二哨爲先廂 禁將率領本陣馬兵爲後廂 其餘禁營鄕步軍二哨 壯營京步軍二哨 鄕步軍一哨 使之追到華城."

군사행렬이었음을 알 수 있다. 그리고 이들 뒤에는 가후금군駕後禁軍 50명이 오마작대를 하면서 뒤를 따랐다.

바로 이어 〈그림 6〉에서 보는 바와 같이, 가후시위駕後侍衛의 끝을 상징하는 흰색바탕에 검은 화염각을 두른 '표기標旗'가 배치되었고, 그 뒤에는 차비총랑差備摠郎과 금군禁軍의 대장격인 병조판서兵曹判書 심환지沈煥之이하 서반西班 동반東班 관원들과 말미에는 난후금군攔後禁軍 25명이 오마작대를 하면서 어승마로 통하는 영문營門임과 동시에 가후시위駕後侍衛의 끝부분임을 알렸다.

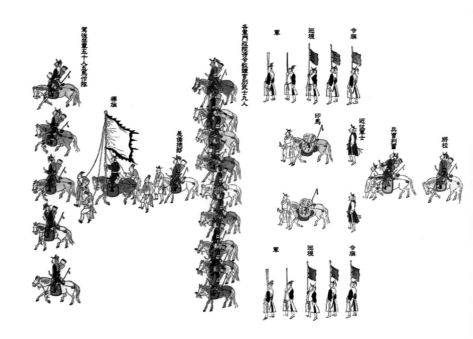

〈그림 6〉 華城幸行 「班次圖」 중 駕後侍衛의 끝을 알리는 '標旗'와 兵曹判書 부분도

마지막으로 일곱째 후상군병後廂軍兵 부분인데, 장용외영壯勇外營 초관哨官과 좌사파총左司把摠을 중심으로 후미를 보호하는 역할을 담당하였다. 여기에는 좌사전초군 3대의 조총수와 좌사중초군 3대의 조총수가 인기認旗에 따라 2명씩 3열 횡대로 배치되었고, 행렬의 마지막은 장용외영壯勇外營 초관哨官을 따라 좌사후초군 3대의 조총수가 전체 행렬의 후미를 마무리하였다.

4. 국왕 정조의 장수적 면모

정조는 1789년 양주 배봉산에서 수원 화산花山으로 아버지의 무덤을 옮긴 후 해마다 현륭원顯隆園 참배를 위해 거둥하였다. 정조는 재위기간 중 총 66회를 능陵이나 원園을 비롯한 능행길에 올랐다. 날짜로 보면 모두 123일을 궐 밖에서 지냈다. 따라서 방어하기 쉬운 궁궐이 아닌 도성 밖의 행행幸行은 그 자체로 많은 위험성을 안고 있기도 하였다. 그래서 을묘년乙卯年 원행길에 정조의 복장은 국왕의 융복戎服을 입고 어승마御乘馬에 직접 올라 마치 군사행렬의 모습을 연상하게 만들었다.

일반적으로 능행차시 국왕의 복장은 익선관翼善冠에 곤룡포袞龍袍를 입는 것이 법도였지만, 정조는 군행軍行으로서의 의미를 더 부각시킨 것이다. 특히 수원 화성에 도착하여 펼친 야간군사훈련인 서장대 '야조夜操'에서는 직접 갑주를 착용하고 군대의 주장主將처럼 대臺에 올라 휘하의 군사들을 직접 진두지휘했기에 그 출발점인 도성의 궁궐인 창덕궁부터 한강의 배다리를 건너 수원 화성까지의

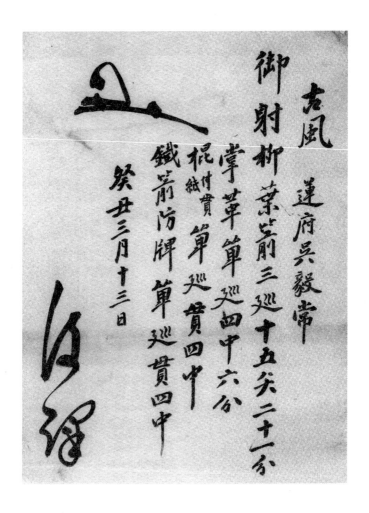

어사고풍御射古風

'고풍古風'은 국왕이 활쏘기를 수련한 풍습이다. 그 활쏘기와 관련한 기록을 '고풍지' 혹은 '고풍첩'이
라고 하는데, 여기에는 활쏘기시 실제로 맞춘 화살 숫자와 더불어 국왕을 수행한 신하들에게 상으로
물품을 내린 내용까지 세세하게 담겨 있다. 이 고풍첩은 1793년 3월 13일 정조가 춘당대에서 직접
활을 쏜 후, 주변에 있던 무신들의 활쏘기를 시험하고 장용영 장관 오의상에게 내려 준 것이다.
문서 상단에 정조의 서명인 수결手決이 들어 있다. '무인武人' 정조의 모습을 가장 잘 담고 있는 것이
활쏘기였다. (한국학중앙연구원 장서각 소장)

행행길은 그 자체로도 군사적 의미가 깊을 수밖에 없는 것이었다.

이러한 이유로 『원행을묘정리의궤園幸乙卯整理儀軌』에 실린 행사의 전반을 그림으로 남긴 「반차도」에는 국왕의 행렬이 군사신호에 사용하는 다양한 깃발과 신호체계용 악기를 비롯하여 많은 군사관련 모습들이 그대로 담겨 있다. 정조는 단순한 국왕을 넘어, 여러 군영을 이끄는 주장主將으로서 화성행행을 진행한 것으로 볼 수 있다.

이 장을 통해 정리된 부분을 간단히 요약하면 다음과 같다. 첫째, 정조는 즉위 초반 『병학통兵學通』의 편찬을 통해 여러 군영들의 군사 진법훈련을 통일화시키기 위해 노력하였다. 또한 1790년 4월에는 『무예도보통지』의 간행을 통해 군사들이 익히는 개인 단병무예까지 세밀하게 통일화시키는 작업을 주도적으로 진행하였다.

정조는 군문軍門의 정치적 한계성을 극복하기 위하여 실제 군사훈련 즉, 전투훈련의 변화라는 가장 낮은 단계의 통일화작업을 통해 국왕의 군사지휘권 회복이라는 큰 그림을 그리려고 하였다. 대표적으로 정조는 군사훈련에 사용하는 각종 신호 및 지휘체계를 국왕 중심으로 새롭게 변경시키면서 이를 가능케 하였다. 이러한 실제적인 모습이 『병학통』에 담겨 있다는 것이다.

둘째, 『병학통』에 수록된 전술훈련은 정조대에 실전처럼 훈련되었으며, 단순히 진법陣法의 변화나 무예시험 정도로 끝나는 것이 아니라, 실제로 두 개의 부대가 충돌하여 공격과 방어훈련을 진행하여 진법을 구축하고 이를 무너뜨리는 단계까지 발전시킨 것이다. 특히 국왕의 교외 어가행렬御駕行列을 상정하여 국왕이 탄 어가를 호위하며 군사훈련을 전개하기도 하였다.

셋째, 을묘년乙卯年 화성행행華城幸行 「반차도班次圖」에는 앞서 살펴본 『병학통』의 전술전개를 위한 군병軍兵의 배치가 실제로 이뤄졌고, 선상군병부터 후상군병에 이르기까지 정조가 이를 직접 통제하기 위한 다양한 군사 명령의 체계를 행렬 상에 구현하였음을 확인하였다.

넷째, 이번 화성행행에서는 국왕인 정조가 일반적인 어련御輦이나 어가御駕에 타지 않고 좌마坐馬를 통해 움직였기에 근밀시위 부대가 새롭게 편성된 부분이다. 보통 국왕의 교외 거둥에는 길의 협소함의 문제로 보통 바깥쪽으로 3열의 방어막을 치지만, 정조는 이를 더 두텁게 하기 위하여 5열의 환도수環刀手, 조총수鳥銃手, 장창長槍과 능장수稜杖手 등이 배치되었다. 그리고 이 부분은 '武藝廳作門'이라 하여 마치 군영의 출입구로 엄히 통제하는 방식을 취했다.

다섯째, 『병학통』에 수록된 전술 중 행군시 갑자기 적의 공격을 받았을 때 펼치는 전술기동 전개를 정조의 어승마를 중심으로 구현이 가능하다는 것이다.

구체적으로 살펴보면, 기동성이 뛰어난 마병馬兵 즉 기병騎兵들이 적군의 전진을 막아서고, 이후 보군步軍들이 주장主將 즉, 정조가 탄 어승마의 안쪽부터 순서대로 군사들이 기동 전개하는 방식이었음을 알 수 있다. 이때 조총수들이 가장 바깥층을 이뤄 적에게 원거리 사격을 가하고, 당파, 장창, 환도 등으로 무장한 살수殺手들을 여러 층으로 만들어 인의장막을 치게 되는 것이다.

여섯째, 화성행행 「반차도」의 어가 뒤를 보호하는 부대 중 위내衛內의 선기대善騎隊의 기병병력은 『병학통』에서 행군시 적의 기습을 당할 때 가장 빠르게 주장主將을 보호하는 것처럼 정조의 어승마

定州城攻撃圖

1811년 12월, 평안도에서 발생한 홍경래의 난을 진압하는 군사들의 모습을 그린 장면이다. 진압군인 관군은 정주성을 포위 및 봉쇄하고 반란군의 외부소통을 막았다. 이 그림을 보면, 위쪽에는 土兵이 머무는 막사가 보이고 그 뒤로 군량미를 저장하는 모습까지 상세히 보여주고 있다. 특히 임시로 營을 설치했던 방책의 모습과 그 안쪽으로 어깨에는 조총을 메고, 허리에는 환도를 뒤꽂이 방식으로 패용한 보병의 모습을 확인할 수 있다. 그림 하단으로는 안장에 마상편곤을 장착하고, 동개일습 및 환도를 패용한 기병의 무장상태도 알 수 있다. 이러한 진영을 방어하는 모습 역시 철저한 전술적 배치를 통해 이뤄지며, 행군시에도 적의 기습을 방비하기 위한 전술적 배치를 고려하여 움직였다. (규장각한국학연구원 소장)

를 보호하기 위한 새로 편성된 기동부대임을 확인하였다.

18세기 국왕의 교외거둥은 그 자체로 일반 백성들에게는 큰 관광의 요소였다. 또한 그 행렬의 과정에서 백성들이 억울한 사정을 국왕에게 직접 호소하는 격쟁擊錚과 같은 일들은 단순한 관광을 넘어 백성들과 직접 소통하고자 하는 새로운 시도이기도 했다.

그러나 행행幸行과 관련된 국왕의 그 모든 일은 반드시 안전을 담보해야만 가능했다. 이런 이유로 정조의 을묘년 반차도 상의 국왕의 행렬은 단순한 의장행렬을 넘어 군사 전술적인 의미가 충분하게 반영된 것으로 볼 수 있을 것이다.

1. 原典

『癸丑陣說』

『國朝寶鑑』

『紀效新書』

『龍洲先生遺稿』

『萬機要覽』

『牧民心書』

『武藝圖譜通志』

『武藝諸譜』

『兵將設』

『兵學指南演義』

『兵學指南』

『兵學通』

『西厓集』

『石北先生文集』

『宣祖實錄』

『續兵將圖說』

『承政院日記』

『御營廳中旬謄錄』

『研經齋全集外集』

『燕巖集』

『英祖實錄』

『園幸乙卯整理儀軌』

『定齋集』

『陣法』

『懲毖錄』

『漢京識略』

2. 단행권 및 논문

곽낙현, 「조선전기 習陣과 군사훈련」, 『동양고전연구』 35호, 동양고전학회. 2009.

國防軍史研究所, 『兵學指南演義』(1), 1995.

김동경, 「조선초기 진법의 발전과 군사기능」, 국방대학교 석사학위논문, 2009.

김병륜, 「조선시대 수군 진형과 함재 무기 운용」, 『軍士』 74호, 2009.

김지영, 「조선후기 국왕 행차에 대한 연구 : 의궤반차도와 거동기록을 중심으로」, 서울대학교 박사학 위논문, 2005.

盧永九, 「朝鮮後期 兵書와 戰法의 연구」, 서울대학교 박사학위논문, 2002.

_____, 「조선후기 班次圖에 보이는 군사용 깃발」, 『문헌과 해석』 22호, 문헌과 해석사, 2003.

_____, 「조선후기 漢城에서의 閱武 시행과 그 의미－大閱 사례를 중심으로」, 『서울학연구』 32, 서울시립대학교 서울학연구소, 2008.

박대재 외 5인, 『전쟁의 기원에서 상흔까지』, 국사편찬위원회, 2006.

白英子, 「旗幟」, 『朝鮮時代 宮中服飾』, 서울시 문화공보부 문화재관리국, 1981.

_____, 『조선시대의 어가행렬』, 한국방송대학교출판부, 1995.

白英子・金貞振, 『朝鮮時代 嘉禮都監儀軌의 班次圖에 나타난 儀仗 研究』, 韓國放送通信大學, 1990.

심승구, 「壬辰倭亂 中 武藝書의 편찬과 의미」, 『한국체육대학교 논문집』 26집, 2003.

옥영정, 「한글본 『뎡니의궤』의 서지적 분석」, 『書誌學研究』 第39輯, 한국서지학회, 2008.

李京子, 「動駕노부의 복식연구」, 『韓國文化研究院論輯』, 이화여자대학교, 1882.

이왕무, 「1802년 순조의 가례에 나타난 국왕의 행행 연구」, 『藏書閣』 제14집, 한국학중앙연구원, 2005.

李弘斗, 「임진왜란초기 조선군의 기병전술」, 『白山學報』 74호, 2006.

임원빈, 『손자병법개론』, 해군사관학교, 1996.

장원철 외, 『임진왜란과 도요토미 히데요시』, 국립진주박물관, 2003, 212쪽.

정진술, 「朝鮮水軍의 戰術信號 體系에 대한 研究」, 『海洋研究論叢』 제38집, 2007.

정해은, 「임진왜란기 조선이 접한 단병기와 『무예제보』의 편찬」, 『軍史』 51호, 2004.

_____, 『한국전통병서의 이해』, 국방부 군사편찬연구소, 2004.

_____, 「18세기 무예보급에 대한 새로운 검토」, 『이순신연구논총』 9호, 2007.

최형국, 「조선시대 騎射 시험방식의 변화와 그 실제」, 『中央史論』 24집, 韓國中央史學會, 2006.

_____, 「조선후기 倭劍交戰 변화연구」, 『역사민속학』 25호, 한국역사민속학회, 2007.

_____, 「朝鮮後期 軍事信號體系 研究」, 『學藝志』 15호, 육군사관학교 육군박물관, 2008.

_____, 「朝鮮時代 騎兵의 戰術的 運用과 馬上武藝의 변화」, 『역사와 실학』 38호, 歷史實學會, 2009.

_____, 「朝鮮後期 騎兵 馬上武藝의 戰術的 特性」, 『軍史』 70호, 군사편찬연구소, 2009.

_____, 「朝鮮 正祖代 壯勇營 創設과 馬上武藝의 戰術的 特性」, 『學藝志』 17호, 육군사관학교 육군박물관, 2010.

_____, 「朝鮮後期 陣法 鴛鴦陣의 軍士武藝 特性」, 『軍史』 78호, 군사편찬연구소, 2011.

_____, 「17세기 대북방 전쟁과 조선군의 전술 변화」, 『軍史研究』 133집, 육군군사연구소, 2012.

_____, 「正祖의 文武兼全論과 兵書 간행」, 『역사민속학』 39호, 한국역사민속학회, 2012.

최형국, 「朝鮮前期 武科에서의 擊毬 도입배경과 그 실제」, 『역사민속학』 42호, 한국역사민속학회, 2013.

_____, 「TV 역사물의 考證 한계와 그 대안 – KBS 다큐멘터리 <의궤 8일간의 축제>의 무예사·군사사 고증을 중심으로」, 『사학연구』 114호, 한국사학회, 2014.

_____, 「조선초기 軍事 戰術체계와 제주 戰馬」, 『군사』 93호, 군사편찬연구소, 2014.

_____, 「華城 방어체제에 따른 壯勇營의 군사조련과 무예」, 『中央史論』 38집, 중앙사학연구소, 2014.

_____, 「18세기 활쏘기(國弓) 수련방식과 그 실제 – 『林園經濟志』「遊藝志」射訣을 중심으로 – 」, 『탐라문화』 50호, 제주대학교 탐라문화연구원, 2015.

_____, 「조선시대 馬上才의 軍士武藝 정착과 그 실제」, 『역사민속학』 48호, 한국역사민속학회, 2015.

_____, 「조선후기 拳法의 군사무예 정착에 관한 문화사적 고찰」, 『軍史』 101호, 군사편찬연구소, 2016.

_____, 「英祖代 都城 守城체제 변화와 騎兵 강화」, 『中央史論』 45집, 중앙사학연구소, 2017.

_____, 「육군박물관 소장 <무예도보통지> 편찬의 특징과 그 활용」, 『學藝志』 24호, 육군사관학교 육군박물관, 2017.

_____, 「挾刀의 탄생 – 조선후기 大刀類 武藝의 정착과 발전」, 『朝鮮時代史學報』 81집, 조선시대사학회, 2017.

_____, 「1949년 『武藝圖譜新志』의 출판과 민족 무예의 새로운 모색」, 『역사민속학』 54호, 한국역사민속학회, 2018.

_____, 「일제강점기 조선의 전통 활쏘기(弓術 : 국궁) 현실과 발전 – 『朝鮮의 弓術』을 中心으로」, 『무예연구』 13-3호, 한국무예학회, 2019.

_____, 「조선시대 활쏘기 중 鐵箭(六兩弓) 射法의 특성과 그 실제」, 『민속학연구』 46호, 국립민속박물관, 2020.

_____, 「『武藝圖譜通志』의 「銳刀」 자세 분석과 「本國劍」과의 연관성 연구」, 『무예연구』 14-4호, 한국무예학회, 2020.

_____, 「『병학통』의 전술과 화성행행 반차도의 무예 시위군 배치 관계성 연구」, 『무예연구』 15-1호, 한국무예학회, 2021.

Ray Huang, *1587, A year of No Significance*, Yale University Press, 1981.

『병학통兵學通』
–〈원문 영인본 수록〉

『병학통』과『무예도보통지』, 그리고 18세기 조선

　　요즘 18세기 조선사회를 말할 때, 정조의 개혁정치는 늘 화두
의 대상이었다. 특히 규장각을 통한 인재양성과 문예부흥은 당대
를 이해하는 데 필수적인 요소로 인식되고 있다. 그러나 정조의 개
혁정치의 핵심은 강력한 군권장악 및 새로운 국정 운영의 철학이
뒷받침 되어야만 가능한 일이었다. 대표적으로 장용영을 통한 오
군영의 실질적인 통제를 위해서는 기존 정치권력의 핵심인 문무
벌로 얽혀진 집권 사대부의 해체 및 새로운 인재가 필수적인 것이
었다.

　　정조시대의 국정 운영의 방향은 "문치규장 무설장영文置奎章 武
設壯營"이라는 문장에 함축적으로 담겨있다. 문적인 부분은 규장각

을 중심으로 초계문신제 도입 등 유교의 근본이 되는 성리학의 기본을 바로잡고, 무적인 부분은 친위군영인 장용영을 통해 왕권을 강화시키려는 큰 줄기를 확인할 수 있다. 특히 무적인 부분 중 중앙군영에 대한 문제는 정조의 국정장악에 반드시 필요한 부분이었기에 가장 중요한 개혁의 대상이 되었다.

정조의 무武에 대한 특별한 인식은 새로운 친위군영의 설치와 함께 다양한 병서의 편찬 작업을 통해서 구체화되었다. 그중 병서의 지속적인 편찬 작업은 중앙군영 뿐만 아니라, 지방군에까지 영향을 미칠 수 있는 핵심적인 요소였다. 조선시대 병서 편찬 작업은 단순히 새로운 병서의 보급을 통한 군사훈련 및 군사무예의 변화라는 1차적인 문제로 끝나는 것이 아니었다.

작게는 병서의 제작 준비 및 논의 과정시 새로운 인재의 등용과 배치가 가능했다. 넓게 보면, 이를 직접적으로 훈련에 활용한 군제의 변화까지도 가능하게 하는 군무전반을 아우르는 정책적 사업으로 볼 수 있다.

정조대의 병서편찬 추이는 가장 먼저 군사들이 단체로 진을 짜서 움직이는데 필요한 진법류 병서인『병학통兵學通』을 필두로 하였다.『병학통』은 조선후기 중앙군의 훈련 절차와 규정 통일화시킨 병서였다. 이후 국왕 근밀 시위군인 무예별감武藝別監의 훈련을 위한『이진총방肄陣總方』과 조선후기 전투무예의 완결판이라고 할 만큼 다양한 무예실기를 담은 군사무예류 병서인『무예도보통지』등 다양한 병서들이 끊임없이 간행되었다. 이외에도 기록상으로만 보이고 현존하지는 않지만,『군려대성軍旅大成』과『삼군총고三軍摠攷』를 비롯하여『병학지남』의 재보급 등을 더한다면 조선시대 최대의 병서 편찬시기라고도 볼 수 있을 것이다.

그런데 병서 편찬 작업의 시작은 비록 실질적인 병서는 아니지만, 정조대 군사 관련 개혁의 시작을 알리는『대전통편大典通編』의 간행을 통해 기본 바탕을 만들었다. 특히 이전의 법전과『대전통편』의 가장 큰 변화는 육전六典 중 병전兵典이었다. 그리고 그 병전 중 신층무반층 확보를 위해 관무재觀武才와 시사試射 등 취재取才 부분에 가장 많은 신경을 썼다.

이전의 법제 정비 사업이 주로 백성들과 관리들을 통제하기 위한 형벌을 담아 놓은 형전刑典을 중심으로 많은 변화가 있었던 반면 군사제도나 실질적인 군사운용을 담은 병전을 중심으로 법제를 정비한 것은 정조의 군사개혁이 이를 통해 출발한다는 것을 알리는 일이었다.

그런데 정조는 이 수정된 법전의 이름에 '通'이라는 글자를 집어넣었다. 조선시대에 '통'의 의미는 보통 과거시험 점수 중 모든 것을 완벽하게 이해하고 서로 막힘없이 소통할 수 있는 상태로 볼 수 있다. 이후 후술하겠지만, '통'이라는 글자를 연관된 병서에도 사용하면서 의도적으로 사용했음을 알 수 있다.

『대전통편』의 반포일에 드디어 군제개혁의 신호탄을 알리는 첫 번째 '통'이 되는『병학통』이 완성되었다. 그리고 그날 바로 이 사실을 조정에 알려 군무를 통해 정국을 장악하겠다는 의지를 확실하게 표명하였다.

『병학통』은 정조대 실질적인 군사훈련의 변화를 가져온 병서 중 가장 먼저 편찬된 것으로 도성을 방위하던 핵심군영인 훈련도감, 어영청, 금위영의 삼군문과 국왕직할 금군의 역할을 수행했던 용호영 등 모두 4군영의 군사훈련을 통제하는 수단으로 만들게 되었다. 또한 『병학통』은 군사훈련 개혁을 위하여 만들어진 병서였지만, 정조는 이 책이 완성된 후 정약용丁若鏞에게 직접 술을 하사면서 "너는 文·武의 재주를 겸한 줄 안다. 훗날 東哲 같은 자가 생기면 네가 가서 정벌하게 될 것이니 너는 돌아가서 이 책을 읽으라."라고 친히 병서를 내려 주기도 할 만큼 문신들을 각성시키기 위해 이 병서를 활용하기도 하였다.

『병학통』 편찬이 완료되자마자 그 달부터 조선의 모든 군사들은 이 병서에 수록된 훈련체제로 수정하도록 어명을 내렸다. 이를 통해 궁궐 숙위군 뿐만 아니라 중앙군영 및 지방군까지도 중요 군사훈련의 조련방식 개혁을 이 병서를 통해 추진하였음을 알 수 있다. 이러한 새로운 병서 보급을 통한 군사훈련 방식의 변화는 세조대의 다양한 병서 편찬의 방식처럼 국왕의 의도 하에 군사운영방식이 개혁될 수 있음을 보여준다.

『병학통』과 짝이 되는 『무예도보통지』의 경우는 군사진법의 표준화와 함께 군사 개개인이 익혔던 무예 자세에 대한 통일화를 위하여 간행하였다. 각 군영의 무예 통일화 문제는 정조가 즉위원년부터 군사들의 무예시취를 직접 친람하면서부터 제기된 것이었다.

정조는 『무예도보통지』의 편찬과 동시에 중앙군영은 물론 지방군영의 무예 자세도 이를 통해 모두 통일화시켰다. 특히 무예자세 통일화의 선행조건으로 볼 수 있는 무예 명칭에 대한 통일화는 각 군영에서 상이한 것을 중심으로 모두 7가지를 지정하여 이미 즉위 초반에 확정지은 상태였다.

구체적으로 『무예도보통지』의 「고이표考異表」를 살펴보면, 훈련도감, 금위영, 용호영, 어영청 등 중앙군영의 군사들이 익혔던 당파鏜鈀, 쌍수도雙手刀, 예도銳刀, 왜검倭劍, 교전交戰, 제독검提督劍, 본국검本國劍, 쌍검雙劍, 월도月刀 등의 무예 자세에 대하여 각각 서로 다름을 구체적으로 지적하면서 통일화작업의 규범으로 이 병서를 만들었음을 명확히 밝히고 있다.

특히 『대전통편』의 간행작업 중 최종적인 교정 및 감수를 맡은 이덕무가 『무예도보통지』의 편찬과정에서도 무예 및 군무관련 업무의 고증을 담당하면서 정조의 '武'에 관한 일관된 사상을 반영했다.

다시 말해 『대전통편』이라는 법전을 바탕으로 양통으로 불리는 『병학통』, 『무예도보통지』등 병서의 간행과 보급은 '무'를 통한 정조의 강력한 정국장악 의지를 확인할 수 있는 근거가 될 수 있다. 정조는 독특한 문무겸전론의 방식인 '무'를 우선에 두고 국가를 운영한다는 국정운영 철학을 병서의 연이은 간행으로 펼쳐낸 것이다.

이러한 정조대 초반부터 연속적으로 이어진 『병학통』, 『무예도보통지』등 '양통'과 같은 병서 간행의 흐름을 비롯하여 『해동명장전』이나 이순신·임경업·김덕령 등 장수將帥에 대한 전기집의 간행으로 이어졌다. 이러한 대대적인 '武' 숭모사업들은 기존 당색에 물든 문신들에 대한 정신적인 압박의 수단으로 활용되었다.

특히 병서의 간행은 무반뿐만 아니라 하급군사들에게까지 실질적인 변화를 도모할 수 있는 것이었기 때문에 그 파급효과는 지대했다. 더 나아가 왕도의 강화와 실천을 추구했던 '국가재조론'에 대한 실질적인 방안으로서도 병서 간행작업은 정조대의 국왕권 강화를 위한 핵심적인 사업으로 볼 수 있다.

결론적으로『병학통』과『무예도보통지』는 군사를 효율적으로 활용하기 위한 진법서와 군사 개개인의 전투능력을 극대화시킨 무예서로 서로 한 쌍이 되어 정조의 이상을 실천하기 위한 실질적인 도구였다.

說之功得此書盖著然則
光廟原編之作待
英考而揄揚
英考續編之成待
聖上而發揮
三聖相傳之宏謨偉烈前後一揆
而兵學通一篇其將為原續晑

兵學通跋　三

說之集大成於乎休哉
上之九年乙巳秋七月下澣大匡
輔國崇祿大夫行判中樞府事
臣　徐命善拜手稽首謹跋

說之功得此書盖著然則
光廟原編之作待
英考而揄揚
英考續編之成待
聖上而發揮
三聖相傳之宏謨偉烈前後一揆
而兵學通一篇其將為原續晑

兵學通跋　三

說之集大成於乎休哉
上之九年乙巳秋七月下澣大匡
輔國崇祿大夫行判中樞府事
臣　徐命善拜手稽首謹跋

我　國軍旅之制專用戚氏指

南之書而兵既分營營各異視

節目之間按閱不便我

聖上卽祚初元　命訓局將臣與

其營校之藝習軍務者彙集四

營之場操程式立綱分註恭互

較絜附以陣圖編為一通仍

⽂兵學通跋　二

命一二武臣相與勘證又　命時

原任將臣益加修潤而凡其斟

酌損益悉稟

宸裁書既成　賜名曰兵學通於

是　親綴雲章弁之卷首以臣

命善曾忝將兵伻跋其尾臣窃

伏惟念我　朝出治以宋之寛

大尚周之彬郁文教有餘武備

稍疎兵津遺法只有

光廟所撰兵將圖說一書而一自

五衛變制其書亦不行於丗矣

粤在

英考壬戌　命五營將臣纂輯續

兵將圖說并與原編而列布之

⽂兵學通跋　二

其援古證今隨時合宜之

聖功垂之百丗其永有賴然以兵

學通叅者於續圖說則圖說匪

而學通體用之該也圖說經而學

通奇正之備也會通有要神變

通經緯之密也會通有要神變

無方觸類引伸能事遂畢而圖

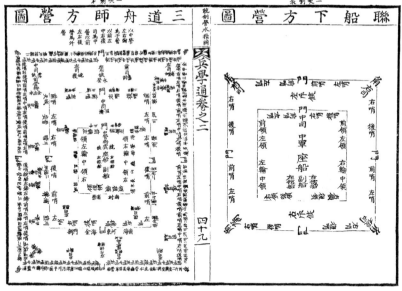

尖字扎圖

統制營水操圖

兵學通卷之二　四十七

脚船湊集聽發放圖

列船作戰圖

統制營水操圖

兵學通卷之二　四十八

整艚回船圖

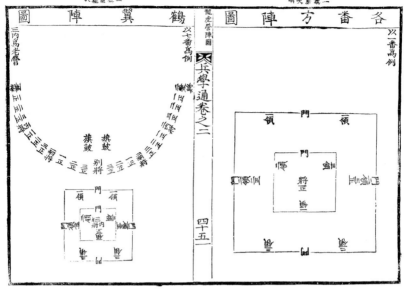

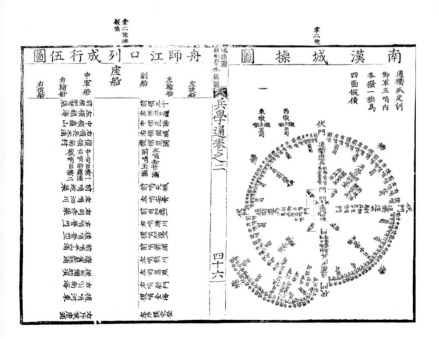

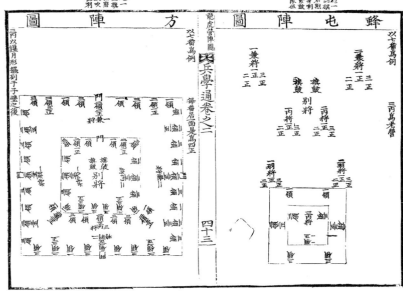

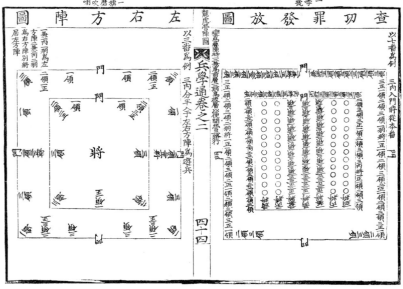

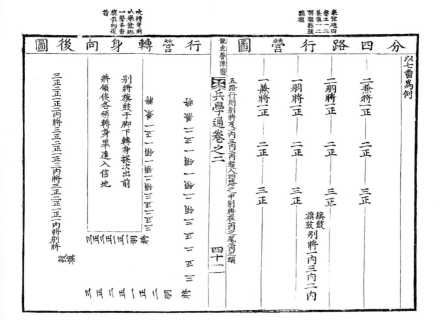

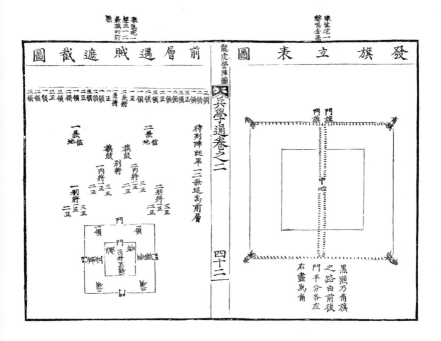

官旗平列發聽圖

各番以下挨次發放圖

兵學通卷之二

三十九

引出同三丙例

平列同一兼例

必左列一正爲例

正將身同後先受
兵士俱集梁聽

必右列一領爲例

正領以中心三番爲例

一羽將	丙將	兼將	正	二正	三正	一領	二領	一領

龍虎營陣圖

兵學通卷之二

四十一

開營行圖

以七番爲例

分二路行營圖

必七番爲例

一蕘將正一領二領三領二正三正

二蕘將正一領二領三領二正三正

一蕘一正一領二領三正

三路行則別將及二丙三丙趕入

二路之中刻將在內之尾丙之頭

五馬作隊爲行或分路爲行

一蕘自臺前從東向西真行

塘 塘 塘

一蕘一正一領一領

鴛鴦隊圖

以一正爲例

一正一領

第二　第四　第六　第八　第十　二領

第一　第三　第五　第七　第九　三領

橫看兩人爲一偶共五偶

五馬作隊圖

每隊相去十步

領以一正爲例

以一正爲例

一領		二領		三領	
五	十	五	十	五	十
四	九	四	九	四	九
三	八	三	八	三	八
二	七	二	七	二	七
一	六	一	六	一	六

一正

三正

八場教列成行伍圖

將臺

以七番爲例

番將在本番之頭正在本正之頭領在本領之前

官旗聽掌號引笛出馬路圖

將臺

以七番爲例

番將乘腰旗

清道旗三內將一正一領二領三領兼將正一領

清道旗三內二正一領二領三正一領三領

正以下負旗

官旗到臺下完立圖

將臺

以七番爲例

官旗過來時三內二三正從本番爲中行

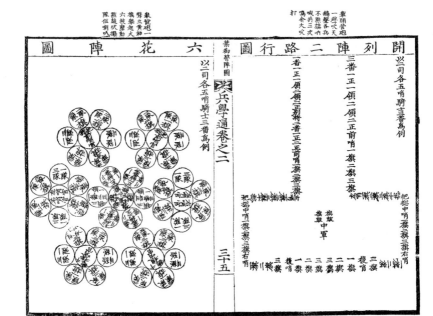

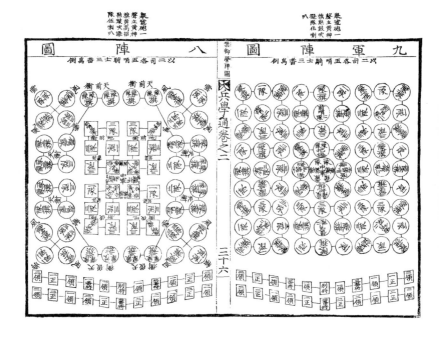

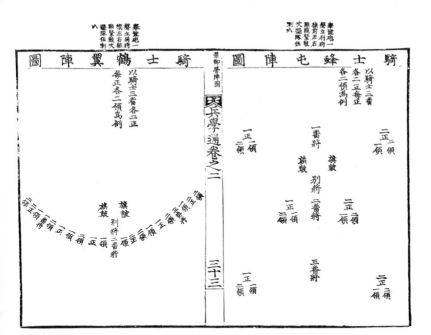

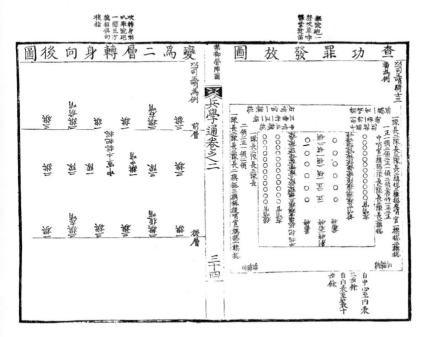

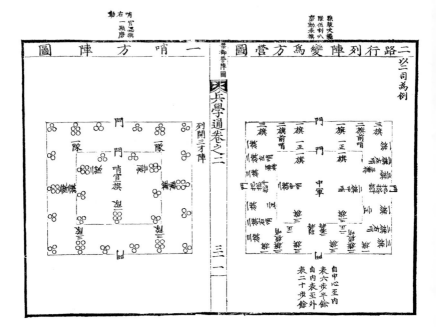

一哨方陣圖 御營方陣圖

一路行列陣變爲方營圖

二必司爲例

兵學通卷之二

列開三才陣

三一一

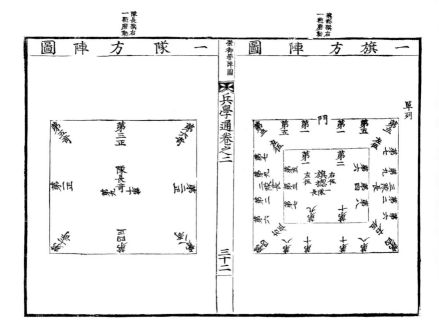

一隊方陣圖 御營方陣圖

一旗方陣圖

兵學通卷之二

三二二

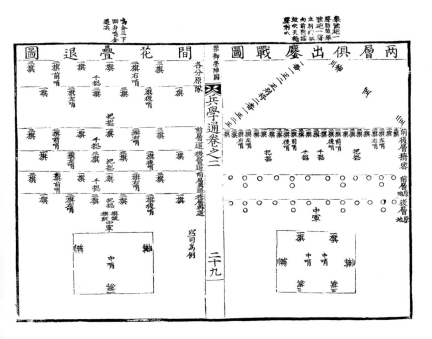

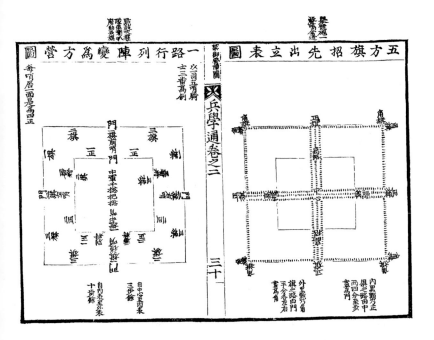

부록 「병학통兵學通」-〈원문 영인본 수록〉 | 241

四路行遇警列陣圖　鳥銃輪放圖

禁御營陣圖

兵學通卷之二

二十七

鳥銃輪放圖
舉銃放　舉銃放
　　隊長
銃裝方　銃裝方
銃者空　銃者空
銃者飽　銃者飽
銃者飽　銃者飽

以一隊爲例
單列則一次盡擧
小隊則五次輪放

空者復裝飽者續放者方裝飽者又發

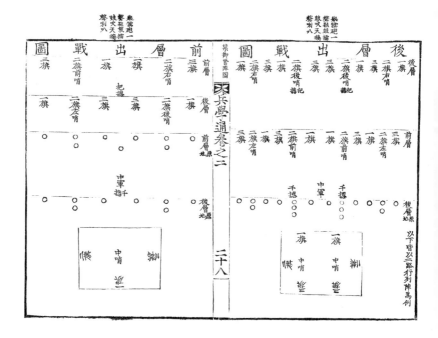

兵學通卷之三

二十八

兵學通卷之二

四路行營圖

分以一司五哨騎士三番為例

一番別將二番三番

右哨一旗二旗三旗

後哨一旗二旗三旗

左哨一旗二旗三旗

前哨一旗二旗三旗

旗鼓中軍千把摠中哨一旗二旗三旗

中軍行則中哨入四路之中

五路行則中哨又入中哨之中

轉身向後圖

中軍旗鼓干腳下轉身挨次出前

將領侯各隊轉身單進入信地

三旗二旗一旗中哨把摠千摠中軍

三旗二旗一旗後哨

行營陣圖

行以一司五哨騎士三番為例

兵學通卷之二

一路行遇營列陣圖

以司五哨騎士

以方營則為四正

二路行遇營列陣圖

三番為例

三路同

前後曾五為寄正

以司各五哨騎士

下方營則為寄

別將千摠一體放發圖

平列同臺上例

番將把摠以下挨次發放圖

臺將 引出各營同例

兵學通卷之二

二十三

開營行圖

臺將

分二路行營圖

兵學通卷之二

二十四

入教塲列成行伍圖

將臺

以二司各五哨騎士三番爲例

旗隊以前一哨爲例

官旗聽掌號笛引出馬路圖

將臺

以一司五哨騎士三番爲例

兵學通卷之三

二十二

官旗到臺下完立圖

將臺

以司五哨騎士三番爲例

旗隊摠以中三哨爲例下倣此

官旗聽列平臺發放圖

將臺

以二司各五哨騎士三番爲例

兵學通卷之三

二十三

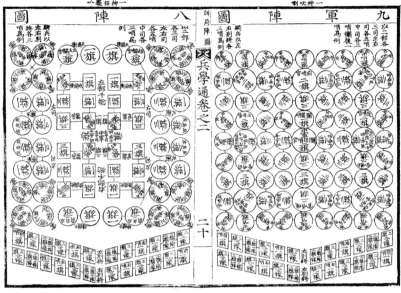

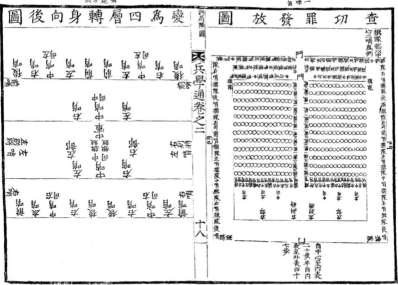

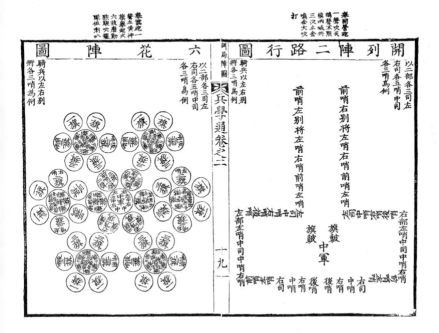

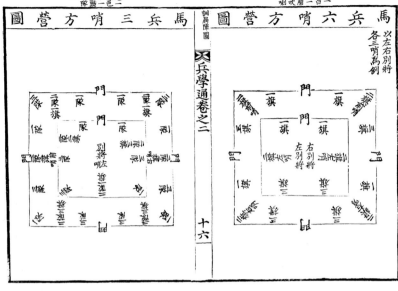

馬兵三哨方營圖

舉號砲一
聲立譙二
高招右一
點磨動隊點
鼓吹擺隊
伍喇叭

訓局陣圖

☒兵學通卷之二

十六

馬兵六哨方營圖

舉號砲一
聲立藍白一
高招右一
點又橾磨一
動點發伍
擺隊伍喇
叭

以左右別將
各三哨爲例

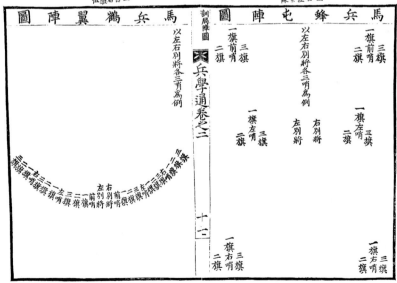

馬兵鶴翼陣圖

舉號砲一
高招右二
點藍白立聲
吹擺隊伍
喇叭

以左右別將各三哨爲例

訓局陣圖

☒兵學通卷之三

十二

馬兵蜂屯陣圖

舉號砲一
聲立藍白二
高招前左
右點橾磨一
饒吹擺隊
伍喇叭

以左右別將各三哨爲例

三旗
一旗前哨
二旗

一旗
二旗

右別將

左別將

一旗左哨
三旗

三旗
一旗左哨
二旗

一旗右哨
二旗

三旗
一旗右哨
二旗

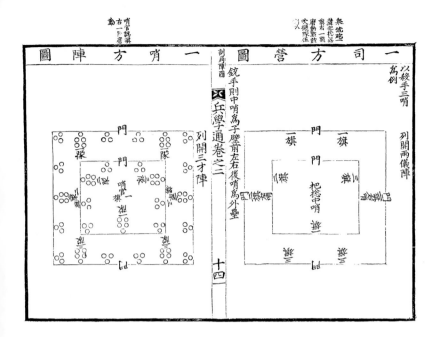

一哨方陣圖　　　　一司方營圖

兵學通卷之三

列開三才陣

十四

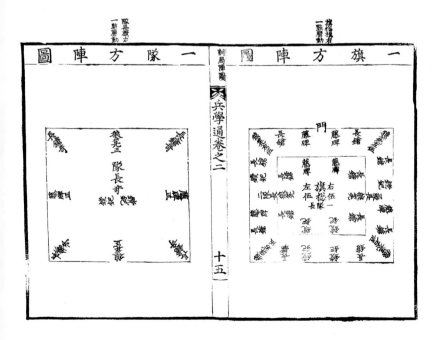

一隊方陣圖　　　　一旗方陣圖

兵學通卷之二

十五

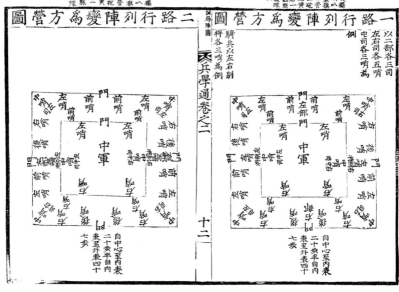

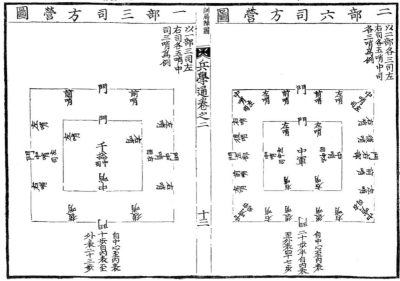

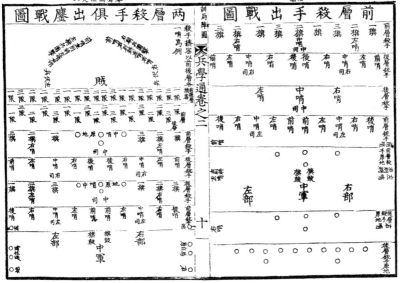

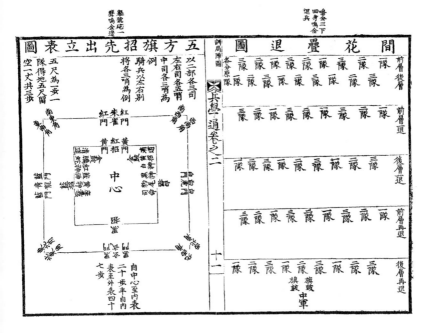

上圖

右上:
舉號砲一
八熊繁鐄
吹擺隊伍
刮叭

兵學通卷之三

八一

鳥銃輪放圖
以一隊爲例

四路行遇警列陣圖
劉局陣圖
天營則爲四哨

五路同

銃放舉
隊長
銃裝方
銃者空
○
銃者飽
銃者飽

鳥銃輪放圖
前層銃手照此仍立信地輪放故不重舉
銃放舉
銃裝方
銃者空
○
銃者飽
銃者飽

下圖

左上:
舉號砲一
聲吹天鵝
聲則八
左上:
舉號砲一
聲吹天鵝
敬吹天鵝
聲則八
刮叭

兵學通卷之二

九一

後層銃手
後層銃手　後層發手
前層圖　前層銃手　發手　巡昌

手銃層後圖放輪
前哨

一旗出戰手殺層後
三旗搖醫擊
二旗

分四路行營圖

天 兵學通卷之二

纛 號砲四
營立直紅
白黑兩招
四面懸敎

五路行則左右部中司入四路之中中軍又入中路之中

六

前哨左司中哨後哨
前哨右別將左哨右哨　前哨左別將左哨右哨
前哨右司中哨右哨　前哨左司中哨右哨
前哨左司中哨後哨　前哨右司中哨右哨
軍喬右司中哨右哨右司中哨右哨

行營轉身向後圖

吹轉身哨
八聲震炮
一聲五方
旗招俱向
根指

中軍旗鼓于脚下轉身挨次出前

將裨侯各隊轉身單進入信地

右哨中哨右中司左中哨右哨中哨左中司左中軍

後哨後司前哨右哨中哨左哨前哨左哨中哨右哨前哨右司後哨

後哨　中哨　前哨
右司　左哨　右哨
後哨　中哨　前哨

一路行遇警列陣圖

吹轉身哨
八聲緊哽哏
吹擺隊伍
剌叭

下臺則爲四正

天 兵學通卷之二

前哨
右別將
中哨　右哨　後哨
左哨　前哨
左部
中哨中司旗鼓中軍
中哨中
左哨　右哨
左哨　右部
中哨司左哨後哨右哨
中哨左哨前哨中哨右哨
前哨左司右哨後哨右部

七

二路行遇警列陣圖

吹轉身剌
八聲緊哽眼
吹擺隊伍
剌叭

三路同

下方警則爲哨

後哨
右哨　中哨左司左哨前哨
前哨　左哨右哨
前哨　右哨
中哨司左　左哨
前哨　右哨
右哨　中哨
左哨司旗鼓中軍　右哨
左部
右哨　中哨司　左哨
左哨　右哨
後哨　中哨司　前哨
後哨　中哨右哨
前哨左哨右哨
右別將
左別將

別將千摁一體發放圖
將臺

以左別右部為例

別左　別將

金鼓班聲相間

別局陣圖

兵學通卷之二

四一

以左列司為例

以左列哨為例
如馬兵各哨同

先申所聞
次及己意

只傳臺上分付
不用發放傳文

把摁以下挨次發放圖
將臺

俱用認旗

引出各局同例

以左列一旗為例

旗摁轉身向後隊長
各隊兵俱集號聽

以右列一旗為例

以右列一隊為例

隊擧號旗先峰

開營行圖
將臺

騎兵以左右別將各三哨為例

以二部各司左司五哨中司各三哨為例

塘
塘
塘
塘

前哨右別將

前哨左別將

別局庫圖

兵學通卷之二

五一

分二路行營圖

三路行則左右部中司入兩路之中中軍又入中路之中

前哨右別將左哨前哨左哨
前哨左別將右哨前哨左哨
前哨左別將右哨前哨左司中哨右哨後哨

圖路馬出引笛號掌聽旗官　　｜　　圖列擺上臺鼓旗將大

將臺　　　　　　　　｜　　　　將臺

※兵學通卷之二

二

鳴金鼓止

圖放發聽列平旗官　　｜　　圖立完下臺到旗官

將臺　　　　　　　　｜　　　　將臺

※兵學通卷之二

三

來應聲退將夜操合格違令者對衆發落如畫

操例行

散操歸港

天色微明中軍船發擂三通放砲一聲鳴金三
下大吹打開營門鳴金三下吹打止放砲三聲
鳴鑼擂鼓落燈各船一體落燈掌一號放開營
砲一聲吹天鵝聲吶喊共三次鳴金止一號放
碇揚帆掌二號擇鈸鳴各船照尖字札立定掌
三號放砲一聲點鼓吹招緊喇叭主將船鳴金
二下大吹打各船依序隨艍入港安泊

兵學通卷之一

兵學通卷之二 五十二

兵學通卷之二 陣圖

入教塲列成行伍圖 訓局陣圖

將臺

大將清道圖 鳴臺邊 擇鈸鳴

地方各應聲鳴金二下大吹打清道旗領送回
告官旗到地方命起去應聲退鳴金三下吹打
止

收樵汲

中軍船放砲一聲豎黃旗吹喇叭一遍鳴金止
吹哱囉一通各兵起立鳴金止放砲一聲鳴金
二下大吹打開營門收樵汲兵差官分向四門
數入回報鳴金三下吹打止放砲一聲鳴金坐
息鳴金止放起火一枝營中舉火傳鑼做飯喫
放砲一聲鳴金邊發哨船于四邊各給三眼銃

［兵學通卷之一］
五十一

起火等具鳴金止

落旗懸燈

日落時中軍船放砲三聲鳴金二下大吹打閉
營門鳴金三下吹打止放砲一聲鳴鑼擂落
旗各船一體落旗鳴金止夜昏發擂三通畢放
起火三枝懸燈于椵上各船一體懸燈于椵上
盖有賊則列
石燈懸
盖上列前則盡懸
于賊俊中哨
只列四面懸二
盖有賊
下列前
懸石燈
船上列
前中軍
中哨五
盖把摠四
盖俱平
列中哨三

發放夜瞭官軍

中軍船放砲三聲吹角擂鼓鳴金畢夜瞭官軍

到齊布告官傳云官軍過來各應聲鳴鼓一通
官軍俱跪發放曰官軍聽着應夜瞭謹慎應候
了事軍法不饒應先尊後卑報叩頭命起去應
聲退

聲退若招聚夜遇警鳴畢放砲一聲喇叭吹天
二名一名船頭遠視一名船尾高瞭如欲出奇
及官陸操發夜瞭官軍例行
一更盡放砲一聲吹長聲
喇叭轉更

遇賊船

約二更之時某面哨船放砲放起火遠報營中

［兵學通卷之一］五十二

軍船放砲一聲吹天鵝聲吶喊共三次以應之
鳴金止放砲一聲即蓋藏燈火近報營中軍船
暗營哨船又放砲放起火各船一體放砲約
一聲即將燈明開各船一體將燈明開賊船約
在三十步以下俱照書操例行賊敗鳴金二下
大吹打鳴金三下吹打止放砲一聲吹天鵝聲
吶喊共三次鳴金止放砲一聲鳴金邊發哨船

查功罪

中軍乘脚船赴座船下稟聚官旗查功罪命起

照前守更

放砲一聲立黑神旗點鼓後司照前出戰先赴
之司鳴金止戰退至前司之前列定放砲立紅
白神旗點鼓前右司亦照前挨次出戰先赴之
司又鳴金止戰退至左後司之前列定放砲一
聲立左翰船旗點藍高招龜船疾棹赴敵先用
狼機鳥銃又將噴筒火桶尾罐大小石子擲亂
舟放砲一聲立黃神旗左右點鼓中司應砲
應旗分左右而出繞賊船後遠處爲奇兵放砲各
司一齊應砲應旗疾棹進戰所遣奇兵亦自後

〔兵學通卷之一〕 四十八

三聲立藍紅白黑神旗四面擂鼓吹天鵝聲各
面掩擊做合戰狀賊若以小船來攻我用大船
作犁沈勢賊用大船作搖櫓遲狀我以小船疾
棹前進作圍擊狀
整艜回船
賊敗鳴金鼓止中軍船放砲一聲捽鈸鳴各司
依次收艜如前尖字札鳴金止吹轉身喇叭鳴
金止放砲一聲五方神旗俱向後指各船照陸
操轉陣倒回船列定鳴金止放砲一聲吹天鵝
聲吶喊共三次鳴金止鳴金二下大吹打開船
行使首尾相接鴈行而行

下方營

行到列營原處鳴金三下吹打止放砲一聲鳴
金邊發旗立表鳴金止放砲一聲點鼓吹擺隊
伍喇叭磨動表旗各船分開搶成方營鳴金止
放砲一聲吹轉身喇叭各回船向前鳴金止放
砲一聲傳鑼鑼各船俱下碇安挿各兵張營幕坐
息鳴金止

發樵汲
中軍船放砲一聲竪黃旗搖鼓各船發樵汲兵
赴中軍船領籌票上岸買辦柴來等具差官分

〔兵學通卷之一〕 四十九

向四門數出回報鳴金止放砲三聲鳴金二下
大吹打閉營門鳴金三下吹打止

查功罪
中軍乘脚船赴座船下稟聚官旗查功罪命起
去應聲退回還本船卽掌號笛清道旗出干陣
門引官旗挨次赴中軍船下列定清道旗跪告
官旗到齊命起去各應聲鳴鼓一通先卑後尊俱跪發
官旗過來各應聲鳴金止布告官傳云
放叩頭等項皆如座船發放金不必用鼓等文耳聽
合格違令者對衆發落單布告官傳云官旗下

上鳴鼓一通先卑後尊俱跪發放曰官旗聽着
應耳聽金鼓應眼視旗應駕船如馬應見賊
爭先應同舟共命應各爲戰應縱逃賊舟軍
法不貸應發放畢官哨挨次報叩頭命起去應
　聲退
　舵繚碇隊長發放
布告官發放曰舵工聽着應一舟之功專賴爾
董應將舵斜開不能直射賊舟者斬首示衆應
報舵工叩頭分付舵工起去次繚手聽着應
賊減帆使風用奸應縱逃賊舟斬首示衆報
　聲退
繚手叩頭分付繚手起去次碇手聽着應聞報
賊至起碇不速應報緊急不肯棄碇應以致
悞事軍法不貸應報碇手叩頭分付碇手起去
次隊長聽着應各兵分有兼藝應遠近務要中
機應爾等專司督催應不許先自錯亂應遠近
違令畏避狼奸爾與同罪應報隊長叩頭分付
隊長起去
　官旗下地方
中軍稟官旗下地方命起來應聲退傳云官旗
下地方各應聲鳴金二下大吹打清道旗領送

兵學通卷之一　　四十六

回告官旗到地方命起去應聲退鳴金三下吹
打止
　升旗起操
主將船放砲一聲鳴鑼擂鼓落旗各船一體落
旗一面起碇揚帆哨船放砲遠報警中軍回到
中軍稟放蕭靜砲命起來應聲退放砲三聲立
聲擂鼓鳴鑼升行旗各船一體升行旗鳴金一
見升行旗起碇操主將船放砲一聲點鼓
豹尾旗各船即蕭靜聽候中軍
一聲點鼓點五方神旗各船一體點動將尖字

兵學通卷之一　　四十七

　礼一齊向前
　看賊船作戰
哨船放砲近報警中軍船放砲應之鳴金鼓止
放砲一聲點鼓吹擺隊伍喇叭各船一字擺列
前右司爲前層中司爲中層俱自內擺向外左
後司爲後層自外擺向內
後營爲左右翰各船且列在座船之後看賊船
約在二百步之內放砲一聲立藍神旗點鼓吹
司間船而出到前層之前鳴金止放砲一聲吹
天鵝聲將狼機鳥銃火箭弓箭齊發

懸牌

先一日主將門前懸操牌該操各司挨驃傳知
各收拾器械聽候

發哨船

次日平明看天色晴霽風浪不作掌一號各做
飯收拾棚索等具中軍船放砲一聲鳴金邊哨
船卽應砲分去遠處做四面擄賊狀

列營

掌二號各喫飯鼈船中軍船放砲一聲擂鼓鳴
鑼共三通升旗各船一體升旗鳴金止放砲一

[兵學通卷之一]　四十四

聲立五方神旗向前點各船卽應砲挨次俱點
鳴金什旗中軍船放砲二聲立高招二面點鼓
各船一體點鼓分二路行營中軍船入洋鳴金
止放砲一聲立紅神旗點鼓吹擺隊伍喇叭各
船照尖字扎列船在洋聽候

升船廳

掌三號主將乘座船放砲一聲卽舉碇回船向
前放砲一聲擂鼓鳴鑼共三通升旗鳴金止鳴
金二下大吹打行到陣頭鳴金三下吹打止中
軍船放砲一聲吹天鵝聲各船點旗吶喊共三

次鳴金止主將船鳴金二下大吹打中軍以下
將領各於船上跪迎候過卽乘腳船隨行主將
船到洋中放砲一聲卽下碇鳴金三下吹打止
各將領聽候于座船下黃門旗手义桿作門于
船頭主將升船廳鳴金二下小吹打鳴金三下
吹打止中軍旗鼓旗牌等官先行參現操銅塲軍
牢巡視手吹鼓手等分班叩頭命起去應聲退
中軍稟放升帳砲命起來應聲退放砲三聲鳴
金二下大吹打伴倘先唱牢子站齊牢子大唱
三聲畢牢子一人進跪大呼開門卽開船門黃

[兵學通卷之一]　四十五

門旗手揮旗而退鳴金三下吹打止各將領趨
入以次參現把挹以上兩跪一揖每班趨入牢
子大唱　兩跪兩揖趨入

回還各船

招官旗

中軍稟掌號笛聚官旗聽發放命起來應聲退
卽掌號笛淸道旗分左右而出各將領以下至
隊長俱用腳船到座船下淸道旗
回至跪告官旗到齊命起去應聲退鳴金止

官哨發放

中軍立于船頭傳云官旗過來各應聲轉身向

一體掌號各兵做飯喫畢登城中軍稟發伏路命
起來應聲退放大砲三聲鳴金邊發伏路兵晝（同例）
掌二號各官到齊操（同例）更聽約束各回信地
掌三號以下到中軍升帳閉城門等節俱晝

操例行

懸燈
中軍稟懸燈命起來應聲退放大砲三聲放起
火三枝車起五色雙燈各營一體應砲起火懸
方色雙燈一箇（各城面將領垛長火懸燈如式）城內人家
門上各懸燈一盞俱關鎖大門以本家一人坐

【兵學通卷之一】　四十二

守（如欲演炬中軍先稟演炬命起來應聲退放
大砲三枝中軍先稟演炬命起來應聲退放火
三枝次中軍吹放天鵝聲砲三響）

（小註）炬應各色燈起一火體然炬黑炬中營
吶軍軆共三砲次中軍吹放天鵝聲砲砲偃偃
炬止火炙畢然燈

傳更
中軍發擂擂畢打更鼓一次梆鳴各梁一體
傳梆一更盡放大砲一聲吹長喇叭轉更約
二更之時城外伏路照砲火報警該面放砲如
數中軍應砲如詨方數擂鼓吹天鵝聲該面
色燈詨面遊兵吶喊飛趨應報賊到百步內
本面城將自擧砲吹天鵝聲佛狼機鳥銃齊打

又報賊至五十步內放起火一枝火箭弓箭齊
發中軍仍擂鼓鳴鑼廠夫盡出向垛口以備攻
打賊到城下城上打石遊兵收回及輪操齊操
俱照晝操例畢如前守更

落燈
五更發擂擂鐘畢中軍稟落燈命起來應聲退
放大砲一聲鑼鼓三通落燈各營燈火俱滅中
軍稟開城門命起來應聲退放大砲三聲鳴金
二下大吹打開城門鳴金三下吹打止放大砲
一聲掌喇叭以收伏路兵鳴金止

【兵學通卷之二】　四十三

下城
中軍稟下城命起來應聲退放大砲三聲鳴金
二下大吹打各營一體應砲打俱下城鳴金
三下吹打止掌一號鳴金邊旗幟分立三行掌
二號主將起身上馬鳴金二下大吹打

查功罪
翌日主將坐衙各偏裨以下俱如前參現退出
聽候于轅門外就將晝夜操行過得失合格遣
令者對衆發落

水操

砲一聲吹天鵝聲各兵吶喊共三次鳴金喇叭
止中軍稟放齊靜砲命起來應聲退放大砲三
聲曁豹尾旗旛放大砲一聲鳴鑼各兵休息坐立
從便務要齊靜不許亂走喧譁鳴金止

一面操
伏路人于城外本面放砲放起火報警該面放
砲如數中軍應砲如該方數擂鼓吹天鵝聲點
該方色大旗該面遊兵吶喊飛趨應援報賊到
百步內本面城將不待中軍號令自舉砲吹天
鵝聲佛狼機鳥銃齊打又報賊至五十步內放

起火一枝火箭弓箭齊發中軍仍擂鼓鳴鑼嚴
夫盡出向垛口以備攻打報賊到城下城上打
石云如賊有牛馬墻墻就內 銃下或鏑由孔戳去 賊別來垛照相前對又備
夫于兵準備攻城看賊勢大夫小高聲
説兩則備上了墻聲賊打到打嗚打
該面城將報賊已敗退徑行令
止放射又報賊已遠遁回巢中軍鳴金鑼鼓俱
止放大砲一聲鳴金二下大吹打遊兵各回信
地各營一體應砲吹打鳴金三下吹打止一面
操完又操一面
四面齊操

四面操完中軍稟操畢放大砲一聲鳴鑼各在
城面休息鳴金止俟城外伏路人四面砲火齊
舉是賊四面來攻中軍流水撞鐘放大砲一聲
擂鼓吹天鵝聲點四方色大旗四面遊兵一時
吶喊飛趨應援照前禦軍

收伏路
中軍開城門命起來應聲退放大砲三聲鳴
金二下大吹打開城門鳴金三下吹打止放大
砲一聲掌喇叭各營一體應砲掌喇叭收伏路
兵鳴金止

下城
中軍稟下城命起來應聲退放大砲三聲鳴金
二下大吹打各營一體應砲吹打鳴金三下吹
打止放大砲一聲鳴鑼每五垛留一人看瞭餘
俱下城休息

落旗
中軍稟落旗命起來應聲退放大砲一聲鳴鑼
三通落旗各營一體應砲鑼鼓三通落旗

夜操
候夜中軍稟起操命起來應聲退掌一號各營

操期前十日出示聽各營設備停妥先一日中軍

禀請軍令懸操牌各營傳知

掌一號

次日主將衙門前掌一號各營一體掌號各官

兵做飯喫

掌二號

[兵學通卷之一]

掌二號應操軍兵俱執器登城駐隊騎兵於中

軍臺下列成行伍掌號留各偏裨以下至哨官

俱赴主將寓所鳴金號留止行參現禮 操例依場

面聽該操約束各到信地聽候旗鼓官擺列濟

道威儀于主將門前以待

三十八

掌三號

掌三號主將起身出門跪接執事禀放砲三聲

鳴金二下大吹打主將至礼駐禀鳴金三下

吹打止中軍於臺上放大砲一聲吹天鵝聲各

兵一齊吶喊共三次鳴金喇叭止跪接執事禀

鳴金二下大吹打中軍及礼駐將領信地跪迎

候過主將至將臺禀鳴金三下吹打止禀鳴

鑼邊旗幟分列于左右鳴金鑼止

到中軍

主將升臺知殻官禀小開門吹打卽鳴金二下

小吹打鳴金三下吹打止中軍知殻旗牌等官

先行參現 操例同場 次三班叩頭

升帳

中軍禀放升帳砲知殻官命起來應聲退放大

砲三聲鳴金二下大吹打伴倘先喝牢子站齊

牢子大喝三聲畢鳴金吹打止

升旗

中軍禀升旗命起來應聲退放大砲一聲擂鼓

鳴鑼共三通車起大白旗各營一體應砲擂鼓

鳴鑼升旗 字外大旗帥 鳴金鑼鼓止

三十九

發伏路

中軍禀發伏路命起來應聲退放大砲三聲鳴

金邊各營一體應砲鳴金邊發伏路兵俱赴該

營領三眼銃起火等器出城分伏于四面要害

鳴金止每伏一名相去一里

開城門

中軍禀開城門命起來應聲退放大砲三聲鳴

金二下大吹打開城門鳴金三下吹打止放大

至三十步放起火一枝鈀弓手出前更番放射
賊至營下各兵拋石賊退鳴金二下大
止擲鈸鳴鈸收拒馬營幕再鳴金二下大
吹打鳴金三下吹打止放砲一聲吹天鵝聲吶
喊共三次鳴金喇叭止放砲一聲鳴鑼馬兵下
馬再鳴各兵坐息鳴金鑼止放砲一

更前守
砲一聲
鳴鑼馬吹天鵝
兵下馬再鳴各
兵坐息鳴金止

一燈當彼燈中
二鈸高好聲軍
下大聲天喬號
吹響高賊調明
打隊聲奇開路
各伍到回鳴兩
大聲齊原鳴留
吹鈸各原地各
打鈸鳴分
二聲金原
下鳴三隊
吹金下鳴
打鈸止金
放鳴賊砲藏的在守

一燈卽軍傳旗點
鈸接漢他哨小
去點號調燈短
天高燈明寄伏
號度行開必分
燈等開留枝兩
復一兩迎斗路的
火兵路前當行
通賊從好至漢
一槍斗有營每
點好侯差登
各候移一燈
燈營藝官一
通移一營名
遍亦聲將軍
一從官在
燈令軍
旗從
聲雙
處傳

一燈傳旗點
當彼燈令嶽
高好聲砲暗
藝明暗燈火箭
聲調度燈二枝
將讀從枝按
明迎差藏將軍
開迓燈每名
傳迎暗燈一
一槍乘差聲
兵搶移一官
賊一營軍
放聲名處
砲官在守
藏軍守

兵學通卷之一

金止放開營行 或畫操例散操
鼓開營行 或畫操例回到信地同
金止放開營砲一聲吹天鵝聲吶喊共三次點

收營

至五更三點掌一號鳴金邊發塘報 照出行營差
官數出回報鳴金止放起火一枝 舉兵擂鼓三
通掌二號放砲一聲落燈放砲一 夜巡官軍回告
聲懸旗各一體懸旗放砲一聲鳴金二下大吹 放砲一聲吹單哱
打開營門鳴金三下吹打止 卽鏗夜伏 本夜巡官軍無事掌
喇叭收伏路塘報 路塘報夜伏
囉掌號笛聚官旗聽發放 認同畫招聚例行或用畢

城操

立中軍

先於本城高處可以四面瞭視之地立梐枅一
根無高處從便再高尤妙預備十二幅大白旗
一面燈籠油燭

兵學通卷之二

派守

閭城與近城人民不拘士庶計城垛若干每垛
可分幾人每五垛定垛長一人二十五垛立城
長一人五十垛立雜摠一人每一面五城將一
人每近門通衢或要口選所住相近有名好漢
若干名當之每處立頭目以領之倘聞城上有
聚攻賊登城卽應援城內有奸細卽防禦每門
樓角上亦以若干名分與信地專備賊來攻打
應援將作隊 軍兵每垛亦分幾人餘置中軍以
備援策應駐隊 者如有牛馬墻則預選軍民極勇
牛馬墻 利器器責令下城在
內防禦

三十六

三十七

大吹打開營門收樵汲兵差官分向四門數入
回報鳴金三下吹打止放砲三聲鳴金二下大
吹打閉營門鳴金三下吹打止

炊飯

放砲一聲鳴鑼馬兵下馬再鳴各兵坐息鳴金
鑼止放起火一枝傳鑼各兵炊飯饜食

夜號

中軍稟請夜號于主將傳知各哨各哨傳知各

兵學通卷之一
兵臨時疑定

燃燈

放砲一聲吹哱囉各兵起立再吹馬兵上馬鳴
金哱囉止放砲一聲吹天鵝聲吶喊共三次鳴
金喇叭止放砲一聲落旗各一體落旗（如欲演
列一外聖量兵又就前面若干步壁開于步列
天鵝聲仆止若臨演陣金止畢演陣）

（金則不止拘各砲舉一聲鳴放起火一枝燃燈
各一體燃燈）

（原捵地銕燃燈收燈退）

發放夜巡

放砲一聲吹哱擂鼓鳴金畢夜巡官軍齊到知
轂官傳云官軍過來應聲鳴鼓一通以卑而尊

三十四

俱跪發放曰官軍聽着應夜巡謹愼懍惺了事
軍法不饒應畢先尊後卑高聲報叩頭知轂官
傳云官軍起去應聲退放砲一聲鳴鑼馬兵再
鳴各兵坐息鳴金鑼止每司本輪撥兵一旗官
一員巡本夜每旗撥兵二人燃火于營外如欲
（火軍欲）

（畫頭印掌號笛官旗夜應作舉動逐本夜一
分付放叩頭地方等火）

兵學通卷之一

起更傳箭

擂鼓三通放定更砲一聲喇叭吹天鵝聲每一
隊摠巡本部本司本哨本旗每一更盡放砲吹
天鵝聲轉更
（上守更人下轂千摠一員摠巡亦輪把摠哨官旗）
（不拘何處起凡于箭過不許出聲只于）

遇警

遇賊或塘報先至或伏路先知放砲放起火中
軍放砲一聲吹哱囉各兵起立再吹馬兵上馬
鳴金哱囉止

禦賊

子壁銃手一體移就輪放故起立後
吹單擺開喇叭
賊至五十步放砲一聲吹天鵝聲銃手輪放賊

三十五

再吹單擺開鳴金喇叭止即安拒馬下蘗藜張

營幕放砲一聲鳴鑼坐息把摠入跪主將前禀

查功罪命起去應聲退放砲一聲吹單哱囉各

官旗起立掌號笛子外層官旗照合操例行將合格達令者

發放叩頭等項皆如合操例行畫擺鳴金喇叭止吹

對衆發落畢傳云官旗下地方鳴金二下大吹

打俱回信地鳴金三下吹打止把摠入跪主將

前禀收營回信地命起去應聲退放砲一聲吹

哱囉豎神旗各兵起立擺鈸鳴收拒馬營幕各

成小隊再鳴成大隊點鼓變爲二層立定照合

礼駐信地鳴金三下吹打止放砲一聲鳴鑼坐

吹天鵝聲吶喊共三次鳴金二下大吹打俱回

操例轉身畢摔鈸鳴如前收隊放開營砲一聲

息

銃手一隊練

同㪔手例調一隊前來到臺下放砲一聲吹單

擺開一字單列鳴鑼坐息放砲一聲吹單哱囉

起立放砲一聲吹天鵝聲一次齊放卽收隊伍

放砲一聲吹天鵝聲五次輪放打得勝鼓回在

本旗摠後空地立定鳴鑼坐息挨隊練同㪔手

例行輪放齊放司哨俱同故不重舉

夜操

安營

自入塲至升旗俱照畫操例行放砲一聲鳴金

邊發旗立表鳴金止點鼓吹擺隊伍喇叭磨動

表旗各兵搶成方營

單擺開各兵列開小隊鳴金喇叭止即安拒馬

下蘗藜張營幕

發伏路塘報

放砲一聲鳴金邊發伏路塘報

差官分向四門數出回報鳴金止放砲一聲

鳴鑼馬兵下馬再鳴各兵坐息鳴金鑼止

發樵汲

放砲一聲豎黃大旗擺鼓發樵汲兵差官分向

四門數出回報鳴金什旗放砲三聲鳴金二下

大吹打閉營門鳴金三下吹打止

收樵汲

放砲一聲豎黃大旗吹喇叭一遍鳴金止吹哱

囉一通各兵起立鳴金止放砲一聲鳴金二下

儀三才同一隊例操果摔鈸鳴仍收為鴛鴦隊

三才陣操果吹單擺開各兵一字單
列鳴鑼坐息放砲一聲吹哮囉起立放砲一
聲吹天鵝聲一次齊放即收隊伍放砲一
吹天鵝聲五次輪放

鳴金二下大吹打回在信地鳴金三下吹打止

鳴鑼坐息

一哨方陣

哨官立認旗右一點磨動點鼓一旗為子壁二
三旗為外壘俱以三才擺列

兵學通卷之一　　三十一

一司練

把摠照前聽令領兵赴臺前背臺上立定放砲
一聲鳴鑼坐息放砲一聲吹哮囉起立吹轉身
喇叭各兵向方轉身點緊鼓吹擺隊伍一喇叭一
字擺列大隊中哨一旗及左右哨一二旗為前
層中哨二三旗及左右哨三旗為後層吹單擺
開列開小隊

前中右哨左後哨為後層放
砲一聲吹天鵝聲五次輪放
放起火一枝前層鈀弓手出前吹天鵝聲放射

定

放砲後層一聲吹天鵝
聲吶喊作戰鳴金鼓止共三次摔鈸鳴鈸各整隊
伍再鳴各分原隊鳴金三下器械向前身首向
後三退至前層之前鳴金二聲作虎聲回身立

放砲一聲後層鈀弓手出前吹天鵝聲吹天鵝
放起火一枝後層鈀弓手出前吹天鵝聲放射
放砲一聲點鼓前層兵間隊而出擂鼓吹天鵝
聲如至後層之前鳴金二聲作虎聲
三退至後層之前兵各三退至原調來所立信地放
三下如前退兵各三退至原調來所立信地放
砲一聲鳴鑼坐息

兵學通卷之一　　三十二

一司方營

把摠放砲一聲點鼓立認旗右一點陣圓銳曲直等磨
動點鼓吹擺隊伍一喇叭中哨為子壁左右哨為
外壘俱以兩儀擺列

銃銃手中哨為子壁前左右後哨為
外壘

放砲一聲將認旗向前一點立一旗摁點槍旗
以應之認旗一磨旗摁赴臺前聽分付退立將
槍旗向前一點立一隊長立槍旗以應之向後
連點點鼓隊長領兵赴臺前背臺上立定鳴鑼
坐息

禁御廳　純鋎手兼習殺手分練之法

分爲兩儀陣

放砲一聲吹單哱囉各起立放砲一聲立藍白
大旗吹擺隊伍喇叭分爲兩儀陣鳴金仆旗喇
叭止放砲一聲點鼓前行擂鼓吹天鵝聲吶喊

兵學通卷之一　二十八

飛跑鳴金鼓止共三次摔鈸鳴卽收隊伍放砲
一聲鳴金三聲卽器械向前身首向後鳴金退
回連鳴金二聲作虎聲回身立定三退至原調
來所立信地鳴鑼坐息

變爲三才陣

放砲一聲吹單哱囉各起立放砲一聲立藍紅
白大旗吹擺隊伍喇叭變爲三才陣鳴金仆旗
喇叭止操令如前操畢鳴鑼坐息

合爲鴛鴦陣

放砲一聲吹單哱囉各起立放砲一聲立黃大

旗摔鈸鳴合爲鴛鴦陣鳴金仆旗鈸止放起火
一枝鈀弓手出前吹天鵝聲放射摔鈸鳴俱回
原隊放砲一聲點鼓前行操法如前操畢放砲
一聲吹轉身吹喇叭卽將兩伍俱向內轉身放砲
打得勝鼓回在本旗摁後空地立定鳴鑼坐息
各二輪照　二隊三隊旗亦照前習戰俱完駐地坐息

隊長將槍旗右一點磨動一二名在左右三四
名居前後五六七八名居四隅九十名與火兵
居中而在隊長之後

一隊方陣

兵學通卷之一　二十九

旗摁將槍旗右一點磨動一隊爲子壁二三隊
爲外壁而一五三七九在隊長之左二六四八
十在隊長之右俱單列

一哨練

哨官照前聽令領兵赴臺前背臺上大隊立定
放砲一聲吹擺隊伍喇叭列開小隊鳴鑼坐息
放砲一聲吹哱囉起立放火一枝鈀弓手出
前吹天鵝聲放射摔鈸鳴俱回原隊放砲一聲
點鼓前行操法俱同一隊倒操畢鳴鑼坐息兩

俱如前轉身鳴金二下大吹打擺陣行回到信
地鳴金三下吹打止撑鈸鳴如前收隊鳴金鈸
止

回信地

放開營砲一慈吹天鵝聲各兵不點旗吶喊共
三次鳴金喇叭止鳴金邊旗幟分立三行鳴金
二下大吹打左馬兵在前之左路左部接左馬
兵之後右馬兵在前之右路右部接右馬兵之
後

兵學通卷之一

騎士一二番在前之左路前左哨接
二十六
二番之後騎士三番在前之右路中右後哨
接三番之後

龍虎營　一兼在前之左路一內一羽接一兼
之後二兼在前之右路二內二羽接二兼之
後三內分半接兩路之後

平行左右各回信地剷定鳴金三下吹打止鳴
鑼邊旗幟分列于左右鳴金鑼止

謝操

中軍到臺下中軍以下至哨官入跪主將前高
聲報曰中軍別將千把摠哨官謝操卽叩頭令

起去應聲退

散操

中軍稟散操命起來應聲退鳴金二下大吹打
各兵于腳下轉身南下不須魚貫而上（如兵將欲令數人旗作從門于兩差官數出）俱單各司哨一體擺列旗
鼓威儀各隨本部至中路散出不許候送主將
鳴金三下吹打止

落旗

中軍稟落旗命起去應聲退放砲一聲鳴鑼搖
鼓共三通落旗鳴金鑼鼓止掌一號鳴金邊旗
幟分立三行掌二號主將起身上馬鳴金二下
大吹打

兵學通卷之一
二十七

分練

訓練都監　附禁衛營

殺手一隊練

自入塲至升旗俱照合操倒行放砲一聲立該
邑神旗千摠放砲立認旗以應之放砲一聲立
該邑門旗把摠亦應砲應旗放砲一聲立該邑
高招哨官立認旗以應之高招向後連點哨官
率旗鼓赴臺前分付調第一隊前來應聲退立

鼓到信地馬兵轉身由左右礼駐而回上待
尾局盡出礼駐之外塘報報警吹轉身喇叭鳴
金止放砲一聲立藍白高招向前點點緊鼓吹
擺隊伍喇叭餘同原操

禁御營 立不用掌號等節直吹轉身喇叭放砲
叭騎士遮截步軍二層立定
假倭號令

放砲一聲立黃高招向前點點緊鼓吹擺隊伍喇
假倭前行擂鼓吹天鵝聲假倭一字前進吶喊
金二下大吹打假倭收回原地鳴金三下吹打
止別哨扮作後

兵學通卷之一　二十四

追聲畢鳴金止放砲一聲立黃高招向後點鳴

禁御營 立倭將旗向某陣點　假倭扮以用劍

御營 立塘報旗向某陣點　假倭○用別鄉軍立

禁營 立倭將旗向某陣點　假倭扮以用劍

龍虎營 立倭將旗向某陣點　假作○用兒旗手

旗令
令
禁軍立

砲車號令

放砲一聲立紅高招放砲一聲吹天鵝聲砲車

五次輪放鳴金止
書晝夜營
面操完放砲一聲鳴金邊如前發伏路塘報放
砲一聲鳴鑼各兵坐息鳴金鑼止放砲一聲豎
黑旗放砲三聲鳴金一聲吹哱囉各兵起立鳴金
三下吹打止放砲吹天鵝聲吶喊共三次鳴金止放
哱囉止放砲吹天鵝聲吶喊各兵起立鳴金止放
砲一聲落旗各一體落旗放起火一枝懸空燈
籠各一體懸空燈籠照程式演之

調練

兵學通卷之一　二十五

銃手殺手中調撥某哨赴臺前照程式練之

收營

中軍票收營命馳去應聲退放砲一聲吹哱囉
豎大旗各兵起立再吹馬兵上馬鳴金哱囉止
捽鈸鳴收拒馬營幕各成小隊哱再鳴成大隊中
軍原發旗招俱回鳴金止點鼓將方營照前愛
爲層陣立定鳴金鼓止吹轉身喇叭鳴金止放
砲一聲五方旗招俱向後指各兵向後轉身點
鼓擂陣行約二十餘步鳴金止又吹轉身喇叭
叭鳴金止放砲一聲五方旗招俱向前指各兵

禁御營 立黃神旗向騎士陣點鼓點黃神旗

擂鼓吹天鵝聲

馬兵蜂屯陣

放砲一聲立藍白高招前左右點吹轉身喇叭

點緊鼓吹擺隊伍喇叭各前哨在前左哨在中

右哨在後每哨一旗在前二旗在左三旗在右

作蜂屯形 每旗一二三隊 亦作蜂屯形

禁御營 立別將旗前左右點騎士一番在前

二番在中三番在後作蜂屯形

龍虎營 立別將認旗前左右點一二兼在前

兵學通卷之一　二十二

老營

馬兵鶴翼陣

放砲一聲立藍白高招左右點吹

緊鼓吹擺隊伍喇叭左邊三哨擺列于右別將

之左右邊三哨擺列于左別將之右自內擺向

外作鶴翼形

禁御營 立別將旗左右點騎士二番在中一

番在左三番在右自內擺向外

龍虎營 立別將認旗左右點一兼一內一羽

在別將之左二兼二內二羽在別將之右底

外擺向內三內為老營

成陣後移營

放砲一聲立黃神旗向某方三點立點鼓擂陣 立只以步軍成陣 藍白神旗

而行到所止處鳴金鼓止

遇猝警

行營之間倘報失瞭賊自腰間或前後突出

把摠哨官皆得自主號令搶成方營一面禦賊

遠處司哨亦成方營收拾備戰中軍放砲一聲

鳴金鼓止放砲一聲點鼓吹擺隊伍喇叭鳴金

兵學通卷之一　二十三

止放砲一聲吹天鵝聲賊退鳴金止放砲一聲

吹天鵝聲吶喊共三次鳴金止摔鈸鳴收整隊

伍放砲一聲點鼓如前行營

直下疊陣

開營行時掌一號鳴金邊鳴塘報直下于左右札

駐之間鳴金止掌二號放砲一聲吹哱囉再吹

鳴金止放砲一聲立藍白高招左右別將應砲

應旗高招向前三點挨次俱點鳴金止鳴金邊

旗幟分立三行放砲一聲點鼓點五方旗招左

右馬兵各以五馬隊直下札駐之間中軍率旗

禁御營立黃神旗右三點〔騎士立別將旗右三點〕

龍虎營立別將認旗右三點

左右馬兵各方陣

放砲一聲立藍白高招右一點各磨動點鼓吹

擺隊伍喇叭左哨爲子壁前右哨爲外壘各成

哨爲外壘合爲方陣

方陣

左右馬兵合方陣

放砲一聲立藍白高招右一點叉捍磨動點鼓

吹擺隊伍喇叭左右馬兵各左哨爲子壁前右

哨爲外壘合爲方陣

禁御營立別將旗右一點叉捍磨動點鼓

二三番爲外壘

以馬兵追擊馬兵

天兵學通卷之一　二十

放砲一聲立藍白高招左右別將點播鼓吹天鵝聲左右馬兵

以應之高招相向點播鼓吹天鵝聲左右馬兵

吶喊作戰一次鳴金什旗放砲一聲立藍白高

招向左右點鳴金二下大吹打左右馬兵各回

信地鳴金三下吹打止

以步軍追擊步軍

放砲一聲立藍白神旗左右部千摠放砲立認

旗以應之神旗相向點播鼓吹天鵝聲左右步

軍各成陣勢吶喊作戰一次鳴金什旗放砲一

聲立藍白神旗向左右點鳴金二下大吹打各

到信地鳴金三下吹打止

以馬兵追擊步軍

點鳴金二下大吹打馬兵回到信地鳴金三下

戰一次鳴金什旗放砲一聲立藍白高招向後

兵前行擂鼓吹天鵝聲馬兵追擊步軍吶喊作

左右別將旗放砲立認旗以應之點鼓點高招

放砲一聲立藍白高招〔只用左右馬兵立藍白高招〕

以馬兵追擊步軍

吹打止

天兵學通卷之一　二十一

禁御營立別將旗向步軍陣點鼓點旗即擂

鼓吹天鵝聲

以步軍追擊馬兵

放砲一聲立藍白神旗〔只用發手放砲立藍白神門旗〕

左右部千摠放砲立認旗以應之點鼓點神旗

步軍前行擂鼓吹天鵝聲步軍吶喊

作戰一次鳴金什旗放砲一聲立藍白神旗向

後點鳴金二下大吹打步軍回到信地鳴金三

下吹打止

〔禁御營〕

新舊番前左哨爲天前衝地前衝東
南角西南角風雲陣天衡右後哨爲天衡
北角西北角風雲陣天後衝地後衝天衝東
一三旗爲地軸各二旗爲中軍親兵各 若因一路則行下營則
番在後爲遊兵

六花陣

放砲一聲立黃神旗放起火六枝磨動點鼓吹
擺隊伍喇叭左右部六司爲外六軍左右司中 外六軍各爲中哨分爲
哨爲中軍親兵馬兵六哨爲中一軍

〔兵學通卷之一〕

軍親兵騎士三番爲中一軍 左右後營合操新舊番前分爲

臺上方陣

放砲一聲立司命旗右一點磨動點鼓吹擺隊
伍喇叭馬步軍合爲方陣 只步軍則司命旗放砲一聲立藍白高招兵右則一放點砲一聲

臺下方陣

放砲一聲立黃神旗右一點 陣圓則前一點曲陣則四面曲點銃

陣則後左一點直磨動點鼓吹擺隊伍喇叭馬步軍
合爲方陣

左右部合爲方陣

放砲一聲立藍白神旗右一點义焊磨動點鼓
吹擺隊伍喇叭左右部各中司爲子壁左右司
爲外壘合爲方陣

放砲一聲立藍白神旗右一點各磨動點鼓吹
擺隊伍喇叭中司爲子壁左右司爲外壘各成
方陣

〔兵學通卷之二〕

各司方陣

放砲一聲立藍白黃白門
旗右一點各磨動點鼓吹擺隊伍喇叭中司則
左右哨爲外壘中哨爲子壁左右司則前左右
後哨爲外壘中哨爲子壁各成方陣

各哨方陣

放砲一聲立五邑高招 高招馬兵放砲一聲立紅藍
立黃神旗右二點 見子方營條內

〔禁御營〕

放砲一聲各磨動點鼓吹擺隊伍喇叭一旗 白門旗右門旗右一點各磨動點鼓吹擺隊伍喇叭一
爲子壁二三旗爲外壘各成方陣

向外點黑鼓擂鼓吹天鵝聲馬兵四角飛出圍

戰賊敗鳴金喇叭止放砲一聲立四面高招

禁御營 立別將旗

龍虎營 立一二三內旗

向內點鳴金二下大吹打天鵝聲吶喊共三次鳴各兵

下吹打止放砲一聲吹天鵝聲呐喊共三次鳴

金喇叭止放砲一聲鳴鑼馬兵下馬再鳴各兵

坐息鳴金鑼止

火聲擂兵開起坐立放砲一聲面天砲之砲鵝車內一面來聲則放砲砲旗欲射車一鼓吹出放亦聲吹長囉則一放天聲該放聲起鵝單面砲

馬息共以兵該鼓若三應俱面擂己次之照高鼓安放鳴金層向天拒砲一吹戰外馬只手打陣黑聲將鳴止號遠鑼放令兵器馬砲行兩呐夏兵一收角喊番下聲馬飛作射馬吹時出戰賊再天不鳴鵝軍許各雜兵呐吹砲

內拒坐喊打退立黑

龍虎營 向外
禁御營 向外

別陣號令

呐右身角旗弓喊門放火擂矢共收砲點鼓齊立三回立逍吹發該賊點鼓次信該擊天賊點放地番賊鵝退聲五放步吹出砲放旗一砲向鳴子十起之天戰聲一內金壁步火內鵝時鳴聲點鼓兵放一各聲鑼吹鳴止拔砲枝兵騎面坐天金鳴鞭一吹聽士放息鵝大金棍聲天令兩砲聲吹三分點鵝上角立打下出一聲馬飛別由卽左二該放出將左回右內面砲

九軍陣

放砲一聲立黃神旗點鼓吹擺隊伍喇叭左右

部左右司各五哨中司各二哨共二十四哨每

三哨爲一聯爲外八軍各中司中哨與攔後別

哨爲一聯爲中一軍馬兵六哨分作二層在後

爲遊兵二十四陣

禁御營 八陣

新舊番各前左右後共八哨每哨爲一聯爲外八軍各中哨合爲一聯爲中一軍

騎士三番在後爲遊兵

九軍陣

放砲一聲立黃神旗黃高招點鼓吹擺隊伍喇叭左部左右司前左哨自天前衝至天衡右後哨自地前衝至地中軸中司右哨爲南西角風東角風雲陣中司右哨中哨爲南雲陣中司中哨左哨爲中軍親兵右部左右司前左哨自天後衝至天衡右後哨自地後衝至地中軸中司左哨中哨爲北東角風雲陣中司中哨爲中軍親兵馬兵六哨分作二層在後爲遊兵二十

四陣

偃

發樵汲

放砲一聲中軍竪黃大旗

【龍虎營】竪別將認旗

播鼓發樵汲兵差官分向四門數出回報鳴金

什旗放砲三聲鳴金二下大吹打開營門鳴金

三下吹打止

查功罪

放砲一聲吹單哱囉各官旗起立鳴金哱囉止

掌號笛左邊官旗向左內旋子壁外旋右邊官

兵學通卷之一　十四

旗向右內旋子壁外旋至中軍齊清道旗跪告

官旗到齊知毃官傳云起去應聲退鳴金號笛

止中軍發放叩頭等項皆如臺上發放　不必用耳聽金用

鼓等將合格違令者對衆發落畢知毃官傳云清

道旗領送回吿官旗到地方命起去應聲退鳴

官旗下地方各齊應一聲鳴金二下大吹打清

金三下吹打止

收樵汲

放砲一聲立黃大旗

【龍虎營】立別將認旗

吹喇叭一遍鳴金止吹哱囉一通各兵俱起執

器如待敵狀鳴金止放砲一聲鳴金二下大吹

打開營門收樵汲兵差官分向四門數入回報

鳴金三下吹打止

炊飯

放砲三聲鳴金二下大吹打開營門鳴金三下

吹打止放砲一聲鳴鑼馬兵下馬再鳴金三下

息鳴金鑼止放砲起火一枝營中舉火傳鑼解甲

炊飯喫

四面操

兵學通卷之一　十五

四面塘報磨旗伏路兵舉砲是四面賊來中軍

放砲一聲立四面神旗吹哱囉各兵起立再吹

馬兵上馬鳴金哱囉止放砲一聲吹天鵝聲銃

手輪放砲　砲車亦放　則

【禦神營】子壁銃手聽單擺開移就外壘一體

輪放

鳴金喇叭止放火一枝吹天鵝聲鈀弓手放

射鳴金喇叭止放砲一聲立四面高招

【禦神營】立別將旗

【龍虎營】立一二三內旗

龍虎營

作戰賊在百步之外各兵上馬放砲

立一二羽旗點鼓點旗復層出前層之前一

字擺列賊到百步之內聽令弓矢齊發賊到

五十步擂鼓吹天鵝聲拔鞭棍吶喊追擊賊

敗鳴金鼓止各兵立鳴金三下卻回身放砲

砲立一二兼旗點鼓點旗前層一字擺列賊

立該番旗向內點退回原地又作賊來狀放

在百步之內射矢追擊退兵俱如前賊敗鳴

來狀放砲旗立一二內旗點鼓點旗中層出前

層之前一字擺列射矢追擊俱如前賊敗鳴

金鼓止放砲吹天鵝聲吶喊共三次鳴金止

鳴金三下卻回身鳴金大吹打退回原地放

砲鳴鑼各兵下馬再鳴坐息〔鼓噪以追助聲勢番每次以〕

下方營

中軍禀下方營查功罪命馳去應聲退放砲一

聲鳴金邊發旗立表鳴金止〔若營因行發便立表方〕

放砲一聲吹哱囉馬兵上馬鳴

金哱囉止點鼓吹擺隊伍喇叭磨動表旗各兵

照旗蟻附以大隊分為外層子層〔朱左崔部旗左擺至自玄白武崔旗右擺部左司〕

自青龍崔旗右司自玄武虎崔旗擺至白青龍旗右司自白虎旗右擺至玄

天

玄旗旗左則左招武

武右旗擺部左招右旗列馬部左中部

旗擺至左千自司自兵外司子虎外司子司頭之合自高紅

扈衛營

千把摠俱在中軍之後合操則居外

壘左右之內

中軍居子壁之中千摠居外壘左右之內

叫止即安拒馬下蔡蓁張營幕

發伏路塘報

放砲一聲鳴金邊發伏路塘報差官分向四門

數出回報鳴金止放砲一聲鳴鑼馬兵下馬再

鳴各兵俱入幕休息鳴金鑼止每隊輪撥二人

守拒馬中軍旗招俱偃各一體偃旗惟表旗不

中軍居子壁之中千摠居外壘左右之內

鳴金喇叭止吹單擺開各兵列開小隊鳴金喇

〔青龍旗右擺至藍間路行列自高招向藍龍旗右擺至自玄朱武崔〕

緊行又擂鼓吹天鵝聲吶喊作戰賊敗鳴金鼓
止捽鈸鳴各整隊伍再鳴各分原隊鳴金鈸止
鳴金三下器械向前身首向後鳴金退回約二
三十步連鳴金二聲是賊追來各兵轉身作虎
聲立定又鳴金退回誘賊入前伏之內伏兵吶
喊齊起卸鳴金二聲各兵轉身作虎聲立定擂
鼓吹天鵝聲吶喊作戰一次賊敗鳴金鼓止捽
鈸鳴各整隊伍再鳴各分原隊鳴金三下如前
退回掌喇叭收後伏兵三退至鳥銃之前連鳴
金二聲作虎聲回身立定

兵學通卷之一　　　十一

禁御營 純銃手

後層銃手輪放

又作賊來狀吹單擺開後層銃手急出退回層
前鳴金喇叭止放砲一聲吹天鵝聲銃手輪放

禁御營 退回層仍立輪放

鳴金喇叭止放起火一枝後層鈀弓手出前吹
天鵝聲放射鳴金喇叭止

前層殺手出戰

放砲一聲黜鼓鈀弓手俱回原隊前層間隊而

出號令設火交戰退兵俱如前一面分遣奇兵
于賊退之路潛伏以待奇兵以前層銃手左
右邊各一隊分遣

禁御營 以老營兵分遣

放砲一聲後層擁密鳴金鼓止放砲一
聲立藍白高招

禁御營 兩層殺手俱出

向前點擂鼓吹天鵝聲兩層一擁吶喊追賊左
右馬兵與所遣奇兵一時從後吶喊齊起迎合

禁御營 立別將旗

間花疊退

兵學通卷之一　　　十二

賊敗鳴金鼓止放砲一聲立藍白高招向內點

禁御營 立別將旗

馬兵收回原地鳴金仆旗放砲一聲掌喇叭後層銃
手退回原地鳴金止捽鈸鳴各整隊伍再鳴銃
分原隊鳴金鈸止
後間花疊退號令如前三退各到信地豎起器
械放砲一聲吹天鵝聲吶喊共三次鳴金喇叭
止放砲一聲鳴鑼馬兵下馬再鳴各兵坐息鳴
金鑼止

向前點點緊鼓吹擺隊伍喇叭馬兵懸出兵前
遮截步兵緊趨一字擺列每旗爲一聚留空三
丈殺手左右部左司爲一烏前層右部自前哨
內右用砲立于車右部左司爲後擺列之後
哨烏前層右哨爲前層左哨爲後層哨自內擺向
龍虎營 前哨爲前層中哨爲後層哨自內爲老
營向外操左則後哨爲中二層別

兩層相去二十步中軍旗鼓等居中前抵前層
之後後坐後層之前 若一路部行則手俱在後
鳴金喇叭止放砲一聲立藍白高招
禁御營 立別將旗
吹單擺開各兵列開小隊 凡以左右一隊擺中
一隊擺左右一隊擺不開動
向內點馬兵收回左馬再鳴各兵坐息鳴金鑼放
砲一聲鳴鑼馬兵下馬再鳴各兵坐息鳴金鑼放
止 如欲回喇叭軍放砲左一聲馬前兵吹哱囉各
轉身放砲上馬砲一鳴金哱囉止高吹招向身喇
敬報搖旗前當放砲左一馬前兵吹哱囉各轉身
右出部在出本哨軍中軍放砲左一聲兵吹哱囉各
隊各一時抱哨把抱向後砲向左一馬前兵吹哱囉
止轉身把抱向砲五轉時哨招報將哨俱在向後
砲一聲鳴鑼馬兵下馬再鳴各兵坐息鳴金鑼放

龍虎營 老營以偃月形擺列于子壁之後則
禁御營 營方陣則以中哨爲老子壁
前層銃手輪放
賊在百步之內放砲一聲吹哱囉止放砲一聲吹
吹馬兵上馬鳴金哱囉止放砲一聲吹天鵝聲
銃手輪放 砲車放砲鳴金喇叭止放起火一枝
前層鈀弓手出前吹天鵝聲放射鳴金喇叭止
後層殺手出戰
放砲一聲點鼓鈀弓手出待出立隊之前播鼓吹天鵝聲吶喊作戰鳴
金鼓止各兵立伏
金鼓止各兵立伏兵又點鼓

（右側各列）擺殺隊手喇叭右部中馬兵懸出前層遮左截部步中兵司爲懸出後層列大
後卽俱接方左營回向馬面信馬地以中哨爲老
轉方旗地在百步部行報步又之後放砲之手
後之手砲放砲一立聲藍白擺右關旬各哨兵于列內開隊小馬隊右爲懸收金立喇叭後金止後層伏賊打放鬆銃大

（上段）

換放砲一聲點鼓點五方旗招各一體點鼓

馬兵作五馬隊自臺前從東向西直行與右馬

兵合為十馬隊而行

禁衛營
龍虎營　騎士作五馬隊而行

禁衛營　軍單人行

次左部次中軍次右部相接而行　如欲每旗三隊平行則放

禁衛營
紅砲一聲招立藍　新舊番合操舊番五哨接騎士之尾

次中軍次新番五哨挨接而行

分路

中軍到右列之頭放砲一聲鳴金鼓止各兵立

放砲二聲　立高招二面點鼓

右部趨至左部之右並行為二路中軍在二

路後之中左右部中司又在中軍之後

（下段）

龍虎營　放砲二聲立一二兼旗三兼二羽趨

至一兼一羽之右並行為二路一三二內在

二路後之中別將在一內之頭

兵行一週到教場前放砲一聲鳴金鼓止各兵

金鑼止五方旗招俱偃各一體偃旗

列陣

立放砲一聲鳴鑼馬兵下馬再鳴各兵坐息鳴

砲一聲吹哱囉止再吹馬兵上馬鳴金

警各隊長挨傳至尾局即還報知道到頭局放

假倭見形塘報搖旗報警頭局哨官微聲傳有

哱囉止吹轉身喇叭各兵向方轉身鳴金喇叭

禁衛營　立別將旗
龍虎營　立二二兼旗

禁衛營　立藍白高招
龍虎營　立一二兼旗

止放砲一聲鳴金鼓止各兵立

中軍傳云官旗過來各齊應一聲即轉身向上
鳴鼓一通各官旗以早而尊俱跪發放曰官旗
聽着應耳聽金鼓應目視旌旗應手熟擊刺應
步開進止應萬人一心應軍法有常應畢各班
內一人先尊後甲高聲報曰某官叩頭命起去
應聲轉身退至原地相向立定

龍虎營 〔天兵學通卷之一〕
巡視發放
知殼官傳云巡視官生過來應聲旗牌官跪于
前巡視旗跪于後發放曰凡入操喧譁不肅應
下營行伍不齊應行營擾前越後應臨陣舉動
違令應斬賊强奪首級應戰畢妄殺降人應種
種作奸犯科俱聽爾拿來處置應若故縱需索
治爾之罪應如前各叩頭命起去應聲退
官旗下地方
中軍稟官旗下地方命起來應聲退中軍傳云

去步開進止加馬閑馳逐謹戰策巒

四一

官旗下地方各齊應一聲鳴金二下大吹打清
道旗領官哨隊行到列陣盡頭回上官旗各還
原地清道旗回至跪告官旗到地方命起去應
聲退鳴金三下吹打止放砲一聲鳴鑼馬兵下
馬再鳴各兵坐息鳴金鑼止五方旗招俱起
一體偃旗

開營行

中軍稟放蕭靜砲命起來應聲退放砲三聲
靜鈿竪 中軍稟掌號下營命起去應聲退掌一
豹尾旗 一聲吹哱囉各兵起立再吹馬兵上馬鳴金止

號吹哱囉各兵起立藍白高招左右別將放砲立認
止放砲一聲鳴金止掌二號放砲一
旗以應之向右三點別將亦向右點哨官旗隊
摁挨次俱點鳴金什旗

兵馬營 放砲一聲別將旗別將亦應砲應
龍虎營 放砲一聲立一兼旗一兼將亦應砲

旗
應旗
鳴金邊五方旗招俱起分立三行

天兵學通卷之二

五

九共三次﹙次未者此恐或者故也初再﹚鳴金喇叭止主
將起身上馬跪接執事稟放砲三聲鳴金二下
大吹打主將入敎塲稟鳴金三下吹打止中
軍於臺上放砲一聲天鵝聲各兵點旗吶喊
共三次鳴金止跪接執事稟吹鳴金二下大吹打
下聽候于轅門外﹙左體必吹礼打駐黃門旗手又捍前作﹚
過即饁行主將至將臺稟鳴金三下吹打止
鳴鑼邊旗幟分列于左右鳴金止別將千摠以
中軍別將千把摠哨官信地跪迎候

兵學通卷之二

小開門

﹙二﹚

主將升臺知觳官稟小開門吹打即鳴金二下
小吹打從事官軍官別軍官別武士牙兵哨官
藥房鍼醫馬醫局出身單拜參謁鳴金三下吹
打止中軍局別將知觳旗牌官先行參現﹙軍﹚
分班叩頭次軍牢巡視手吹鼓手等
﹙禁衛﹚別騎衛參謁於別武士之下無軍千把摠哨
﹙摠戎﹚別騎衛參謁於別武士之下無軍千把摠哨
﹙御營﹚別抄參謁於軍官之下無軍千把摠哨
官各隨本班參現

升帳

中軍稟放升帳砲知觳官命起來應聲退放砲
三聲鳴金二下大吹打伴倘先喝牢子站齊牢
子大喝三聲單牢子一人進跪大呼開門旗手
揮旗而退鳴金三下吹打止

升旗

中軍稟升旗命起來應聲退放砲一聲擂鼓鳴
鑼共三通升旗鳴金鑼鼓止別將千把摠哨官
由轅門趨入以次參現即回還信地別將千把
﹙每把摠哨﹚摠哨入宇兩跪兩揮
﹙入宇兩跪﹚每一摠哨入宇兩跪兩揮

兵學通卷之二

招官旗

﹙三﹚

中軍稟掌號笛聚官旗聽發放命起來應聲退
放砲一聲即掌號笛清道旗聽發放命起來應聲退
次隨行到列陣盡頭轉身由馬路回上隊長偃
旗到臺下豎起完立于左右﹙每一摠旗為清道旗﹚
鳴金號笛止
﹙橫每列為一班﹚
神則傳路隊動
旗放云即
一砲一磨立旗把
摠色則高方發放招
立磨旗中該千一軍摠則各
神則如官欲旗將旗放砲招下千又司稟
某地方將即馬至
該千一軍摠旗即聚旗官磨旗

兵學通卷之一

場操

訓鍊都監附禁衛營御
營廳龍虎營

懸牌

操期前一日中軍稟請軍令懸操牌官兵傳知

列成行伍

官兵備裝入敎場列成行伍左部爲左列右部
爲右列馬兵橫列于臺下兩邊火兵排立作門
列于馬路用砲車則擺
列于左右札駐之後

禁御營騎士一二番及步哨爲左列

龍虎營騎士三番及步軍中右後哨爲右列兩司合
操則舊番爲左列新番爲右列

旗鼓官擺列淸道威儀于改服廳下以待

兵學通卷之一　一

入場

旗列立于將
臺左右後

主將將近敎場於改服廳下放望砲三聲主將
升廳改服知彀官稟吐九號令卽放砲一聲吹
天鵝聲中軍於臺上亦放砲一聲吹天鵝聲吐

凡例

一各營軍制備載於續兵將圖說而訓局龍虎
營禁御兩營自有逐月三簡閱之規但部司
異制號令不同有碍通習故彙集四營時行
之塲操程式編摩一統以便按行
一營額及旗鼓定法已見續兵將圖說不復列
錄

一四營中訓局卽 輦下親軍也節制軍容視
他營較重故凡塲操夜操分練程式及別陣
號令以訓局爲主禁御兩營及龍虎營只就
一旗鼓號令之異例者低一字以別之
一陣圖依兵學指南總圖自列成行伍圖爲始
而如五行等陣備述於續兵將圖說則不必
疊錄然兵將圖說乃正法也各營練陣卽奇
法也此篇皆依時行練習圖寫故各營陣圖
以奇擺隊俾存奇正互用之法
一陣圖中訓局龍虎營則軍制各異故各成陣
圖禁御兩營則部司哨制別無異同故合成
陣圖
一城操水操倣古酌今裒輯程式以便按閱而

陣圖則揩南所載已多踈略練習亦罕故分
梁列隊揚帆聯船殆不知某司之居某方某
哨之列某角頗欠詳備諸道水陣圖雖不
盡載如南漢之城操統營之水操稍有規模
可以倣行故各成圖式編于卷末

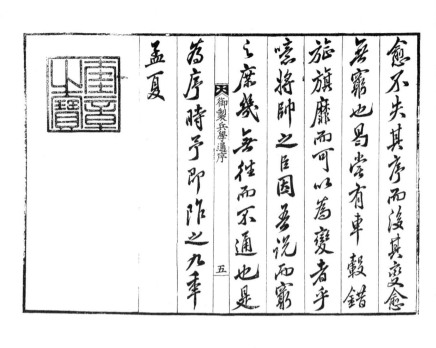

愈不失其序而後其變愈
无窮也昌宁有車轂錯
施旗靡而可以為變者乎
噫將帥之臣固多说而窮
之席幾无桂而不通也是
為序時于即阼之九年
孟夏

御製兵學通序

五

奉
教彙輯
資憲大夫刑曹判書兼知訓鍊院事張志恒

奉
教校閱
原任禁衛大將大匡輔國崇祿大夫行判中樞府事徐
訓鍊大將輔國崇祿大夫行判府事知訓鍊院事兵曹復
御營大將資憲大夫行刑曹判書兼知訓鍊院
原任御營大將資憲大夫刑曹判書兼知義禁府事李桂國
原任禁衛大將嘉義大夫咸春君兼知義禁府事李宜豐
原任禁衛大將嘉義大夫訓鍊院都正李敬懋

兵學通編輯諸臣

嘉善大夫慶尚右
原任御營大將嘉善大夫三道統制使兼慶尚右道水軍節度使鄭益
禁衛大將嘉善大夫漢城府左尹兼同知義禁府事訓鍊院都正徐有大

奉
教監印
朝散大夫行藝文館檢閱兼春秋館記事官　奎章閣檢校待教知製　教　臣尹行恁
通政大夫敦寧府都正知製　教　臣李家煥
折衝將軍前全羅右道水軍節度使兼守城將　臣李潤彬
折衝將軍前洪忠道水軍節度使兼守城將　臣李
通訓大夫行典設司別提　奎章閣檢書官　臣朴齊家

豆也軍旅也當此事殊而

理固者乎于雜言之可也今

之兵學指南而戚氏禦倭

之法也戚氏之禦倭蓋以序

朕者也我國導而用之固

御製兵學通序　三

得矣華營各異例操各

異武視指南多安入異同而

通習者尠故平時操鍊

每患失序尚何以待敵乎

予慨然於是歲丙申命元

戎彙編之尋委一二武臣

重加櫛洗凡中外營閫場

操誠操水操之武無不備載

又爲陳圖附其下名之曰兵

學通通之爲言諭也明哨

御製兵學通序　四

乎此則其行列坐作擊刺

之方和可以浮其序而不亂

矣夫武者曰兵貴齊變實

以序爲此非名言也善用

兵者愈變而愈不失其序

御製兵學通序

固俎豆之事推之於軍旅而

之無乃不可乎雖然竊嘗

固未學乎軍旅也不知云

者聖人之所慎矣乎若予則

故立爾夫子焉不學況戰

也明日遂行蓋靈公失問

旅之事未之學

俎豆之事則嘗

魯公問陳於孔子

御製兵學通序　一

之謂也惜其知之矣然則俎

數明分數明者群物皆別

子曰韓信多多益善不過分

礼亂則其陳可破也故程

焉此其所以取勝也及是則

靡焉擊剌以序則奇正互生

隊伍整焉坐作以序焉進退

固然軍焉甚行列以序則

之序也序故群物皆別禮

得其說焉禮曰礼者天地

御製兵學通序　二

正祖

御定兵學通全